在日本東京大學與碧海純一老師合影

課堂上的楊日然老師

攝於臺大實驗林

國家圖書館出版品預行編目資料

法理學 / 楊日然著.――初版三刷.――臺北市: 三
民, 2017
　　面；　公分

ISBN 978-957-14-4236-5　(平裝)

1.法律－哲學,原理

580.1
94005300

Ⓒ　法　理　學

著 作 人	楊日然
發 行 人	劉振強
發 行 所	三民書局股份有限公司
	地址　臺北市復興北路386號
	電話　(02)25006600
	郵撥帳號　0009998-5
門 市 部	(復北店)臺北市復興北路386號
	(重南店)臺北市重慶南路一段61號
出版日期	初版一刷　2005年10月
	初版三刷　2017年1月
編　　號	S 585410

行政院新聞局登記證局版臺業字第○二○○號

有著作權‧不准侵害

ISBN　978-957-14-4236-5　　(平裝)

http://www.sanmin.com.tw　三民網路書店

英國劍橋大學數學橋前

在司法院內與來賓合影

我國五位大法官與南非大法官合影

法 理 學

Jurisprudence

楊日然　著

三民書局

楊師母序

真的很感激！楊日然《法理學》要出版了，在臺大國發所前所長張志銘教授主持下，曾邀請了江玉林、成鳳樑、阮文泉、何愛文、何建志、詹文凱、賴玉梅等同學參與研究，繼而由張所長彙整、潤筆，德籍葛祥林教授電腦打印並找尋註解，小女健寧校對，通力合作，終於完成編輯付印。

日然攻讀法律，其中憲法、民法⋯⋯等各個領域均極嫻熟。惟在研究時，獨鍾法理學。在臺大師承洪遜欣老師。留學日本東京大學時，得到碧海純一教授的指導。同窗好友有上原行雄、長尾龍一等等，時時切磋。學成回臺大任教，主要的科目就是法理學。課前認真準備，蒐集並分析古、今、中、外各大哲學家；如荀、孟、康德⋯⋯等的哲理，加上自己獨到的見解，編成教材。上課時，深入淺出、不厭其詳地教導學生，並舉諸多貼切的實例，闡述法學的哲理。課堂上精彩、幽默，獲得學生熱忱的回響，巨細靡遺地寫下筆記。日然自己也用錄音機記錄，並一年年的補充、更新。已成為一部內容豐富而有條理的法理學講義。日然亟思編印成冊，好讓同學們參閱，即著手修訂口語化的詞句，及引述的註解等等。及至 83 年臥病住院，未及完成心願。

彭鳳至參事（現在已任大法官）。黃建輝教授（90 年 11 月已仙逝）也曾研議為老師編修，在此也很感激。

張志銘所長、葛祥林教授，在自身公務及教學工作均甚繁忙的情況下，仍願抽暇完成編輯，感激又欽佩！謝謝！

法理學是基礎法學，日然認為能對此精研，遇複雜而困擾的法律問題，均可迎刃而解。本書出版後，請大家多多指教。期能發揮人性化的法理學精神，為民主法治的社會貢獻心力，人與人之間能平足平等地和諧相處。謹此簡序。

楊陳勤

翁　序

　　日然的法理學講義終於出版了，我由衷地為他高興。雖然教授出版一本講義，不是什麼大不了的事情，可是這本講義，是在日然去世十年之後，用陳勤嫂的愛心，以及日然在法理學領域中好友、門生的尊敬與思念，點點滴滴彙整而成，所以讀起來特別覺得珍貴。

　　法律是人類經營團體生活的規則，法理學則是研究這種規則如何形成、適用及發展的規則。法律已經夠抽象，法理學當然更抽象。上過法理學課程的學生，對於課堂上有關法價值論、法的歷史哲學與法學方法論的講述，相信大多數都聽得一頭霧水。還好有像日然這樣，擁有縝密邏輯思考能力，和開闊人性關懷胸襟的大師，在抽象的法理學和愛好法理學的莘莘學子間，搭起一座溝通的橋樑，用他深入淺出的解說，讓所有人都能找到一條一窺法理學堂奧的路徑。

　　失去日然，是我過去十年最難面對的傷痛。每當內心對他有所呼喚的時候，他不在世的無情事實，總讓我感到深深的無奈。幸而在陳勤嫂和日然多位門生由張志銘教授的帶領與努力下，終於有了這本講義。日然嚴謹的治學態度，細密而耐心的事理分析，平易近人的語調轉換成文字，重新浮現眼前。許多先賢如蘇格拉底、柏拉圖、亞里斯多德、西賽羅等，也都環繞在他的講義裡，如同他的好友和他進行著精彩的對話。我相信以日然的豁達，應該早已超越了生死的界線，而為能對推廣法理學研究繼續有所貢獻，感到十分快樂。

　　這本講義的出版得來不易，我除了為讀者慶幸以外，也希望讀者能從這本講義中體會出日然對於法理學與法制的熱愛，將來能共同為我國法學理論與公平正義之實現投注心力，以告慰日然畢生的努力，也不辜負本講義各位推手的辛勞。

翁岳生

編者的話

第一次旁聽 日然恩師的法理學，就如同上另一位啟蒙恩師王澤鑑的課一樣，都是為了準備臺灣大學法律系的轉學考。能夠把筆者這樣子一種純出於功利的考量，隨著旁聽課程的進度，在不知不覺中轉化成為對基礎法學的興趣和執著，無疑要歸功於兩位恩師的啟迪和教化之功。

上過 日然老師法理學課程的學生，沒有人不震懾於老師講授架構的氣勢磅礡與論述內容的細密嚴謹。雖然上課時常常困惑於那種「只緣此山中，雲深不知處」的感覺，但親炙 日然老師溫文儒雅、不疾不徐地逐一闡釋後，每每心頭彷彿又篤定了許多。這種面對法理學堂奧一則見獵心喜，一則徬徨無助的矛盾心態，一直要到多年以後負笈德國，並且因緣際會接觸到當代科學哲學——尤其是分析哲學、詮釋學、現象學、符號論、系統理論和批判理論等一系列的問題領域後，才驀然驚覺， 日然老師早已觸及這些當代人文暨社會科學的基礎和核心議題，並嘗試系統化地將之整納入其法理學的課程之中，原來， 日然老師的法理學之所以艱澀是其來有自的。

在面對教材的完整和教學的難易作取捨之際， 日然老師基於他對學問的堅持，選擇了一個具有特殊風格的折衷方式，一方面儘可能地無所不包，以忠實地呈顯他心目中的法理學全貌；另一方面則在他法理學的課堂上不厭其詳地去為他的課程內涵作細膩的註腳。也因為這樣子求全的心願，以致 日然老師蘇格拉底式的教學方式常常在不同的年班間呈現不同的細節風貌，也使得他來不及在生前將手稿整理出版。因此，本書的出版除了參考 日然老師部分的手稿之外，亦彙集了不同年班間同學上課的錄音共筆。這些共筆分別由目前擔任執業律師的詹文凱、阮文泉、賴玉梅、何愛文和在大學任教的成鳳樑（花蓮師範學院社會科學教育系）、江玉林（政治大學法律系）、葛祥林（玄奘大學法律系）和何建志（清華大學科技法律研究所）等老師的學生們整理成初稿，再由我會同葛祥林助理教授和老師的

愛女健寧助理教授（中原大學共同科）逐章、逐節加以討論，針對基於學術發展現況有需要調整的部分以及因應書籍型態所需要的註腳加以補充，尤其葛祥林博士在註腳的徵信和索引的整理部分費了相當大的心血，陳顯武教授（臺灣大學國發所）也幫忙作索引的外文翻譯徵信。全書完成後，再由楊健寧博士和三民書局的同仁分別校對，筆者最後三校定稿。

　　本書編輯過程中，來自楊師母和翁老師岳生的關懷和鼓勵始終不斷，支撐了我們誓言要完成恩師遺願的意志，如今本書終能問世，出版延宕和編輯疏漏之責固然應該由筆者個人承擔；但如能藉本書的出版為法學界的莘莘學子指出一條學習法理學的依循之路，則應感謝楊師母、翁老師的督促和所有參與同學們的努力。

張志銘

代表所有參與編輯工作的老師學生，謹誌於出版前夕

法理學

目　次

第一章　緒　論

第二章　法的概念

第三章　法的社會機能

第四章　法律的解釋與適用

第五章　法解釋學的性格與任務

第七章　法價值論的實踐問題

第一章

緒　論

jurisprudence

第一節　什麼是法理學

　　法理學又稱法哲學或法律哲學，其涵義相當於德文之 Rechtsphiloso-phie、法文之 philosophie du droit、英文之 philosophy of law 或 legal philoso-phy。惟在英、美國家，自奧斯汀 (John Austin, 1790–1859) 以來，學者都沿用 jurisprudence 乙詞說明法學或法理學；但 jurisprudence 在法文中，則指法院之判例。德文中雖亦有 Jurisprudenz 乙詞，但其意義係泛指法學作為一門學科。

　　英、美之法理學受奧斯汀分析法學派之影響，著重於實定法之分析，內容包含法律之原理、原則，以及法律與道德、習慣之區別等。英儒梅茵 (Henry James Sumner Maine, 1822–1888) 亦著重於實定法之歷史淵源的研究，其代表作《古代法》(*Ancient Law*) 一書❶於 1861 年出版。梅茵之著作或許受到 1859 年達爾文 (Charles Robert Darwin, 1809–1882) 極具影響力之《物種起源論》(*On the Origin of Species*) 一書❷的影響。《古代法》一書中有謂「文明社會的法律，至今為止乃是由身分到契約的發展」，有人因此謂其法學為歷史法學❸。至於本世紀美國龐德 (Roscoe Pound, 1870–1964) 所提倡之社會法學 (sociological jurisprudence)，重點則在結合法律與社會學的研究。主張以法律調整社會上各種利益的衝突，盡可能以犧牲最少人的利益，確保最大多數人的利益。

　　黑格爾 (Georg Wilhelm Friedrich Hegel, 1770–1831) 於 1822 年出版《法

---

❶　Maine, H., *Ancient Law*, (orig. 1861), London: J. M. Dent & Sons, 1927.

❷　Darwin, C., *On the Origin of Species*, Cambridge/Mass.: Harvard University Press, 1964, (orig. London: John Murray, 1859).

❸　應注意者，不可將梅茵之見解與歐陸歷史法學派之主張相混淆。十九世紀，歐陸各國法學深受歷史主義的影響，尤其是德國薩維尼 (Friedrich Carl von Savigny, 1779–1861) 所提倡之歷史法學，強調法律淵源於民族的法律確信，只能經由法律的歷史研究去發現，不能以尋找超越實定法之權威規範的方式去杜撰。

哲學原理》(Grundlinien der Philosophie des Rechts)❹，為歐陸各國法哲學研究之基石。黑格爾的法哲學，以歷史哲學為基礎，提倡理念 (Idee) 的辯證法，強調法哲學的研究在於探討法理念之辯證發展的過程。歐陸的法哲學，重視法理念的哲學考察，不崇尚法律的實證研究或概念分析，可說係受黑格爾的影響。自十九世紀中葉以後，歐陸之法哲學以耶林 (Rudolf von Jhering, 1818–1892) 之目的法學 (Zweckjurisprudenz) 最為凸顯，對後來法學研究之影響也最深。二十世紀之法律哲學因受理想主義抬頭之影響，法理念的哲學考察又再受到重視，皆以某一定之哲學思想為基礎，探討法律所欲實現之理念等問題，研究重點為超越實定法之研究，與傳統英美之法學研究有所不同。惟在二次大戰以後，歐陸之法哲學與英美之法理學互相交流、互受影響，故已無法嚴格劃分。

至於中文「法理學」乙詞係由英文字 jurisprudence 翻譯而來，有其歷史原因。清末民初，我國創設法律教育，多透過日本法學之中介。當時日文譯文即為「法理學」。該詞被介紹至中國後，沿用至今。日本所以稱法理學，乃因明治維新後，東京大學創辦法學教育，當時的法理學教授穗積陳重 (1856–1926) 因曾留學英國，受梅茵歷史法學派之影響，思想方面較著重於實證法的研究。而當時歐陸之法哲學，因受黑格爾哲學之影響，以抽象、形而上學為其基本特色。穗積陳重教授怕學生不願修習，乃循英美之 jurisprudence 翻譯成法理學。惟目前日韓各大學都循德文名稱改名為法哲學。德文中之 Recht 應翻譯成「法」，至於「法律」在德文中另有乙詞 Gesetz，意義與 Recht 不同。Gesetz 限於經立法程序制定之成文法律，而 Recht 不限於成文法律，範圍較廣泛，包括習慣法、法律思想、法律秩序、法律理念等在內。法哲學是以其整體為研究對象，故正名為「法哲學」。在中文，法哲學乙詞仍不很安定，習慣上稱之為「法律哲學」，嚴格言之，仍應稱「法哲學」。本書為遵守學術界相約成俗的用法，暫沿用「法理學」乙詞。

大凡學問莫不有其研究對象與方法，而學者在說明某種學問之性質或

---

❹ Hegel, G. W. F., *Grundlinien der Philosophie des Rechts*, (orig. 1822), Frankfurt/M: Ullstein, 1972.

內容時，通常亦就其研究對象與方法說明。惟關於法理學之說明，則情形有異，蓋因學者間關於法理學之研究對象與方法眾說紛歧，尚未有一致之見解，欲替法理學下定義，實在是難乎其難。

由研究對象而言，法理學並沒有固定不變之研究對象或研究領域。不同學派有不同之研究對象，例如：自然法學派著重法律與正義之研究；分析哲學法學派著重於法律的邏輯分析；歷史法學派著重於法律與歷史的關係。既然法理學無固定的研究對象，它可否成為一門學科？

一切學問彼此間並無絕對的界限可言。所謂學問的界限，都是相對而非絕對的，只是為研究方便起見暫時界定之領域而已。例如法律與政治、社會、經濟密切相關，共同構成社會科學的整個領域，實無法明確劃分。從整個社會科學的研究而言，這種劃分是沒有必要的。再從哲學之層次而言，自然科學與社會科學的研究亦有其共同性。可見由更高一層次的研究觀點而言，個別科學領域之劃分或界限皆不存在。一學問領域，其界限是相對的、可溝通的，完全視其研究目的而定。由此而言，法理學雖無固定之領域，但不妨礙其成為一門學問。

由研究方法而言，不同學派有不同之研究方法。研究方法既然都為接近事物，瞭解事物的方法，則皆須對一切方法採取寬容之態度，不必專據其中一種方法而排斥其他方法。方法非目的，方法如能有助於認識目的，研究學問，任何一方法均應嘗試之。但為了維持學問之客觀性，任何方法原則上須受下列三點之限制：

(1)**理論的認識與實踐的評價須加以區別，不可混淆**

理論認識意指實事求是的態度，即對存在的事物加以因果的說明或認識。實踐的評價則以一定的道德判斷為前提對事物加以批評。這兩種態度彼此關心的重點不同，一為存在，一為當為，即實然與應然之別，各屬不同之範疇，不可混淆。

(2)**就理論認識而言，經驗考察與邏輯分析性質上不同，須加以區別**

邏輯分析乃以一定的命題或公理為前提，依照一定的規則推論出結果。故只須前提相同，採用同一的推論規則，任何人皆可達到同樣的結論。這

種由推論所得的結果有邏輯的必然性。例如：2+3=5，意謂從自然數系列的第二位數字再繼續算 3 位數字，即得 5。但經驗的觀察則不然，例如二堆沙加三堆沙未必五堆沙。經驗考察須以經驗事實為論證，與經驗事實相符合即為真，否則為偽。易言之，經驗的考察並無邏輯的必然性，故不能以邏輯分析的結果代替經驗事實的觀察。

⑶經驗科學中，主觀的確信與客觀的真理，不能相混淆

人往往相信某一定真理絕對真，但在經驗科學上，人類之認識能力有限，故無法主張絕對的真，多多少少只是主觀的確信而已，並不等於客觀的真理。客觀的真理誠然存在，但是否為吾人所認識，則須抱以存疑的態度。兩者須加以區分，遇事才不會過於武斷，造成謬誤。

任何學科皆可用任何方法，但須維持上述三項區別，不可相混淆，否則其客觀、合理討論的可能性將受到阻塞❺。

第二節　法理學之問題領域

法理學問題之研究，介於法學與哲學之間，即運用哲學之方法來探討法律之種種問題，凡此皆屬法理學之範疇。從古至今，學者討論之法理學問題，頗為廣泛。史東 (Julius Stone, 1907–1985) 曾在《法學的範圍及其功能》(*The Province and Function of Law*) 一書❻中，將其分為分析法學、倫

❺　附帶一提，個人主觀的確信，若能全部達成一致時，是否即為客觀的真理？理論上即使可以問全世界的人，但仍受時間的限制而無法及於未來的人。經驗科學上之真理，必須經過驗證，若每一細節皆符合時，方可謂其命題為真理。但在方法上我們又無法網羅所有的事實證明其為真，故經驗科學上的真理，無法擺脫其為假設的性格，須隨時準備因新事實的發現而受修正，甚至被推翻。所有的全稱命題原則上皆為假設命題。例如所有人皆有死，是否永恆為真，亦不能完全證明，可能因將來新事實之發現而受改變。因此我們在主張某項經驗科學上的真理時，多少應保留一些餘地。人類憑過去的經驗預測未來之情事，不一定要等到百分之百的真才下結論。理想上固然可以期待如此，但實際上不能做到。

理法學、社會法學等三類；但若從法理學史的觀點著眼，法理學的研究大致可歸類為三個問題領域：亦即法價值論、法的歷史哲學、與法學方法論。

這三個問題領域可說與法律思想的發展互為表裡。大體言之，西方學者對法理學之研究，自古希臘時期至十九世紀，大都集中於法價值論，至今仍為法學研究的重心。法的歷史哲學，大致為十九世紀學者所熱烈探討之問題。而法學方法論，則為十九世紀末，二十世紀的熱門問題。

一、法價值論

法價值論乃研究法學上價值判斷的理論。法學上的評價，不問其為行為的評價、制度的評價，或評價的標準本身，最後的論斷均與正義有關。法律之理念即不外乎正義，但正義是客觀或主觀的產物，論者莫衷一是。

自然法論者持客觀說的立場，主張自然法高於實定的法律，可據以判定實定法之正當與否。就這點而言，自然法論本身即為擁護某特定價值判斷為目的的法價值論。史坦慕勒 (Rudolf Stammler, 1856–1938) 所倡之正當法論 (richtiges Recht)❼ 亦屬自然法論之一種。自古希臘乃至於十九世紀以前的法理學史，可謂自然法論之歷史。諸如古代希臘的自然法思想、中世紀基督教之自然法論、近代理性主義之自然法論、以及二十世紀新自然法論等，皆肯認自然秩序內含有某種法則或價值，可客觀的予以認知，並據以判斷實定法之正邪曲直。

法價值論的中心問題在探討正義。正義有無客觀性可言，一直是學者爭論不休的問題，這問題早在西元前六世紀之希臘已有所討論。最早畢達哥拉斯 (Pythagoras, 580–500 BC) 曾言正義似正方形或任何數之平方，認為正義是客觀存在的，無論由任何角度看都是一樣，有其客觀一致的特性，所謂公道自在人心，即其例證。同一時期，另有學者如海勒克萊特斯 (He-

---

❻   Stone, J., *The Province and Function of Law: Law as Logic, Justice, and Social Control. A Study in Jurisprudence*, Cambridge/Mass.: Harvard University Press, 1950 (Buffalo/N.Y.: W. S. Hein, 1973).

❼   參看 Stammler, R., *Die Lehre von dem richtigen Rechte*, Berlin: J. Guttentag, 1902.

rakleitos, 536–470 BC) 亦論及正義，其主要主張為萬物皆在流轉，雖然經常不斷在改變中，但仍有一定理法 (logos) 可循。譬如木頭燒成灰，化成空氣，空氣遇冷凝結變成水，降為雨為泥土所吸收，泥土又成長出木頭，如此循環不息。何謂正義，即符合此種不變的理法的，即為正義，即把自然的理法視為正義的標準。此種見解仍屬客觀說，但與畢達哥拉斯不同。畢達哥拉斯訴諸人的直覺，而海勒克萊特斯則訴諸於自然的理法。

上述學說，嗣後受到挑戰。西元五世紀中葉，雅典一帶曾有所謂詭辯派 (Sophistes) ❽ 加以駁斥。詭辯派講求詭辯術 (rhetorics)，亦譯修辭學，辯論要講求邏輯 (logic)，才能使辯論贏得別人的贊同，當然亦討論一些較實際的問題。例如奴隸制度與國家的成立究竟是人為的 (nomos) 還是自然的 (physis)？後者代表客觀說之立場，認為非人力可改變，若如前者解為人為的則可以人力來改變。例如普魯達哥拉斯 (Protagoras, 485–415 BC) 即主張國家與法律制度並無所謂自然的基礎，一切皆出於人為，強調人乃萬物之尺度，是非善惡皆為人所作之判斷，並非自然如此。由於個人對事物的看法不同，很難有客觀一致之看法，故此種見解傾向於主觀說或正義之相對論之說法。正義是客觀還是主觀，是法理學的基本問題，而上述討論已開創法理學之先河。

蘇格拉底 (Socrates, 469–399 BC) 採折衷之見解，認為正義雖非客觀，但亦非全然主觀。即正義之判斷，雖由個人主觀的認定，但眾人之間仍有高度的一致性；強調正義不論是否客觀，法律是否符合正義，既為法律，即應遵守；有法律，即使惡法，亦比無法律好。因人乃是社會的動物，須在一起生活，即須有一定之制度秩序。遵守法律、秩序即是種正義的表現。

柏拉圖 (Plato, 427–347) 對正義判斷，採直觀主義之立場，認為正義是客觀的存在，但正義之認識不能根據自然之理法即加以發現，主要憑藉著學者、哲學家直觀的理性來加以認識。柏氏曾把人的知識分為兩種：真知 (episteme) 與表象之知 (doxa)，亦稱之為臆測兩種。一般人由經驗事實觀察

---

❽ Sophist 宜翻譯為智者。Sophy 一詞，希臘原文之意義為「知」，philo 即「愛」，愛與知合則為哲學。

所獲取之知識，頂多只是表象之知，不可能百分之百正確而絕對可靠。真知不是在現象中獲得的，而是由理念世界、概念世界得到的。譬如正三角形只在理念、概念的世界中存在，但在實際的現象界或可經驗的世界中是不存在的。在經驗世界不論用何種精密的儀器繪出的正三角形，總有誤差，真正的正三角形只存在於理念界。現象界是多變的，人從現象界所能獲得的知識，正似被關在洞窟中的囚犯所見到的景象一般，其眼所見的世界，只是透過微弱的光線，投影在黑漆的牆壁上的影像而已，這影像又隨著時間的變化，片刻不停地在改變著，人由經驗世界所得的知識，即是如此的多變、變幻莫定，但真正的世界卻在洞窟外，教囚犯如何去認識？他只能憑冥想的作用或思辨的功夫去追想（回憶）而已，而且一定要聰明才智高超之哲學家，才能認識這理念的世界。柏氏所提出的這種洞窟的譬喻顯示出，人不能由現象界去得到可靠的知識，只能透過理性的認知，並藉由冥想、思辨、直觀的方法去洞察客觀之真理。柏氏對正義的判斷，亦持同樣的見解，認為客觀的正義只存於理念的世界，只能憑藉直觀的方法去認知，卻不能藉由經驗事實加以觀察。在西方世界，柏氏之理念論長久以來廣受重視，至今仍有不可漠視的影響力。

亞里斯多德 (Aristotle, 384–322 BC) 對正義的判斷大體贊同客觀說的立場，但其認識方法與柏拉圖的理念論不同，他主張本質論。在柏氏的理念論中，現實世界與理念世界相對立，並無可以互相溝通的橋樑存在，但亞氏認為此看法不可思議。他著重經驗觀察，認為一切知識皆由經驗去獲得，把柏氏理念論中超越的理想內化為事物的本質，從而提出本質論 (essentialism) 之思想。譬如瓜的種子會生出瓜，豆的種子會長成豆一樣，瓜的種子或豆的種子雖僅為瓜或豆的素材，但這素材實已包含著瓜或豆的形象在內，因此要認識這是何種植物的種子，不能僅從素材的表面觀察，必須進一步洞察包含在素材內部的形象，說出這是瓜的種子或是豆的種子，才能算是正確的認識。亞氏認為世上每件事物皆有其成為該事物不可或缺的本質。因此要認識事物，便不能僅從事物表面觀察，而須從事物背後之本質加以把握。唯有從事物之本質獲得之知識，才是真正的知識。亞氏的本

質論亦適用於其倫理思想。他曾將正義分為平均的正義與分配的正義兩類加以觀察，並強調正義最普遍的形式即是對相同的事物予以同等的待遇。亞氏此種說法多少接近客觀說。

在西方思想中，有關正義的看法，自亞里斯多德以後，顯著的傾向於客觀說，承認自然的理法中寓有客觀的正義，一旦發現客觀之正義，即可據以判斷實定法的好壞。這種思想導源於斯多亞學派 (stoics)。此派學者，相信自然理法 (lex naturalis) 的存在，以為自然中有一定的理法支配著整個宇宙，這理法是不變的，人如何獲取幸福、善的生活，必須視其是否遵守自然理法，來安排生活，符合自然理法者為善。自然法學說之萌芽可溯及至斯多亞學派之自然理法思想。

到了中古時期，雖然羅馬以武功征服了希臘，但在文化上卻受到希臘之影響，斯多亞學派主張節儉、禁慾、嚴守紀律的思想頗能符合羅馬戰士之要求，即為羅馬所吸收。

羅馬時期中，最重要的自然法論者即為西塞羅 (Marcus Tullius Cicero, 106–43 BC)。西塞羅之自然法論思想，相信自然理法之存在，人不能違反之。此變成羅馬統治者之正統思想，羅馬人統治市民有市民法 (jus civile)，但對外族，不能適用市民法，須有一套各民族之法律，乃假自然法之觀點，視當地之習慣是否符合自然理法，符合者即採為判決之基礎，否則予以刪除，以自然理法之觀點來整理各地方上之習慣，逐漸形成可適用於各民族之法律，是為萬民法 (jus gentium)，此法可謂自然法思想之產物，自然法具體在法制上紮根，由此開始。

此後則演變成基督教之自然法，基督教最後為羅馬所接受成為其國教。教士以基督教來解釋法律，認自然法由神意而來，所有宇宙的自然理法皆由神而來，而神的睿智，教士們最清楚，必須由他們藉《聖經》解釋法律。

近代時期教會腐敗，教士權威衰微，學者乃強調自我發現及對人之理性的追求。十六至十八世紀，有許多法學者在教會權威外，不訴諸神的睿智，而訴諸人的理性，去研究探討，是為理性主義的自然法。例如霍布斯 (Thomas Hobbes, 1588–1679)、洛克 (John Locke, 1632–1704)、盧梭 (Jean

Jacques Rousseau, 1712–1778) 等人都可以視為理性主義的自然法代表。

　　至於二十世紀新自然法仍然強調自然法的存在。法律的淵源為何？在西方，有時訴諸自然理法，認為自然秩序有一定之法則存在；有時訴諸人的理性，憑人的理性直接予以判斷❾。

二、法的歷史哲學

　　美國學者龐德謂「十九世紀是歷史主義的世紀」，一切學問之研究，必須從歷史淵源探其發展的經過。此風尚稱為歷史主義。促成此種傾向之原因有：

　　⑴受實證科學之影響

　　自然科學多著重經驗事實之研究，此在十九世紀之初，已蔚為風尚，並已有輝煌的成就。其影響所及，促成法學上重視歷史研究的風氣。

　　⑵受黑格爾歷史哲學之影響

　　黑格爾的歷史哲學以理念的辯證法論為骨幹，主張法的歷史哲學，應探究法的歷史所欲實現的理念，並依辯證法對法律之起源或發展，加以綜

❾　中國有無自然法？《尚書‧皋陶謨》「天秩有序，天秩有禮」認自然有一定的秩序存在，在自然的秩序中即包含了禮儀法度在內，此多多少少包含自然理法之思想。《禮記‧禮運》「禮，必本於天」、《左傳》昭公六年、二六年，皆有此類話語，把禮(社會規範)之根源求諸於自然(天，在中國古代有人格神之天及自然之天)。「天經地義」強調社會制度與天地一般長久，且與天地相同之自然秩序，不可以人力改變之。孔子少談天命，而孟子的思想，認為禮根於人心 (mind)。《孟子‧盡心》中「盡其心者，知其性；知其性，則知天」，把心性連在一起，性是人性，亦是天賦，倡性善說，以四端來證明人性本善，四端皆淵源於天性。《詩經》「天生蒸民，有物有則」，有則者，謂有一定之理法存在。「民之秉彝，好是懿德」謂人之本性亦得自天性，故人性本善，亦為自然法，乃正義的客觀說，以人的理性為出發點，重視直觀的方法。《孟子‧告子》「學問之道無他，求其放心而已矣」，放心者，回復本性也，本性即善，是非善惡之判斷，只要回復本性，即很清楚。至於荀子則主張性惡說，《荀子‧性惡》「人之性惡，其善者偽也」，禮儀法度非由人性而來。人性不知禮，亦非出於天地自然，是聖人創造出來的，因此較接近主觀說之立場。

合的考察或說明。

以上兩種歷史研究的取向，前者重視經驗科學之探究，英美之歷史法學派之法理論多從之；後者較具形而上學的色彩，以曾受黑格爾歷史哲學影響之歐陸學者居多。

重視經驗科學方法論之學者亦常討論歷史哲學，不過多為歷史學的方法論（認識論）。例如如何研究歷史、如何尋找史料、歷史學上有無客觀之觀點、如何提高認識之客觀性、有無所謂歷史法則等。今之分析哲學家所寫之歷史哲學著作，多由此方向去寫作。

十九世紀歐陸學者在黑格爾的歷史哲學影響下，大都以特定之史觀（對歷史之看法）為出發點，考察並解釋歷史的發展過程，甚至由此歷史的發展過程中，去尋找某種歷史演變之法則，作為生活實踐上之指針以及在政策決定時作價值判斷之依據。

歷史的觀察，不能沒有觀點；沒有觀點，即寫不成歷史。十九世紀的歷史學者，往往以某特定意思或法則之發展過程來研究歷史，這種傾向遠溯及十七、十八世紀的歷史學家。例如維科 (Giambattista Vico, 1668–1744)、赫德 (Johann Gottfried von Herder, 1744–1803) 等人的著作中，已可看到有這樣的史觀存在。但把這種思想加以鼓吹而予後世重大影響者即為黑格爾，其歷史哲學乃謂以理念之辯證法為基礎，亦即認為歷史之發展，乃由人類的思想觀念所促成，並隨著這項思想觀念之發展而發展。而此項思想觀念之發展，並非一直線的發展，係循著正反合之辯證法來發展的。

▲圖 1–1　黑格爾 (Georg Wilhelm Friedrich Hegel, 1770–1831)

黑格爾因受當時自由思潮的影響，乃斷言人類之歷史係為實現更為完全的自由理念而發展。而自由的理念並非一直線的發展，乃遵循正反合之辯證法而發展。正反合之辯證法是人類思想觀念發展之模式，但歷史的演變係由人類的思想觀念所促成，因此這項思想觀念的辯證法則，便成為歷

史的發展法則。

　　歷史的發展法則是由家族社會至市民社會至國家。最初人類的自由觀念很不發達，人類有歷史之初，社會組織形態大多係以家族為單位所構成的社會。在家族社會下，家長權威最高，個人在家族社會中沒有獨立自主的地位，更非現代法上所謂權利的主體。個人的人格被家庭所吸收，一切聽命於家長，個人毫無自由可言。但人天生愛好自由，追求自由成為人類行為最根本的動機。在人類思想中，追求自由思想觀念逐漸凝聚為普遍的理念，形成促使家族社會變動的動力。在實際歷史變動中，個人因追求自由，逐漸擺脫家族的限制，往家庭外去發展，社會由家族社會向市民社會發展。

　　市民社會是以個人之市民資格作為單位而組成之社會。由家族社會對個人之控制至完全瓦解，須經相當長之時間。個人突破家庭之限制，走出家庭，構成市民社會，完成於法國大革命。市民社會中所有的法律制度皆植基於個人自由，至此社會型態已由家族社會走向市民社會，就自由理念而言，由極端反自由至極端有自由，個人充分發揮到無限制主張自由，成為市民社會之理念。惟個人充分的自我主張固是個人自由，只是漫無限制發展自由的結果，個人是否還有自由，頗值得懷疑。自由流於放縱，而無一定之秩序為前提，則各個自由會相衝突，最後變成每人皆無自由，社會無法成立。因此個人自由不得不加以限制，自由理念也不能不加以演變。

　　新的自由理念，須以某一定秩序為前提，社會型態乃又進入一新型態，亦即國家。在國家中，人民自由非漫無限制，亦非完全無自由，乃是綜合家族社會、市民社會的自由理念，去蕪存菁，重新組合成新自由理念。

　　此觀念論之辯證法，並非由歷史事件本身的因果關係去解釋、指述歷史，而是以某一定之觀念（理念）為基礎，依自由理論辯證法之過程去解釋實際歷史之演變，認為歷史非個別事件散漫之堆積，乃是包含有某一定之意義存在，特別是為實踐某一世界精神、世界理念而發展，其發展過程，則依辯證法而發展，且是合理統一的過程，其演變過程是必然的。這種由觀念來解釋歷史的方法是為唯心論（觀念論）的辯證法。

依照觀念論的辯證法，歷史發展過程並非由經驗科學去探求，而是一種思辨的功夫，透過哲學反省、思索，方能加以把握。如黑格爾一句名言所云，歷史演變過程中，「凡理性的皆是現實的，凡現實的皆是理性的」。但人固然有理想，就要去追求，而透過行動去追求，人的活動會成為紀錄，成功則變成歷史事實。但歷史事實不盡然符合理想，理想之實踐，尚須有許多現實環境予以配合。現實有合乎理想者，但亦有反於理想者。黑格爾以歷史事實為人世是非之標準，是把現實事實之認識與價值判斷予以混淆。

至於馬克思 (Karl Marx, 1818–1883) 之歷史哲學與黑格爾之差別，在一為唯物論，一為觀念論。其在唯物論中批評黑格爾之觀念辯證法是把是非顛倒，認為並非觀念來決定歷史事實，而是歷史事實決定人的觀念，而物質條件的變化決定歷史事實，由此展開唯物辯證法。但此二歷史哲學有一相同之說法，即歷史包含某一定之歷史法則存在，而歷史哲學之任務在發現此一支配歷史之法則。但是，黑格爾與馬克思的歷史哲學，在波普 (Karl Raymond Popper, 1902–1994) 看來，至少包括下面兩個非常可疑的前提：

(1)歷史有無包含客觀的意義存在？歷史有意義嗎？

歷史之意義是觀察歷史的人輸入的，其本身無客觀的意義。認為歷史包含一定之意義，是循著預先被安排好的固定計畫來發展的。對黑格爾而言，歷史即為自由理念之圓滿實現的過程。對馬克思而言，歷史發展有其不變的規律，即由初民社會、奴隸社會、封建社會、資本主義社會發展到共產主義社會。似乎歷史中早有萬能之主宰來安排好其發展之過程，此乃歷史主義的思想。事實上，此不變的發展規律並無法以科學方法來證明。

(2)何謂歷史法則？歷史有無法則存在？

如前所述，並沒有人能證明整個人類歷史有不變的歷史法則存在。歷史所包含之意義，無法依經驗科學之方法來觀察。科學方法皆以經驗事實之觀察為基礎，從來沒有不透過經驗事實之觀察而可以直接洞察其本質者。與黑格爾、馬克思乃透過歷史之現象，以非經驗之方法直接去把握歷史變動之辯證法則，來了解歷史現象背後所藏之本質。此本質論之思想始自柏拉圖，往往訴諸於哲學思辨之方法，而非透過經驗科學之觀察。

　　此外,黑格爾之理論無異承認冥冥中有超現實的萬能主宰支配著萬物,預先設計著人走的道路,亦即歷史有其自身一定的計畫。假設持此論調,則世界上為人所厭惡痛恨的歷史事件均變成合理,例如納粹殘害猶太人,而對之加以批評會變成毫無意義。此乃至為保守、令人難以接受之哲學。而在黑格爾之說法中,歷史事件容或暫時看起來不合理,但由整個歷史發展的過程來看,未嘗不會成為合理之事。史賓塞 (Herbert Spencer, 1820–1903) 亦曾有類似想法,認傳染病為自然的恩惠,會減輕人類生存的壓力,因此反對英國救貧法之制定,認為生存競爭、優勝劣敗為自然發展與人類歷史之不變鐵則。黑格爾又認為透過辯證法正反合之發展,可說明過去歷史如何發展,並預測未來歷史發展之方向,而依此方向可提出一較客觀的標準,認為「凡是現實的皆是合理的」。

　　黑格爾之學說在十九世紀造成的影響頗大,在二十世紀,受到各種思想、哲學上其他不同立場者之批評,已降低其影響力,但並未完全根絕。在二十世紀初,有一些法律思想家,根據黑格爾之哲學作為基礎展開其理論,是為新黑格爾學派,例如柯勒爾 (Josef Kohler, 1847–1919)。但其使用歷史辯證法的色彩非常淡薄,只將觀念論之思想承襲應用在法理學上,從事法制史之研究,著有《法制史通論》(*Allgemeine Rechtsgeschichte*) 一書 ❿,書中把法律發展史視為一傳統文化理念發展的過程,由較廣泛之文化視野中觀察法律發展過程,並引用豐富的經驗事實著作而成。此派另一位代表性學者為拉倫茲 (Karl Larenz, 1903–1993),同樣將黑格爾的辯證法運用在方法論上,並藉此建構其戰後在德國法學界長期具有影響力之類型論 (Typenlehre) ⓫。

　　至於十九世紀中葉英國學者梅茵之歷史法學主要在研究法律之歷史淵

---

❿　Kohler, J., *Allgemeine Rechtsgeschichte,* 1. Hälfte, Leipzig, Berlin: B. G. Teubner, 1914.

⓫　有關拉倫茲在新黑格爾學派之法哲學基礎,參看陳顯武著《K. Larenz 戰前戰後的法學思想——其法哲學、法學方法論及法律義理學的關聯》, NSC 87-2414-H-002-026。

源，其《古代法》(*Ancient Law*) 一書於 1861 年出版，1859 年達爾文出版《物種起源論》一書，梅茵之書有無受其影響，是研究梅茵的學者所關心的課題。梅茵把羅馬法、日耳曼法、英國的普通法 (common law) 的發展歷史作一比較，發現有一普遍性之法則，「文明社會之法律發展，到目前為止，曾經是由身分到契約 (from status to contract)」，愈是往古，人類之社會制度愈是受身分法的影響。以前是家族制度，人的行為多少受到家族倫理制度、身分法的支配；而愈往近代，身分法的色彩逐漸淡薄，契約原理代之而起，強調意思自由，人與人之權利義務關係由契約來規範，把法律發展進化的過程作一研究，探求有何法則來支配。與上述黑格爾的歷史法則相較，黑格爾是根據其哲學觀點或史觀來展開其法學理論，而梅茵則著重經驗事實之研究，以實證的經驗科學為出發點來探求法律的發展，二者之論點顯然不同。梅茵之歷史法學亦影響及於文化人類學與社會學之研究。屠尼士 (Ferdinand Tönnies, 1855–1936) 尤受其影響，著有《共同社會與利益社會》(*Gemeinschaft und Gesellschaft*) 一書 ❷。"Gemeinschaft" 即共同社會，在此人與人結合較出於其本質上自然結合的欲望。例如家族社會是以家族為單位，經濟上之利害關係以家來計，是由身分法原理支配著這社會。"Gesellschaft" 即利益社會，受到契約法原理的支配在此人以不同的意思相結合、個人利害關係為經濟的計算基礎。凡此均說明歷史哲學之研究已不限於法律，而匯入文化人類學、法律社會學等，最後漸與法律哲學分離而成單獨之學科。

綜上所述，歷史哲學有二涵義：

① 著重經驗事實的研究。例如英美之歷史哲學、文化人類學是。

② 以某一定史觀為基礎，透過形而上辯證的功夫，去探求歷史所包含之意義。例如黑格爾之歷史哲學、馬克思之歷史哲學。

三、法學之方法論 (認識論)

認識論的主要任務在於如何認識真理。到底人類有無獲得客觀知識的

---

❷ Tönnies, F., *Gemeinschaft und Gesellschaft*, Leipzig: Fues's Verlag, 1887.

可能？或者什麼樣的知識才算是客觀的知識？自古以來皆為哲學的重要問題。柏拉圖將人的知識分為兩種，真知（是透過冥想、思辨的功夫去獲得，著重於理性的直觀，而只存在理念、概念的世界中）及臆測（是根據經驗事實觀察所獲得之知識，不可靠、多變，較著重經驗事實之觀察）。亞里斯多德的立場不同，本質論認為真知並非超越經驗事實之上，而是包含在經驗事實之中、現象世界之中，形象已包含在素材中，著重經驗事實之觀察而得直接洞察真理。

歐陸的認識論到了近代以後，轉而形成兩種對立的思潮：其一為理性主義，以笛卡爾 (René Descartes, 1596–1650) 為代表。笛卡爾繼承柏拉圖之思想，認為由經驗事實所得之知識不可靠，依此所得之真理亦靠不住，經驗事實是多變的，直接訴諸理性所得之知識才靠得住。如果將所有包含經驗內容之命題排除，最後只剩「我思故我在」這命題。我存在於這個世界已包含在我思之內，此為唯一可靠之真理。此說發展至極端，乃形成主觀的獨斷論，判斷一事之真假，不須再看經驗事實如何，直接訴諸理性即可判斷。

另外則是英國的經驗主義，認為凡具實質內容可靠之事實，皆須透過經驗事實之觀察而獲得，只憑理性不能獲得知識。英國法學者培根 (Francis Bacon, 1561–1626)、洛克、休謨 (David Hume, 1711–1776) 皆為典型之經驗論者。經驗主義強調除經驗事實外，人類無其他獲得知識之途徑。若堅持此一觀點，往往會造成極端的懷疑論調。一切真理必須經過經驗事實之觀察、加以驗證後，方可斷定其真假。此使一切真理之基礎至為薄弱，人類知識之體系難以建立。在哲學思考而言，獨斷及懷疑均須避免，如何把上述兩種思想加以調和，便成為康德 (Imanuel Kant, 1724–1804) 批判哲學的重要任務。康德認為人的知識，理性不可少，經驗亦不可少，兩者皆有一妥當性之界限。如何釐清並調和二者

▲圖 1–2　康德 (Imanuel Kant, 1724–1804)

之界限，是康德哲學的重要貢獻。

法學界直到二十世紀，才特別重視認識論的問題。這有其歷史背景：

1. 就法學內部而言，二十世紀以來對十九世紀概念法學嚴加批判

十九世紀末、二十世紀初所產生的自由法運動，主要是想把過去十九世紀初所制定之法律運用於變化至快的二十世紀。特別是法律與社會已有很大的差距，過去之法律已不能適用於現代的社會，自由法學者因此主張法官可自由勘察活的、非實定法的法律，以發現在社會上真正發生作用之法規範，用來填補法律的漏洞。此在法學方法上，特別是法律解釋學上頗受重視。

2. 歐陸哲學對十九世紀之歷史哲學，自本世紀以來亦深入反省

歷史哲學基本上為一元論之哲學，在理論認識與實踐評價上並無明顯之劃分，理性與現實、價值與事實、存在與當為皆混淆在一起。康德哲學的特徵之一即在批判一元論，提倡二元論，認為理想與現實是兩回事，存在與當為要嚴格劃分。其後之新康德學派乃以方法二元論為基礎，主張價值與事實、存在與當為有明顯區別，並據以重新架構哲學，建立法學理論。新康德學派可分為兩大派別：

(1) 馬爾堡學派 (Marburger Schule)

馬爾堡學派以柏林洪堡大學 (Humboldt Universität zu Berlin) 為中心，主要人物為史坦慕勒，其在 1888 年發表〈歷史法學方法〉(Über die Methode der geschichtlichen Rechtstheorie) 一文 ⓭，對黑格爾、馬克思之哲學方法加以批評。1896 年著《唯物史觀之經濟與法律》(Wirtschaft und Recht nach der materialistischen Geschichtsauffassung) 一書 ⓮，針對馬克思之法學方法及歷

⓭　參看 Stammler, R., "Über die Methode der geschichtlichen Rechtstheorie", in: Stammler, Rudolf, *Rechtsphilosophische Abhandlungen und Vorträge*, Bd. I, Charlottenburg: Pan Verlag R. Heise, 1925, S. 1–40, （原本刊於 Stammler und Kipp (Hrsg.), *Festgabe für Windscheid zum 50 jährigen Doktorjubiläum*, 1888）。

⓮　Stammler, R., *Wirtschaft und Recht nach der materialistischen Geschihctsauffassung*,

史哲學加以批評。馬克思之歷史唯物論中，言社會構造可分為上下兩部分：
上位構造指理想、理念、法律制度、政治、宗教、道德等形而上之東西；
下位構造指物質條件之變化，即生產關係與生產力量互為消長之變化。而
下位構造之變化可影響上位構造。故物質條件一旦改變，其上之法律制度
亦隨之變化 **⓯**。史坦慕勒認為並非單純由經濟來決定法律，法律亦可影響
經濟，規範經濟活動。所著《正當法論》(*Die Lehre von dem richtigen Rechte*)
一書 **⓰** 探討何為正當之法律，沿用方法二元論之立場，認為法律制度為一
當為之規範，不可由存在事實之研究去發現。法律之理念運用康德批判哲
學之方法來討論，可發現法律之理念具有一普遍之妥當性，但只是一種形
式，內容並不固定，隨時隨地在變化。若其具有固定之內容，則不能普遍、
永久存在。故要使法律理念有普遍存在之妥當性，其內容必須不特定，不
包含具體內容，要求法律純粹形式，稱為內容可變之自然法。

⑵西南德意志學派 (Südwestdeutsche Schule)

　　西南德意志學派以海德堡大學 (Universität Heidelberg) 為中心，中心人
物有韋伯 (Max Weber, 1864–1920)，賴特布魯赫 (Gustav Radbruch, 1878–
1949) 等。韋伯之基本思想仍以方法二元論為基礎，認為學問的方法不能用
來證明某個價值體系之妥當性。價值體系乃當為之問題。學問、科學只限

Leipzig: Veit, 1896.

⓯　恩格思 (Friedrich Engels, 1820–1895) 在馬克思死後致朋友的信中曾經指出他和
　　馬克思均未主張絕對的下位構造決定論，而是為上下位構造間大可有相互影響的
　　關係，只是下位構造的影響力終具於根本上的地位。
　　有關社會存在 (social existence) 對於意識 (consciousness) 之對定性影響，參看
　　Marx, K., *A Contribution to the Critique of Political Economy*, (orig. Zur Kritik der
　　politischen Ökonomie, 1859), Dobb, M. (trans.), New York: International Publishers,
　　1970, p. 21.
　　有關恩格思對此主張的解釋，參看 Engels to H. Starkenburg 之信 (25 Jan. 1894),
　　in: Marx, K. and Engels, F., *Selected Correspondence 1846–1895*, Torr, D. (trans.),
　　Westport/Conn.: Greenwood Press, 1975, p. 517 f.

⓰　Stammler, R., *Die Lehre von dem richtigen Rechte*, Berlin: J. Guttentag, 1902.

於存在事實之探求。價值問題雖無法以一科學方法去討論其妥當性,但在某範圍內,必須使用科學方法加以合理探討。若明瞭某一價值之內容為何,則採用何種方法去實踐其所規範之內容最有效,是屬科學之範疇。例如認為貧窮不好之價值觀念,科學不能判定其對錯,但如何減少貧窮的現象則是科學所能探討者。社會間充滿各種價值觀念,孰優孰劣,科學不能測定。但實現這些價值理念,可以採取何方法最有效,卻是科學可以探討的。

價值理念之妥當則是相對的,只能留待個人加以選擇判斷,此即是價值相對主義。

將此一價值相對論之立場用於法哲學的研究,是賴特布魯赫之功勞,故其法哲學被稱為價值相對主義的法哲學,在二十世紀之德國逐漸受重視而成為最著名之學派。另有一學者凱爾生 (Hans Kelsen, 1881–1973) 則認為法學方法應堅持方法二元論,區別何者為當為之法律道德與何者為實際存在的法律。

學問之保障在其客觀性,法學理論互相的爭論,往往是由於每個人所依據的世界觀、價值判斷不同而引起的。法律應以現實存在之法律為研究對象,至於現實存在的法律是優是劣,則是道德問題,應自法學中排除,以維持法學理論之純粹性。此即所謂的純粹法學。純粹法學對各個意識型態加以批判,尤其是對自然法學派與馬克思理論之思想的批判有很大的貢獻,一般人將之列入價值相對主義的法哲學,事實上其思想淵源別有途徑。

此外,像是自由法論者亦對法律解釋方法提出各種見解。自由法論者特別重視法學方法,並在法學中提出種種與方法相關的問題來討論。例如法律有無價值判斷?解釋法律有無客觀性可言?有無活的法律?法律的淵源如何?法學可否成為一門科學?法學與其相鄰接的科學,如法律社會學之關係如何?這些問題如今有些已成定論,有些仍被熱烈的討論。

總之,上述價值論、法的歷史哲學與法學方法論三個問題領域一樣重要,至今仍不斷有人探討這些領域所提出的問題,其中法價值論與自然法論、法律思想史有很大的關係,容後再述。法的歷史哲學,在今天而言,由於受太多的批評,已少有人相信歷史有一定之法則存在;而馬克思主義

的法學思想，隨著馬克思主義在理論上的式微以及蘇聯和東歐社會主義政權在實務上的崩潰，亦已逐漸喪失影響力。

第三節　法理學之方法

一切認識之方法的最終目的在獲得知識，故對方法不能盲目排斥，因只是達到認識目的的手段而已。但為維持學問之客觀性、合理討論之可能性，須對前述三點加以區別。在研究法理學時亦有許多不同立場之學者，提出不同之方法，例如以黑格爾哲學之辯證方法架構其理論之新黑格爾學派；以康德哲學之方法來架構法學理論之新康德學派；認為獲得真知，須透過現象學還原方法來把握法的本質之現象學派；以唯物辯證法來架構其法學理論之馬克思主義學派，亦大有人在；二次大戰後歐陸流行之存在主義之法律哲學；以及英美世界，特別在美國流行之實用主義之法律哲學，如詹姆斯 (William James, 1842–1910)、杜威 (John Dewey, 1859–1952) 等人均積極提倡；而將美國實用主義作為法學研究之基礎者，則有龐德之社會法學，以及現實主義法學；還有人應用經院學派之哲學方法，來探討自然法之淵源，稱為聖托馬斯主義之法理學（由聖托馬斯在中世紀集大成）。

似此，不同立場之人，用不同之方法來研究法理學，但這些不同之方法中何種符合本書第一節所述的三個基本原則？

從本書的立場而言，較能符合這些要求者，是現代經驗主義之方法，尤其是分析哲學。

分析哲學因為無固定不變之體系與內容，故與傳統意義哲學上之學派大不相同，實質上並非所謂之「學派」。但由於這群學者在探討哲學問題時，具有共同的特色，故籠統以分析哲學來概稱之。其中 1920 年代在維也納大學所形成的維也納學團 (Wiener Kreis)，成員包括物理學、哲學、邏輯學、數學、法學等學科之學者。前述倡導純粹法學之凱爾生，亦為其中之一成員。維也納學團所發展出來的邏輯實證論，多多少少以經驗主義之思想為

基礎，強調邏輯之分析與經驗之驗證。此外，像是卡那普 (Rudolf Carnap, 1891–1970)、波普、維根斯坦 (Ludwig Wittgenstein, 1889–1951)、羅素 (Bertrand Russell, 1872–1970) 等學者，亦分別在美、英形成芝加哥學派、與日常語言學派。而北歐所謂之邏輯經驗論者，亦可包括在分析哲學此一概念之中。

分析哲學之特色，可約略分為下列幾點：

(1)重視語言之分析

哲學上之中心問題為認識問題，認識以後要透過語言來加以表達，人是語言之動物，透過語言才可思想，從前哲學對語言過於忽視，哲學上之爭論往往是因其哲學上所使用的語言不清晰、不明確所產生的，如能透過精密語言之分析，則哲學上許多問題可解消大半，而把人的精力投入到較實質的問題上。

(2)採取經驗主義之立場

經驗主義之代表人物有洛克、休謨、彌勒 (John Stuart Mill, 1806–1873)、羅素。他們認為可靠的知識，須透過經驗去獲得，在這點，現代經驗論者對古典經驗論者多少有所修正。古典經驗論者過分強調經驗，甚至幾何學、數學、邏輯學上之真假皆隸於經驗，過於執著。經驗科學上的真對知識之增加有幫助，但邏輯學上之真對知識的增加亦有貢獻，而這部分的真假與經驗科學上之真假不同。經驗科學上之真假，須經驗證後才能判斷；而邏輯學上的真假非由經驗事實驗證而來，而是以一定之公理為前提，按一定之規則推論所得。

(3)重視合理主義 (rationalism) 之解決方法

合理主義並非指歐陸傳統上的理性主義。理性主義認為，客觀知識乃是建立在人類的理性之上，並非透過經驗事實而得。合理主義則強調，儘管科學、哲學上有許多問題存在，但最後均須透過互為主觀(inter-subjective, 亦稱為間主觀) 的方法，以求得合理的解決。每一個人都有主觀的看法，若堅持主觀，則無學問討論之可能性。因此，主觀與主觀間仍應尋求溝通之可能，稱為互為主觀，此不外透過邏輯分析與經驗事實之觀察來達成。

⑷希望把哲學提升為一門嚴謹之科學——科學哲學之口號

傳統哲學往往把哲學抬高到科學之上，認科學家無法解釋者，哲學家可以解釋，此在現代分析法學論者來看，是過於淺薄。哲學非高於科學，而是幫助科學來整理分析其發現，以語言概念推理來作邏輯上之分析，兩者相輔相成。

⑸無固定之教條，思想有其彈性、開放性、流動性，不認為有特定之教條或教義是不可改變的

科學家意見紛歧，見解常常修改。一切科學上的主張，並不是絕對的真理。任何理論難免有錯誤發生，有可謬性。因此，科學家須心胸開放，隨時等待新發現之真理來修正之。此意味著科學之中，並無所謂絕對不可改變之主張存在。

早期分析哲學之邏輯實證主義學者提出意義的驗證理論，作為科學上有意義或無意義命題之標準。屬於科學上有意義之命題，是能在理論上判斷其真假的命題，不一定需要實際上經驗之驗證。對此，波普提出反證可能性之理論加以批評之。

分析哲學對於傳統哲學的批判，乃是以對形而上學之批判，與對假象問題之分析等兩個問題為主要的重點。其中，最引人注意的，是邏輯實證主義所提出之意義驗證理論。此外，在倫理學方面，分析哲學影響了二十世紀初所發展的後設倫理學 (meta-ethics) 之理論。在二十世紀語意學、語言學方面的研究，亦有許多來自於分析學派學者的貢獻。

以下則分別針對分析哲學對於形而上學之批判，與對假象問題之分析等兩個問題，進行討論。

1.分析哲學對形而上學之批判

形上學或形而上學之名詞，源自於亞里斯多德之第一哲學，為討論事物之存在，特別是規律事物之存在的一般性原理。就亞里斯多德而言，此一事物之存在的法則，須借助非經驗科學之純粹思辨的方法。亞氏並未給予此種學問一特別的名稱，僅將此部分列於其著作 "physics"（物理學）一章之後。因此，後人便將有關這方面問題之討論稱為 "metaphysics"（在物

理學之後)。

柏拉圖則將人類知識分為真知與臆測，臆測是根據經驗事實觀察所得之知識，不可靠；真知是可靠之真實，透過人類冥想之功夫，思辨之方法直接去認識，此為理性之方法，不須透過經驗事實之考察，而是直接透過理性所得之知識。

亞里斯多德之本質論，認為真知非存在於理念的世界，而是隱藏於事物背後之本質。如何去觀察經驗事實，屬 "physics" 之範圍；而一切事物之後皆有不變之規律事物之原理，其不能透過經驗科學之方法，而是要透過，非經驗科學之思辨方法去獲得。有關這方面問題的探討，多半屬形而上學，即 "metaphysics"。

形而上學這名詞是承繼日文而來。日文則是以中國《易經·繫辭》一書中「形而上者，謂之道；形而下者，謂之器。」為根據。學問之屬於形而下者，為經驗科學之知識。傳統之中國，並不否認此種學問的存在。但真正屬於智慧之知，亦即所謂的真知，則在於能否掌握住「道」。然而，「道」並不是單憑經驗的方法，即能加以掌握。必須透過一些非經驗的冥想之功夫，才能有所了解。這便是屬於形而上之學問範圍，於此東西方皆同。故日文乃將 metaphysics 翻為「形而上學」。

不過，形而上學到了十九世紀之後，即已遭致如孔德 (August Comte, 1798–1857)、馬克思等人之批判。其中，馬克思更以責難的態度來批評傳統哲學，特別是以黑格爾為總結的德國觀念論哲學。馬克思以辯證法之唯物論，批判傳統的形而上學。認為世上許多事件並非孤立地存在，皆是循著正反合之辯證方法而發展。凡是不接受以唯物論觀點為基礎之思想方法皆被稱為形而上學。恩格思亦指出，所謂形而上學之思考方法，便是與辯證之唯物論持相對立之看法。將歷史中的各種現象、事件，誤認為彼此孤立，無任何關聯之存在，從而忽略了事物彼此間內部之必然關聯。任何只觀察到事物之表面特性，忽略其中之原動力，即屬形而上學之思想方法。像是孔佛斯 (Maurice Campbell Cornforth, *1909) 這位唯物論者便指出，所謂依循因果律或經驗事實之觀察方法來觀察事件的經驗科學，其實也是一

種形而上學。孔佛斯於其《開放哲學及開放社會》(*The Open Philosophy and the Open Society*) 一書中❶，便批評波普之哲學方法。謂經驗科學僅以單純之公式，便想瞭解世界之中各種複雜的現象並不妥當。他認為事物之發展，皆有一定之原理可循。經由掌握事物彼此間之矛盾衝突引發新事物之辨證方法，始能瞭解宇宙。

　　但是，仔細地想想，像馬克思等人所主張的唯物論，難道不也是一單純的公式？此公式同樣是未經證實的形而上學。因此，由唯物論的觀點來批判形而上學，並不妥切。以下試著從分析哲學的觀點，特別是從邏輯實證論的意義驗證理論，來看形而上學的問題。現代分析哲學的基本立場，便是區分出各種命題的差異：

```
　　　　　　　　　　　┌─ 經驗科學上之命題（經驗命題、綜合判斷）
┌─ 科學上之命題 ─┤
│　　　　　　　　　　　└─ 形式科學上之命題（分析性之命題、分析判斷）
└─ 倫理學上之命題
```

　　首先必須區分，科學上之命題與倫理學上之命題。此乃現代分析哲學最基本的立場。此一區別，其實也就是理論之認識及價值之評價的區別。科學上之命題可分為經驗科學上命題及形式科學之命題。此即為經驗考察方法與邏輯分析方法之區別。

　　所謂命題 (proposition)，是主張某一事物存在或不存在之文句，因而一切命題，特別是科學之命題，一定皆有真有假，假使與實際存在之事實符合者為真，不符合者為假。而真理值 (truth value) 是指某一命題成為真或偽之可能性，指一命題之真偽而言，既為科學上之命題，原理上應可確定其真偽，若一命題之真偽不可確定，則為形而上學。換言之，所謂的形而上學之命題，是指該命題之真理值在原理上不能加以確定之命題。只有科學上之命題，始有真假值可言。至於倫理學上之命題，嚴格說來，並不是命題，只是個人主觀上的價值之確信而已。此須另於他處討論。

❶　Cornforth, M., *The Open Philosophy and the Open Society. A Reply to Dr. Karl Popper's Refutations of Marxism*, New York: International Publishers, 1968.

科學上之命題可分為兩種,而命題真假之判斷,視其為經驗命題或分析命題而有所不同。

(1)經驗科學上之命題

簡稱經驗命題,康德稱之為綜合判斷。經驗命題,亦稱綜合判斷 (empirical proposition; synthetisches Urteil)。單憑其主詞與述詞間之邏輯關係,並不能判斷其真假,須透過經驗事實之觀察,綜合新的知識才可判斷其真假。即一命題之真假值,必須經過經驗事實的驗證 (verification) 後,方可判斷其真假。例如「雪是白的」是經驗命題,是真是假不能由其主詞述詞之關係來判斷,必須經過經驗事實之觀察與驗證。白的性質與雪之物彼此之間並無必然的關係。又如「黑板是黑的」這是一分析命題,但是「教室中」之黑板是不是黑的,則屬於經驗命題的範圍。因此要判斷一命題為分析命題還是經驗命題,仍須透過語意之分析方可。

(2)形式科學上之命題

康德稱為分析判斷,指數學、邏輯學,欲判斷其真,通常要運用邏輯分析之方法來判斷,因此又稱為分析性之命題。分析命題 (analytic proposition; analytisches Urteil),其真假值之判斷只須分析其主詞與述詞之邏輯關係即可。例如「凡中國人都是人」乃一分析命題。其主詞「中國人」包含於述詞「人」之中。因此,從此一主詞與述詞之關係,即可由其間之邏輯關係,便可判斷其真假。「凡物都有延長」亦為分析命題。凡物在空間皆占有某一位置,可占據某一空間者才是物。物之概念本身即包括延長之概念,由其命題本身,透過邏輯分析之方法即可判定為真。

表 1-1　分析命題與綜合命題之比較

分析命題	具有先驗之妥當性 a priori validity	不能提供實在之知識 contains no empirical information
綜合（經驗）命題	具有後驗之妥當性 a posteriori validity	可以提供實在之知識 contains empirsical information

分析命題具有先驗之妥當性,先驗是指先於「經驗」,不建立於經驗之基礎。因此,一命題若是分析命題,則不須參考具體之經驗事實即可判斷

其真假。一旦經邏輯分析之後判定為真，則不會受經驗事實的變化而影響。其真為永恆，且是必然絕對的真。此命題亦可稱為「恆真命題」(tautology)，意味著同理之反覆。但是此類命題並不能提供吾人實在之知識。例如「單身漢乃沒有結婚之男人」，只不過是同理、同意思之反覆；又如「四方的三角形」，則為矛盾命題，此命題根本未描繪到真實之情況，故對於實際世界不能提供有關於實在之資訊，不能增加吾人的知識。

一命題之真假必須經過經驗事實之驗證而後方能判定，而一命題雖然目前可能符合真實，但對於未來不能保證絕對必然之真，會受新事實之發現而被修正或推翻，無絕對必然性，其真假須視將來事實如何方可個別具體的判斷。因此，經驗命題只具有後驗之妥當性。換句話說，經驗科學上之命題，原則上只能保持一種假設之性質。與經驗事實符合者為真，與經驗事實不符合者為偽。例如物理學過去曾將牛頓 (Isaac Newton, 1642–1727)的三大運動定律，視為絕對不變的真理，但是在愛因斯坦 (Albert Einstein, 1879–1955) 提出了相對論之後，早已不再宣稱其是絕對必然之真。總之，經驗命題雖只具有後驗之妥當性，但卻能提供吾人有關實在之資訊，對人類知識之增進，有極大的貢獻。

此外，經驗科學上的命題或法則往往以全稱命題的方式出現。但全稱命題在經驗科學上，無法百分之百的予以驗證。過去的事實或許可以驗證，但對於將來可能發生的事實則無法做到。因此，此類全稱命題亦僅是一種假設而已。不過，全稱命題雖不能全部加以驗證，但卻能透過演繹的方法變成系統性的命題來驗證。唯此非直接之驗證，而是透過理論間接加以驗證。

至於分析命題雖不能提供直接之知識，但卻有間接的貢獻。因為由個別觀察所獲得的命題，歸納至一般性法則，再由一般性法則演繹到各種命題，此演繹、歸納之過程，對科學理論知識之發展至有貢獻。又如數學命題亦屬分析命題，但對科學亦有極大的貢獻。

除上述二種命題之外，有無第三種命題，既具有先驗之妥當性，又可提供實在之資訊，亦即所謂先驗綜合判斷 (synthetisches Urteil a priori)？ 此

即是康德所提出的「先驗綜合判斷如何可能?」(Wie sind synthetische Urteile a priori möglich?) 的問題。

康德提出分析命題與綜合命題之區分,乃是藉以探討有無第三種命題存在之可能性,其一方面具有先驗之妥當性,他方面又能提供實在之資訊。康德認為,幾何學上之判斷即屬先驗綜合判斷之一。在康德所處的時代,幾何學為歐幾里德幾何學,乃以所謂的自明之理 (self-evident) 為基礎所架構起來。像是「兩點間之最短距離為直線」之公理,憑感性的直觀即可說明其絕對之必然性。此公理一方面為具有絕對必然妥當性之先驗命題,他方面卻又是通過感性的直觀,亦即通過經驗,提供有關空間之知識給吾人,故屬於綜合命題。因此,康德認為此類幾何學上的命題,即是一先驗綜合的命題 (synthetisches Urteil a priori)。

但經過數百年的發展,在非歐幾里德幾何學的觀點下,康德上述的看法便隨之發生問題。因為相異兩點間之最短距離,在球面上便不一定為一直線。過去所謂「兩點間之最短距離為直線」之自明之理的公理,已無絕對之妥當性可言。此外,康德將「2+2=4」之數學命題亦視作先驗綜合命題的看法,也因著進位制之不同,而不再具有先驗之絕對必然妥當性。例如在二進位制下,「2+2」不再等於「4」,而是「10」。因為幾何學、數學、邏輯學上之命題,皆以某些公理為前提,按一定之規則來推論,若有不一致之處,即應檢驗有無自相矛盾。因此,公理並非所謂的自明之理,只是基於人類的公設而來。由此公設所形成的命題,皆是有條件的,因而不能再將之視為絕對必然為真的先驗綜合判斷。

此外,再從經驗科學之立場來看,先驗綜合判斷是不可能存在的。任何透過經驗所獲得的知識,至多只有後驗的妥當性。如欲一方面維持經驗主義之認識論的立場,另一方面又承認有所謂的先驗綜合判斷,實在是一種自我矛盾的說法。學問最主要是建立在客觀性、合理討論以及批判可能性上。任何聲稱可以透過非經驗之方法,像是理性、自明之理、直觀所獲得的知識,通常只是個人自己主觀的確信而已。此一個人主觀上的確信,所涉及的乃是個人立場之問題,並無合理討論與批判的可能性,往往妨礙

了學問之客觀性。所謂的直觀 (intuition) 方法或靈感，雖然往往導致科學上重要的發現，對於人類知識之進步，貢獻極大。但是，站在經驗主義的立場，由直觀所獲得的知識，通常在形成假設的階段有其重要性，頂多屬於所謂前科學的科學發現脈絡 (context of discovery) 的範疇。但科學本身除提出假設外，更重要的莫過於能否進一步通過經驗事實的驗證。

至於在法學領域裡，主張自然法論者往往肯定先驗綜合判斷之可能性。自然法論者往往認為存在著一普遍、客觀的價值秩序或原則，可以藉以判斷實定法之妥當與否。換言之，所謂的自然法，不同於國家之制定法，它是屬於非人為的，存在於自然秩序之中，並且又規律著自然。在某種意義下，此類自然法可以通過經驗的方法來發現，因而常帶有經驗命題之性質。但在另一方面，自然法論者主張自然法可放諸四海而皆準，具有永恆普遍之妥當性、絕對性與必然性，即具有先驗之妥當性。因而自然法本身便包含著先驗綜合判斷之性質。

不過，迄今以來的任何一種自然法，其內容實際上是空虛的。它們往往用籠統的概念、語言來敘述。概念愈籠統，其內容愈空洞。甚至籠統至無法辨認所指為何。例如「公序良俗」、「人性尊嚴」便是一廣泛之概念，很難知其具體所指為何。為了具體化此一籠統之概念，法官即擁有相當大的判斷餘地 (Beurteilungsspielraum)。到最後，所謂的自然法，只不過是空虛之公式 (Leerformeln) 而已。例如以「該他什麼就給他什麼」來敘述正義，實際上並不是一個命題，因為它不具有具體的內容，故任何正義觀皆可以被帶入。同時，它也不是一個科學上之命題，而是一個當為命題、規範命題或倫理學上之命題。

總之，科學是在探求客觀之真理，但因人的認識能力有限，無法主張絕對必然之真理知識。那些在科學上無法驗證的命題，正因其不具有認知可能性，因而便是一無意義之命題。換句話說，科學上之命題一定要能談真或偽，能通過邏輯分析或經驗驗證來驗證其真假，才有存在之意義。不過，在科學上無意義之命題，或許在宗教、文學或藝術其他方面仍可有其意義，但無真假可言。此牽涉到信仰與立場的問題，將在稍後討論。傳統

哲學中便有許多科學上無意義之命題,例如「存在之最終本質即絕對的無」、「存在先於本質」、「時間是永恆者之影子」,或者像黑格爾所稱「世界的歷史是精神自我開展的一個過程」等命題,一方面由於不能單憑其主詞、述詞間之關係來判斷其真假,故非分析命題;另一方面,其概念亦相當模糊不清,無法根據實際之經驗事實加以驗證,故亦非經驗命題。這即是所謂的在原理上無法加以驗證、無意義之形而上學命題。

不過,前述所說的在原理上無法加以驗證者,若只是技術上未發展成熟或無法執行,以至於實際上不能驗證,則不包括在內。例如過去無法觀察月亮的背面,只是技術上無法做到,但並非在原理上不能驗證。似此便不能視為形而上學之命題。又如史前人類的各種活動,因時光不能倒流,故雖不能驗證,但仍可視為是有意義之命題。

上述之意義驗證理論,不過是對於科學上有意義或無意義命題所提出之一種提案而已,其本身並無真假可言,頂多不過是人們要不要遵守此一約定的問題。因此也可能會有其他不同的提案出現。例如波普便提出反證可能性之理論,藉以指出意義驗證理論的問題。波普認為:一個命題在科學上有意義或無意義,非由其有無驗證可能性來判斷,而是由有無反證可能性來判斷。亦即一個命題可否藉由提出與之相反之命題來推翻之。無反證可能性之命題,即為無意義之命題。在科學上有意義之命題,必須具有反證可能性。反證可能性愈高之命題,所包括之經驗內容愈豐富,能提供吾人有關實在之資訊之量愈大,價值亦愈高。例如「明天天氣為晴或雨」之預測,等於沒有預測,因為其並無反證可能性,無法提出反例來加以推翻,徒有驗證可能性,但在科學上實無意義可言。又如「人活不過八百歲」亦為無意義之命題。「人活不過二百歲」,雖稍有意義,但仍顯籠統。至於「人活不過一百三十八歲」,若根據過去的事實,證明有人的確活到一百三十八歲,此一命題便具有反證可能性,因而是一個有意義之命題。另外像是算命卜卦,多屬模稜兩可之命題,其反證可能性極低,實無意義可言。

至於,科學上之命題與宗教上之命題,另須加以區別。宗教上之命題,多多少少包含著倫理價值。原則上科學對何者存在是可驗證,但對於何者

不存在，卻不能驗證。例如「 」（無）便是無法驗證之概念。科學本身只承認可驗證的東西，對於不能驗證的東西，其存在與否，只能存疑。至於是否有超於科學之方法可予以驗證，由於沒有互為主觀性 (intersubjectivity 或稱間主觀性)，故無法互相溝通，作為合理之討論。因此，一個合理的討論若要在科學上成為可能，必須在原理上可以加以驗證。雖然科學訴諸於人之理性，對於一切之問題皆以理性之方法來解決，但卻有一定之限度，不能認為人類因此可以無所不知。但是人仍舊會追求完美，對於所謂絕對必然之真理，亦往往循宗教之途徑，以滿足其心靈之需求。故宗教具有給予人安身立命之功能。此即為訴諸於人類信仰之宗教領域與科學領域之不同所在。

2. 分析哲學對假象問題之分析

　　所謂的假象問題 (pseudo-problem; Scheinproblem)，是指在原理上無法加以解答或驗證的問題。其看似問題，但其實不能當作一問題來討論，故無須解答。假象問題多半來自於前述之形而上學之命題。如傳統哲學在形上學領域所討論的「支配宇宙終極的原理為何」，其中何謂宇宙？何種情況才為終極？涵義不清，實無法解答。又如「普遍（一般）概念是否實際存在」、「自由意志是否存在」等問題，在哲學上一直被討論了很久，但至今為止，無一思想家能提供一為多數人接受之解答。究其原因，在於這些問題本身涵義並不清楚，無法予以解答之故。

　　以「普遍概念是否實際存在」這問題為例，乃起自中世紀唯名論 (nominalism) 者與實在論 (realism) 者之爭論。例如桌子之普遍概念，在唯名論者看來，只是使用上所約定之名詞而已，無所謂真假。在經驗世界中，人們所見的桌子形形色色，根本不存在一個所謂的「普遍的桌子」。但實在論者卻堅持，凡是事物之概念皆有一相應的實體存在，即使在現象界中不能找到，在理念界或現象界的背後仍然可以找到該實體的存在。各種桌子雖然形形色色，但何者為桌子是清清楚楚的，因為存在著一個「普遍的桌子」之故。不過，普遍的概念本身就是一個抽象的名詞，是否存在著一個相應其 x 的實體，是無法證明的。故此一問題就是一個假象問題。再者，像是

自由意志存在與否，則牽涉到對刑法上之責任問題的看法。主張道義責任論者是以自由意志存在為前提；而主張社會責任論者則以自由意志不存在為前提，而認為人的行為往往受到先前存在的原因所決定，有謂「自由意志有如一箭，箭在空中固是自由自在，但在其射出的一剎那，已被決定著向何處落足。」此一問題也是一個假象問題，因其涵義不清楚，才會引起爭論。此外，法學上經常爭論不休的「法的本質」、「權利之本質」、「法人之本質」等問題，多少亦帶有假象問題的性質。

假象問題之提出，固然提供了一銳利的方式以批判傳統哲學，但卻不能隨意濫用，以避免流於情緒化的反應。像是早期邏輯實證主義論者，便有過分濫用假象問題之嫌疑。他們往往將傳統哲學所無法解決的問題，動輒視為假象問題來處理。此種態度本身很不合理，應盡量避免。有些問題看似假象問題，但實非假象問題，而是由許多不同性質的問題構成，因其缺乏較明確之語言分析，而誤為假象問題。若能事先透過語言分析，將其中若干性質不同的問題區別出來，依其性質用不同的方法解答之，雖不一定能全部解決，但仍可部分解決。此種經語言分析後仍可部分解答之問題，須與假象問題加以區別，不妨稱之為不完全問題。

有鑑於哲學家所提出的問題往往會導致科學上重大的發現，晚近學者在判斷何者為假象問題時，採較慎重的態度，認為不宜過分武斷，以免喪失科學上新發現之機會。科學與哲學之關係，便在於哲學家一方面提出許多問題，另一方面由其不同的立場提出不同的見解。科學家則以合乎科學之驗證標準的方法進一步加以研究。隨著新知識之不斷發現，一門新學科亦隨之逐漸形成，最後再由哲學分離出去。哲學家於此提供新問題、新材料的貢獻不小，不可因視其為只是哲學而不屑一顧。羅素便曾指出「已知者為科學，未知者為哲學」。

第二章
法的概念

jurisprudence

第一節　傳統的法概念論

　　法的概念是法學最基本的一個問題，但學者意見分歧不一，很難同意唯一正確之定義，龐德在其《法律哲學導論》(*An Introduction to the Philosophy of Law*) 一書 ❶ 中曾提及法的概念，至少有二十幾種說法。本節中將先介紹十九世紀中葉以來之傳統的法概念論，如下。

一、規範說與事實說

　　規範說謂法律是一規範，而非事實。主張此說最典型者為凱爾生之純粹法學。凱爾生以方法二元論為基礎，強調當為規範與自然實存法則之區別，認為當為規範作為一種當為命題之有效性，只能運用更高一層的當為規範來說明，無法運用經驗事實之科學方法來證明。例如判決之所以有效，其唯一可能之說明乃因其根據法律所作成，若該法律有效，則判決有效。法律之所以有效，其唯一可能之說明，即其是根據憲法而制定的。至於憲法之有效性，則是因為其係根據某種基本規範而制定。因此，基本規範之有效性一方面是論述憲法、法律、判決等之所以有效所不能欠缺的前提，但另一方面卻無法從此一規範說的理論上去討論其為何有效。此即凱爾生所提出之法規範階層說的主要內容。此外，凱爾生強調法律與道德之區別，主張法律之有效性不能依個人之主觀價值與道德判斷來衡量。只有如此，才能維持法學認識之客觀性、純粹性，就法論法，不涉及道德判斷，亦不涉及經驗科學。因此其學說又稱為純粹法學，主張法律是規範，有別於實存之法則。

　　事實說則謂法律規範可以當作某種社會事實加以研究。美國之法律唯實主義 (American legal realism) 法學的代表人物，特別是早期，有多人持此

---

❶ Pound, R., *An Introduction to the Philosophy of Law*, New Haven: Yale University Press, 1955.

觀點，法律唯實主義的法學著重於法律現象，認其可為研究考察之對象，為首者例如法蘭克 (Jerome Frank, 1889–1957)，勒維林 (Karl Nickerson Lewellyn, 1893–1962)。法蘭克著有《法與現代精神》(*Law and Modern Mind*) ❷，對傳統法學攻擊得很厲害，甚至認為所謂「法律安定性」的說法，根本是一個神話。法律唯實主義法學者的共同看法，認為法律不外乎是對法官未來行為的預測或預言，亦即所謂法律預言說。

　　法律預言說之理論最早由美國聯邦最高法院法官霍姆斯 (Oliver Wendell Holmes, 1841–1935) 於 1874 年〈法之道〉(*The Path of Law*) 一文 ❸ 中提出。霍姆斯當時任麻省高等法院之推事，並在哈佛大學教授法理學及憲法，在對一群學生的演講中，認 "bad man" 所對法院預期的不外是法官將來如何判決。因此，法律無非是對法官將來如何判決的一種預言而已。霍姆斯向有最偉大的反對者之稱，因為十九世紀中，美國的法院較為保守，尤其是聯邦最高法院凡對於進步之社會立法，每每運用違憲審查權（立法審查權），認定社會福利法案違背憲法第二條契約自由及憲法修正案第十四條的正當法律程序 (due process of law)，未經正當法律程序任意剝奪了人民的權利為理由，而宣告為違憲。霍姆斯出而反對法院此種見解，他的觀點後來成為多數說。其提出法律預言說的用意，在於如認法律為抽象的規範，則無法用經驗事實去觀察、研究，但如將法律定義為對法官將來如何判決之預言，則可將抽象之法律規範，變成具體的法官行為，而成為經驗科學可研究之對象。為了精確的預言法官未來的裁判，因此對法官的背景及其所持的學說立場，均應加以研究。法律預言說雖屬於事實說的一種，但基本上仍認為法律是規範，只是在研究中，將之視為一種社會經驗事實來加以觀察，並對未來事實加以預測，因此和一元論者仍有差異。一元論者認為，法律規範可還原或附著於某一種物質力量，例如馬克思認為法律不外乎是歷史法則之產物，反映了特定社會的經濟物質力量。

---

❷　Frank, J., *Law and Modern Mind*, New York: Doubleday, 1930.

❸　Holmes, O. W., "The Path of Law," in: Holmes (ed.), *Collected Legal Papers*, New York: Harcourt Brace, 1921.

　　折衷說則認為法律是帶有規範性質的事實，一般法律社會學家多半主張此一觀點。例如古爾維奇 (Georges Gurvitch, 1894–1965) 和龐德，認為法律一方面固然是倫理規範，但他方面由社會學之眼光來看，亦是社會事實，可根據研究社會事實之方法來加以研究。北歐法律唯實主義法學者如奧立佛克隆那 (Karl Olivecrona, 1897–1980) 在 1939 年著《以法為事實》(*The Law as Fact*) 一書❹，亦執此觀點闡述其看法，認為法官之行為事實上無法加以觀察，亦非普通的自然事實，其不同於一般之社會事實，而是心理學上的某種心理事實，可透過心理學上之研究來加以觀察。當代的法學者羅斯 (Alf Ross, 1899–1979) 亦主張法律是帶有規範性質之事實。

二、　強制說與非強制說

　　學者在討論法概念時，特別是在討論法律與道德的區別時，對是否以強制為法的要素時，往往有爭論。通說往往認為法律係帶有強制性，而道德是非強制性的，此種觀點尤為法律實證主義者所主張。在英美，奧斯汀的主權命令說，早已強調強制是法律的重要要素。歐洲大陸亦有多位學者主張此種觀點，例如目的法學派的代表人物耶林，強調法律必須帶有強制性，無強制性的法律，有如無火燄之火把，不會發生作用。凱爾生亦支持強制說，認法律之所以有效，無非是法律伴隨著一種強制。但新康德學派學者，則認法律與道德之區別，非在強制性，而是在於法律之外在性（規範人的外部行為）與道德之內在性（規範人心裡內部之動機）。

　　由強制說來看，強制如為法律之要素，則國際法是否為法，猶有爭論。凱爾生認為國際法雖仍不如國內法具有高度的強制力，但仍可視之為法。只是其所適用之國際社會仍處於原始狀態，其強制力無法透過穩固的組織加以施行。故國際法雖無高度強制力可言，但仍有強制力，例如裁軍、經濟制裁。如國際條約、協定，雖違反之並無有力之機關來強制履行，但國與國間懲罰性的戰爭，多多少少會發生一點效力。

　　如果以實證主義的觀點來看，認強制力為法之要素，則自然法因不具

---

❹　Olivecrona, K., *Law as Fact*, Copenhagen: E. Munksgaard, 1939.

有強制力，故不是法。但自然法論者，則認為強制非法的要素，只是法的一種偶然因素而已，最重要者還是其內容之正當性，故自然法高於實定法。

三、經驗主義與批判主義

就經驗主義而言，英美學者較偏重經驗事實的研究，因而對奧斯汀之主權命令說，嚴加批評。英美為普通法 (Common Law) 的國家，而普通法何時開始，無人知曉，甚至於出於何人之命令，皆無法探求，遂有學者由法制史之方面來研究，在歷史法學的影響下，例如波洛克 (Frederick Pollock, 1845–1937)、布萊斯 (James Bryce, 1838–1922)，認為探求法之概念，須透過對經驗事實、歷史事實之歸納研究，方能發現法之真正重要的性質，對法下一精確之定義。

至於歐陸學者，特別是受康德思想之影響者，強調批判哲學之運用，認為欲由經驗事實來探求法的概念，在程序上是本末倒置。經驗事實如此廣泛，如何辨別何者為法之材料？因此在辨別材料之初，須先有法之概念作為選擇材料之指針。這樣的法概念可稱為先驗之法概念，是不能透過經驗事實之方法來研究，否則邏輯上會造成循環論證。在邏輯上要探討經驗事實，須先有先驗之法概念，而此只能透過批判哲學之方法獲得，是為批判主義的法概念論。

德爾·維奇歐 (Giorgio Del Vecchio, 1878–1970) 受新康德學派之影響，主張先驗之法概念，須以法之感情為基礎，透過批判哲學之方法或內省之方法，將與法不相干的因素一一刪除，尋求法的邏輯形式，不包含其內容。史坦慕勒亦主張先要透過批判的自我省察之方法去追求不含實質內容之法純粹形式。以此方法來擬定法概念為何，再依此概念，根據經驗事實為更進一步之研究。史坦慕勒之純粹形式，認法是規定人的意欲 (Wollen) 之一種外在的原理，而法律的純粹形式可謂法律是使個人之意欲不受任何侵害之條件或形式。研究法律，建立法的普遍原理，須尋求法之純粹形式，而此一純粹形式是不包含任何經驗內容，否則即非為普遍原理，亦不能垂之永久。法的普遍原理之追求，雖然以人皆有法律的經驗作為開始，但經

驗多變，須將個人之經驗去除，最後只剩下不含經驗內容之形式，即為法之純粹形式，亦即使人之意欲，不受任何人之侵害。例如買賣雙方當事人皆有不同之意圖，但契約所以成立，是雙方之欲望結合而不受任何干擾，即為法律。此即是所謂內容可變的自然法。

但史坦慕勒提倡內容可變的自然法以追求法律的純粹形式作為法的研究對象。事實上如此之純粹形式，並不能提供任何具體的經驗內容。因此所謂的內容可變之自然法，如何應用於實際的經驗之中，提供法律制定的參考，會有相當之困難。

四、法實證主義與自然法論

在法實證主義之眼光來看，法律是國家依一定立法程序加以制定公布之實定法，不問其內容正確與否。極端之實證主義者，則強調惡法亦法 (dura lex sed lex)，除非依一定程序加以廢止或終止，否則法律無論好壞，均須遵守。

自然法論者主張內容之正當性才是法律之本質。如果一實定法在內容上明顯違反自然法之原理（正當、正義）時，就算其係依一定法律程序制定者，亦應歸於無效，此為極端之自然法論者之見解，主張惡法非法 (dura lex non lex)。二次大戰後對戰犯進行審判，戰犯抗辯，其係奉命行事，惡法亦法，刑法亦謂，依法令之行為，不罰；但法院則認惡法非法，憑人之良知、理性，應知某些戰爭犯行慘無人道，故不應遵守之。

上述爭論之存在，自十九世紀起即爭論不休，康德曾感慨言之「法學者現在還在討論法之概念啊!」。這種問題，是否係永遠無法解決之問題，須加以反省，而這些討論，在方法上係帶有何種性質之討論，亦須加以辨別。

傳統法學在討論法概念時，有一共同之思想：有關法概念之釐定，是有關法律本質之認識及把握，要先對法律本質加以掌握，才能對法概念為一界定。法律概念之爭論，是法律本質的問題，非單純語言用語上的問題。亦即事物本質，可透過經驗科學或哲學思辨之功夫來加以發現，才能解決

此一種實質問題。但問題是學者對法價值本身之內涵，即有相當之歧見。法律為抽象之概念，本質之概念研究為何性質，其意義過分複雜，各人看本質皆有不同。傳統法學者之思想在理論上可否站得住腳，依威廉斯 (Glanville Williams, 1911–1997) 在 1949 年發表《有關「法」一詞的爭論》(*The Controversies Concering the Word "Law"*) 一文中之看法，認為爭論之當事人有五個共同的謬誤存在：

①認為法律概念之爭論，非純粹語文之問題，而是科學上之實質問題。

②把語言問題與科學問題相混淆。

③這些討論往往把語言問題與價值判斷之問題相混淆。

④把法律概念實體化、客觀化，本來不存在的東西假設其存在。

⑤認為法的名詞、法的概念僅允許唯一固有之意義存在。

　　威廉斯認為很多對法概念之討論，只是有關用語上、口頭上之爭論 (a verbal dispute) 而已，並未論及實質的問題，其建議解決這一問題之唯一聰明辦法，便是避免去想它或去討論它。法概念只是語言使用方法之約定，亦即用來定義問題而已，原則上任何人可自由去約定。此與下節所敘述之傳統思想形成對立。

第二節　法概念論在方法論上的性質

　　傳統的法學者有一共同的思想，以為法律概念之爭論，是有關法之本質的問題，而非語言上的問題。他們認為所謂的事物本質，可以透過經驗科學或哲學思辨的方法，發現其真偽。但晚近批評者則認為，所謂的本質問題，只是語言上、口頭上之爭論而已。由方法論的觀點來看，傳統上追尋事物本質之想法，與古典邏輯學中的定義理論有關。

一、古典的定義理論

　　古典定義理論將定義分為，名詞定義 (nominal definition) 與事物定義

(real definition)。名詞定義，乃是名詞或語言之意義，及使用方法的約定。某一名詞作何解釋，是根據約定的方法來決定。事物定義，則在確定事物本質時所為之定義。前者只是名詞之約定而非判斷，並無真假可言。後者則是對於事物本質之判斷及描寫，包含何為本質，何非為本質之判斷在內，不但可討論其真偽，且此種討論亦有其必要性。古典的定義理論，由於名詞定義可自由約定，故較少爭論。但事物定義則不然。由於其包含對事物本質的判斷，符合事物本質者為真，不符事物本質為偽，故易引起糾紛。

要如何對事物下定義，自亞里斯多德以來，通常以該事物所屬之類，及其與同類事物的差異（種差）來下定義，即 definition fit per genus（類）proximum（最近）et differentiam specificum（種）。亦即定義是由最近之類及種與種間的差異來決定的。以圖 2–1 來說明人是理性的動物之定義。

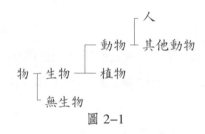

圖 2–1

當對人下定義的時候，人是被定義的語言對象。人的本質表現在其與其他種事物的差異上，以此差異來定義人之本質。例如「人之異於禽獸者幾希，理性而已矣。」若是人之本質確實為理性，則此定義為真，可以視為一正確之定義。否則即為偽，為一錯誤之定義。但是，理性究竟是否為人的本質，則有極大的爭議。換句話說，這種根據事物本質所下的定義，是否是唯一可能的定義？便屬見仁見智，畢竟本質二字實在很抽象。

事物定義與西洋哲學本質論之思想淵源深厚。柏拉圖、亞里斯多德之思想，即被認為屬本質論之思想。他們以為真正可靠之知識，並非由經驗科學所獲得之知識，而是透過哲學思辨，或非經驗的程序能夠掌握事物本質之認識，才是真正可靠的知識。此一本質論之思想，不但支配著西方早期的哲學家，更支配中世紀及近代許多思想家之思考模式。但此種本質論

的想法，終究無法免除如下的懷疑：

①與自然科學的看法格格不入。

②何為本質，其意義即很不明確。

例如形形色色的桌子，言其共同形象為事物之本質，勉強可接受。甚至於像糖之本質此類具體事物的問題，還易了解。但抽象的事物，則不易了解其本質。例如法律、正義、權利之本質為何？由於傳統本質論之思想無法提出一明確的標準出來，使吾人能辨別何為本質，何者不過為偶然的因素，此遂成為本質論的致命傷。

古典的定義理論到了十九世紀時，便有人提出反對的見解，例如英國的經驗論者彌勒 (John Stuart Mill, 1806–1873)。彌勒認為古典定義理論中的二分法毫無根據，乃是混淆了某事物之說明與其定義的結果。彌勒 (Mill) 以為一切定義皆為名詞定義，既言定義，即無真假可言。不過，下定義並不能任意為之，特別是學術用語上之名詞定義，應該參考經驗事實上之研究，加以界定。此外，西格華特 (Christoph Sigwart, 1830–1905) 在其 1924 年出版之遺著《邏輯學》(*Logik*) 一書❺，則主張放棄古典哲學中之二分法的定義理論。西格華特言邏輯學上一切的定義，原則上為名詞定義，無所謂事物定義。所謂事物定義不過是把形而上學之思考方式與邏輯學相混淆的結果，特別是把本質論的思想帶入邏輯學中。

二、現代定義理論——現代邏輯學上之定義理論

邏輯學在十九世紀末、二十世紀初，有很大的改變。近代邏輯學，特別是符號邏輯學的發達，使定義理論重新受到關懷。杜布立斯勞 (Walter Dubrislav) 對傳統定義理論加以反省，並提出新見解，其在《定義論》(*Die Definition*) 一書中，提出傳統邏輯學上之定義可分為兩大類：

⑴真正定義 (echte Definition)

與名詞定義相當，是名詞使用方法之約定，無真假可言。

⑵擬似定義 (Pseudo-Definition)

---

❺ Sigwart, Ch., *Logik*, Tübingen: Paul Siebeck, 1924.

傳統定義理論中之事物定義，並非真正定義，又可分為事物說明與符號說明兩種。事物說明 (Sacherklärung)，係關於某特定對象所具有性質之命題，不是在說明語言文字，而是對語言文字所稱之事物具有何性質加以說明，是事實命題、經驗命題。符號說明 (Zeichenerklärung)，係有關特定符號或名詞、用語之命題，這種命題是一種與語言習慣、語用學 (pragmatics) 有關，而非語意學 (semantics) 上涉及某種特殊事實之命題。

事物說明與符號說明這兩種命題，皆係主張某種事態之存否的命題，可以事態的存否來判斷其真假。

擬似定義與真正定義的最大區別，即真正定義僅是使用方法的約定，無真假可言，而擬似定義中之事物說明則可依據其指述事態之存在與否來判斷其真假，而符號說明則與語用學上之事實有關，在敘述某一社會事實，故亦有真假可言。例如刑法上與公務員有關之法條（刑 §6）是真正定義，談不上真假，概念之涵義可大、可小，但現行刑法採較寬鬆的定義，乃立法者對公務員約定之定義。但關於刑法上公務員之適用範圍，與公務員法上公務員之適用範圍何者較寬之討論，則屬於符號說明。因為這是有關公務員這名詞，在不同場合所代表、所指示之涵義及事實之說明，這種討論是有真假可言的。又何謂法、何謂禮? 中國古代之禮是否相當於現代所謂之法的探討，則是符號說明的探討。字典上每一文字皆有其涵義，這涵義的說明、解釋是符號說明，而非定義。定義必為某種約定，例如 a puppy is a young dog. 約定 young dog 為 puppy，即為定義。

上述這套定義理論為許多學者所接受，只不過說明方法不同。例如亨佩爾 (Carl Gustav Hempel, 1905–1997) 謂經驗分析（分析對象之性質，經驗事實），相當於事物說明；語言分析（分析語言之意義），相當於符號說明，雖然使用語言不同，但其所指的架構是相同的。

三、真正定義與事物說明、符號說明三者陳述之關係

一個定義有時兼具真正定義、事物說明、符號說明等三種性質在內。例如人為理性之動物的定義，即同時具有三種不同定義之性質。

> 讓我們用人這名詞來指稱有理性的動物吧! → 約定、真正定義
>
> 人這名詞所指對象是有理性的動物。 → 事實說明
>
> 人之名詞在語用學上用來指稱有理性的動物。 → 符號說明

　　要討論法之概念須將此三種不同性質之定義加以區別，否則會產生混淆的現象。「惡法是否為法」之類的爭論多多少少包含三種不同性質的定義在內。「國際法是否為法」如了解為國際法還能否稱之為法是真正定義，視法之定義如何而定。而若認為國際法不能稱之為法，則法必須具備某些性質存在，而國際法不具備此性質，故不是法，此為事物說明。若將真正定義與事物說明加以混淆，則永遠無法解決問題。同樣地，惡法是否為法，須視對法的定義而定。若認只有符合公平正義的要求才是法，則惡法因未具備此種要求，故惡法不能看作法。然而為什麼要將法視為是基於公平正義的要求，則涉及到事物說明的問題。因此，惡法是否為法，實牽涉到不同層次的問題，若不加以區別，勢必引起紛爭。

　　總而言之，語言分析對於問題的討論，實有其重要性。若不對上述三種不同的定義不加以釐清，爭論當然就無法避免，並且只會使問題更加混淆。傳統哲學中的許多問題，往往起於無謂的語言糾紛。前述威廉斯所提之見解還算中肯。但其認為所有語言皆是定義問題，理論上可自由約定，並無真假可言，則有問題。語言或概念之定義，乃是科學認識不可或缺的方法。科學上討論、定義愈精確，愈能避免因語意上的混淆所引起的糾紛。此也是科學進步的原因所在。例如物理學能夠透過數學來進行討論，內容明確，故進步的速度快。至於社會科學由於不能用數學來表達，人們往往因用語不明確甚至情緒因素而生糾紛。因此，學術用語之定義固然要求明確，但也應兼顧事物說明與符號說明。並且要參考事物性質，盡量將其重要性質，顯示在定義中，使定義盡量明確單一。

　　古典定義理論強調事物定義，藉以把握事物之本質，本無可厚非。但所謂事物之本質，與人的認識目的息息相關，須視人類的認識目的來判斷。

傳統定義理論的謬誤，即把事物本質誤認為與人的認識目的毫不相干，具有絕對的客觀性。但一切事物，雖擁有許多性質，卻無所謂絕對客觀的本質可供觀察。學術用語上之定義，理論上可自由為之，無真假可言。但實際上受到人認識目的之限制，可由其認識目的來討論其有效性、妥當性。由此可見前述指出的真正定義、事物說明、符號說明等三種文章並非互相孤立，而是彼此相關的。

　　總之，人們在下定義時，須把握下面有三個要領：

①定義受人類認識目的的限制。定義乃是在幫助我們釐清認識目的，避免思想發生混淆。雖無法討論其真假，但可自目的論的觀點來探討其有效性、妥當性。

②若能將定義之對象所具有的重要性質顯現在定義中，適用起來，更容易把握欲考察對象之特徵。不過，何者為重要性質，須據經驗科學之研究來判斷。

③下定義時，要注意被定義名詞的符號說明，應盡量尊重傳統概念，勿過分標新立異。

　　因此，由上述三個下定義的要領，來看法概念之問題，便可以得到下面幾項結論：

①法概念之問題，並非有關法之本質的問題，而是有關「法」這個字的定義，以及其如何使用的問題。要賦予法何種意義，指涉何種對象，則牽涉到人類認識的目的。

②由事物說明的角度來看，法的定義仍應顧及其事物性質，特別要將其重要性質顯現其中，以便於吾人對法之事物的認識，把握其性質及其與其他事物間之差異。此則有賴於經驗科學上之研究。

③由符號說明的角度來看，法之定義最好不要標新立異。過去習慣上使用之定義如果夠明確，且符合認識目的，則最好不要妄加更動。但此並非是絕對的，如該定義含糊，不妨加以改變。定義應盡量求其明確，凡易引起爭論、糾紛之詞句、概念應盡量避免。

　　上述所介紹的現代定義理論，是否為西方所獨有？中國有無此套定義

理論? 中國古代名家,對名詞定義、邏輯至為重視。此外,荀子於〈正名篇〉所提出之「名、實」概念,亦頗類似現代定義理論。例如「名無固宜,約之以命,約定俗成謂之宜,異於約則謂之不宜。名無固實,約之以命實,約定俗成,謂之實名。名有固善,徑(簡單易曉明確)易而不拂(混淆),謂之善名。」傳統定義理論、古典邏輯學把定義分為名詞定義與事物定義,但在荀子定義理論中,所有定義皆為名詞定義,並無所謂事物定義。荀子之「名」是名詞定義,乃約定而來,談不上真假。「實」則為名詞所指之對象。名詞與其所指示之對象一旦發生關係,即產生一感應結。此係基於社會約定而來,無真假可言。簡單易曉,且觀念上不致發生混淆的定義即是好定義,似此種觀念皆很精確,很符合現代的定義理論。

第三節　傳統法概念論的評價因素

威廉斯曾提出數種原因來批評傳統法學。他指出傳統法概念論將定義(語言)問題與科學問題相混淆,並將定義看作事物定義來討論,亦即當作科學問題、實質問題來加以討論。並且傳統法概念論,將定義問題與價值判斷的問題相混淆,更陷於混亂。法作為一社會規範,易使人想到各種評價因素。特別是正義、正當、公平等論諸如此類的問題。法、權利與正義等概念在西方的語源及語感上具有類似性、親近性,常使原屬於理論性之法概念變成各種價值觀之爭論。例如是否只有實定法才是法? 或自然法是否高於實定法之上? 以及惡法亦法或惡法非法等爭論,大概皆包含此種評價因素在內。更有人假借理論之名,以維護其價值觀。學術用語之定義本應純粹理論性,而與價值觀分開。但人往往將自己主觀的價值判斷加進去,最顯明之例子,即為說服定義 (persuasive Definition)。此一說服定義在政治上、日常生活上特別常被利用。

美國倫理學家,史蒂文森 (Ch. L. Stevenson, 1908–1979) 在 1948 年出版之主要著作《倫理和語言》(*Ethics and Language*)❻中,對早期實證主義

的倫理學主張提出修正。其中便特別提及說服定義。在 1967 年出版的《事實與價值》(*Facts and Values*) **❼** 中，亦再度提及。所謂說服定義是對於一般人所熟知之語彙（詞句），賦予新觀念之意義，而非實質上改變這詞彙實質本身所包含之情緒意義。從而在有意圖或無一定意圖下，運用此定義改變他人的態度或內心的方向。語言皆有一指示、敘述某種事態之意義，通稱為敘述意義 (descriptive meaning)，但有些詞彙除了敘述意義外，有時還包含情緒意義 (emotive meaning)。這些詞彙本身可引起人類本身強烈的情緒反應或帶有強烈的情緒作用。例如 4、13 這二個數學概念的敘述意義皆很清楚。但這二個數字，在中國或西方社會中，常帶有一種情緒意義。4 與「死」音相似；13 則代表不吉祥。此皆為莫名其妙的情緒意義。又如以「文化人」來形容某人時，這名詞之敘述意義無非指其受過高等教育或有知識的人。但若只言其為有知識的人，則對此人的評價便較文化人一詞為低。可見其敘述意義雖相同，但文化人隱含有較高情緒意義在內。

說服定義既然是利用情緒意義與敘述意義之交錯領域來改變他人，因此，一般選來作為說服定義者，皆為一般人所熟悉之詞彙。並且，該詞彙已具有強烈的情緒意義。下說服定義，主要在變更這詞彙之敘述意義，當然這詞彙的敘述意義多多少少是模糊不清的，下定義即在不清的意思領域內，賦予其更新、更明確之意義，但對詞彙所保持的情緒意義則不改變，當事人可利用敘述意義與情緒意義的交錯，引起他人在態度上之變更以進行說服。在日常生活中，說服定義運用至為廣泛。例如「愛情不是占有而是犧牲」，其中愛情之敘述定義很含糊，又帶有很高、很強烈的價值存在，使人可產生很強烈的情緒反應。又如「識時務者為俊傑」何為俊傑？亦帶有強烈之情緒反應，但其須具備何種條件，亦不很清楚，此句往往成為說服對方投降之方法。像是「大丈夫能屈能伸」亦同，它不僅可以改變別人的態度，亦可用來自我說服、自我安慰。至於「大智若愚」、「大器晚成」、

---

❻ Stevenson, Ch. L., *Ethics and Language*, New Haven: Yale University Press, 1944.

❼ Stevenson, Ch. L., *Facts and Values. Studies in Ethical Analysis*, New Haven: Yale University Press, 1967.

「勇氣」、「真正的勇氣不在沙場殺敵，而應如韓信受胯下之辱時的勇氣」
等亦為一種說服定義。歷史上利用說服之技巧而成功者，莫若安東尼與布
魯屠司間所進行之辯論。即是運用概念本身所具有之高度情緒意義而說服
民眾之技巧。民主、自由、法治為何，有時為純理論之探討，有時是以某
目的來說服別人的用語。

既然說服定義本身帶有強烈之情緒意義，在學術討論上，便應盡量避
免使用。但是，仍然有人將說服定義帶進學術討論之中。例如黑格爾與馬
克思便是其中之一。

黑格爾對自由所下之定義，便屬於說服定義。由於自由概念的敘述意
義至為含糊，並且帶有很強烈的情緒意義在其中。自由往往代表一人所羨
慕的狀態，像是「不自由，毋寧死」一語，便表達了人類對自由的嚮往，
值得人去追求。故其常被利用為說服定義，「自由不是⋯⋯，真正的自由是
⋯⋯」。黑格爾生長於法國大革命的前後，對自由的情感意味比一般人更為
敏感。

在《法哲學原理》(Grundzüge einer Philosophie des Rechts) 中 ❽，黑格
爾主張人的社會須經過三個階段，家族社會、市民社會以及國家社會。在
家族社會中，個人無所謂獨立的人格、自由，完全被家族吸收。之後個人
逐漸意識到個人之特殊性、個別性，要想辦法脫離家庭，於是便邁向市民
社會。在市民社會中，由於講求個人自由，人與人之間的關係變成由個人
自己的意思來加以支配。更重要的是，每個人都只是為了滿足自己的需要，
而把其他人視為工具來加以對待。因此，在市民社會中，個人的自由，只
是作為恣意、濫行 (Willkür) 的自由。這種狀態一直要發展到國家之後，才
能使個人獲得真正的、具體的自由。換句話說，國家才是人倫 (Sittlichkeit)
秩序的具體展現。

也就是說，黑格爾認為只有國家的普遍意志，才可真正決定個人的意
志。亦唯有如此，才能判斷何者決定始符合道義正當的要求。總之，個人

---

❽ Hegel, G. W. F., *Grundlinien der Philosophie des Rechts*, (orig. 1822), Frankfurt/M:
Ullstein, 1972.

如何使其決定符合道德之決定，實現其完整之人格，必須使其決定符合國家普遍意志的決定，個人才能真正決定其自由意志。如此一來，黑格爾便很巧妙的把本應免於國家強制干涉的自由，一百八十度地倒轉為以順從國家意志、符合國家秩序的意志，才是自由的。他雖不否認個人的自由，但卻賦予自由新的意義、企圖改變自由原來的敘述意義以說服他人。特別是對於普魯士當時受到法國大革命口號影響之市民，能使得個人漫無節制的自由觀念，轉變為自由就是依國家秩序來決定個人行為。藉以支持當時的君主政體，發揮其國力，此為其理論背後之目的。

此外，像是馬克思對商品價值所下之定義，亦是一種說服定義。馬克思認為，商品價值等於生產商品所花費之勞動量。馬克思認為勞動（力）才是真正的生產要素。例如資本雖可提高勞動力之生產性，但其本身不能產生任何價值。不過，這種對於商品價值的分析，實在過於片段而簡略。勞動力固然是決定商品價值的主要因素之一，但還有許多其他因素存在，例如資本（就古典經濟學而言為基本構成價值的因素）、人的創意發明（像是魔術方塊其所花費的勞動力不多，主要為創意）。凡此在馬克思的價值理論中，皆刻意地被忽略。因此，一旦接受馬克思對商品價值的定義，將導致一項結論：資本家所投資的資本，由於不是形成商品價值的因素，至多只是提高工人勞動的生產性而已。於是在其《資本論》中，資本家遂成享受勞力所創造之剩餘價值的剝削者。故資本主義為經濟榨取之制度，應打倒資本主義。

上述馬克思的經濟理論，也是利用說服定義的結果。馬克思在對商品價值下定義時，即將自己對資本家的厭惡，以及對勞工百分之百同情的主觀感情因素，帶進定義之中。馬克思身處的時代，正值於資本主義弊害盛行的時代。特別是當他在英國的時候，勞工法、勞工基準法等保護勞工的法律尚未制定，面對當時勞資關係之衝突，乃對資本家敵視，對勞工同情。並將此一感情帶入學術，反映在其理論中。並且更進一步將該理論偽裝為科學研究的成果，援用許多材料來證明其為科學上重要的發現，在實踐上造成很大的煽惑力。此便是利用說服定義的結果。

　　不過，從經驗主義的方法二元論來看，馬克思這套理論至少包含二個問題在內：

①像是「資本主義是經濟榨取的制度」這類的價值判斷，其本身早已包含「應打倒資本主義」之價值判斷。諸如此類的價值判斷，是否有真理可言？

②縱使此價值判斷具有真理價值，其可否經可由經驗事實加以驗證？

　　這二個問題，其實皆屬於倫理學與價值論的問題。簡單地說，價值判斷不同於科學上的事實判斷，無法透過經驗事實驗證其真假。因此，價值判斷無所謂真假可言。此一問題，將在本書第六章法價值論中再作詳細討論。

　　但若從現代定義理論的觀點來看，馬克思對於商品價值的定義，涉及到無所謂對錯的名詞定義問題。但是，卻可由認識目的來看定義本身是否妥當。由於馬克思對商品價值的定義只顧及勞動力，對資本、創意等其他因素刻意地忽略；因此，從理論上認識的目的而言，並不適切，且引起很大的困擾。

　　不過，若從事物說明的觀點來看，馬克思對於商品價值的說明，既然是根據科學觀察而得，則有真假可言。因此，不能逕以其為一純粹的名詞定義，即不予討論。特別是馬克思所提出的經濟理論，是建立在科學的基礎上，代表科學研究的成果，從而具有相當的說服力。不過，從先前馬克思對商品價值的定義來看，其結論早已蘊含於定義之中。既然結論可以直接由定義本身獲得，則其間根本無須任何科學研究來證明。因而此理論亦無科學的基礎可言。若馬克思一定要主張其理論，為一科學的理論，則至少要具備二個條件：

①不能採取此定義，應有不同之定義。例如古典經濟學上之價值理論，可涵蓋其他因素在內。

②且定義與理論本身並無直接邏輯必然的關聯，否則即為換湯不換藥之循環論調。

　　任何一項科學理論，不僅可以透過經驗事實加以驗證，更要避免研究

者所具有的主觀價值判斷。亦即要排除任何的倫理價值因素。但是，馬克思除了將商品價值定義為勞動力之外，並無其他定義。同時亦無其他證據可證明，此結論非完全由其定義演繹出來。總而言之，馬克思對於商品價值所作的定義，帶有高度的政治意味，及倫理、感情因素，不適合經驗事實的驗證。特別是「榨取」二字，即有高度的倫理判斷，不易觀察，應盡量排除。不過，這仍然不排斥其可受科學探求之可能性，只要將這命題改為可觀察之命題，即可以為客觀之討論。

馬克思的理論之所以曾經為半個地球的人類所奉行，乃因一方面馬克思將社會主義當作科學的社會主義來主張。這對於很多未受科學方法訓練的人來說，容易相信其為科學上之發現。另一方面，馬克思特別強調對工人的同情心之人道立場，多多少少可打動人心，具有某種程度之說服力。特別是容易吸引廣大的貧窮人民及勞工。資本主義所產生的弊害，即其所造成的社會現象，並不是根據馬克思的理論所導致的結果。換言之，社會現象之發生，並不能用以證明其理論之正當性。此即為社會科學較自然科學困難之處。

由理論而言，經驗理論之正確性，與其受支持的程度乃兩回事。經驗理論上之正確性，乃根據經驗事實之觀察而來。馬克思的理論，由於涉及到倫理判斷，並不適合經驗事實之驗證。若能將之排除，則仍可加以驗證。不過，對於驗證的態度亦須注意，特別是政治性的理論，研究者往往採取對於其理論有利之證據，捨去不利之證據。社會科學上之驗證，很難如同自然科學上之驗證客觀，往往將摻雜個人之情感，如此驗證是否正確，頗值懷疑。因為其中已透過一番材料之選擇，多少包含價值判斷的因素在內。

從上述黑格爾、馬克思運用說服定義，分別對於自由與商品價值的定義來看，都是以「真的 x 是——」、「x 的真諦是——」來進行討論。以往關於法概念的許多爭論，大多可視為關於法的說服定義的爭論。例如惡法亦法、惡法非法的爭論，即帶有高度情緒作用的說服定義。當同一語言有兩個以上的說服定義互相對立時，原理上並無法加以解決。因為定義皆為名詞定義，有真假可言。雖然對於學術用語之定義，不能討論其真假，但

仍可自認識目的來討論其有效性、妥當性。說服定義不同於學術用語之定義，其重點不在認識目的，而在實踐上的影響力。說服定義只能由其內部理論中去探究有無矛盾、前後用語及因之形成的理論有無一貫。至於說服定義中所包含的個人的價值判斷，則無法加以探求。因為這些價值判斷，對於每個人而言，皆係絕對的，無法透過理論認識予以合理的解決。

無可否認，說服定義在作為有效的說服技術上，於政治領域、社會實踐上有很大的作用。尤其在現代大眾態度可左右政治取向的社會中（大眾社會），政治家、社會改革家或理想家為貫徹自己信念，實現自己理想，運用說服技巧來說服別人，本是無可厚非。只要不違背政治倫理、政治道德，任何人在社會實踐領域中運用說服定義是可以的。但在學術領域中，任何的討論須以理論認識為基礎。一個包含個人的價值判斷的說服定義，在學術的討論上是不被允許的。學術討論主要是就事論事，一旦涉入個人價值判斷與感情因素，將使得價值判斷與理論認識互相混淆，對學問的進步、客觀討論性、批判可能性會有很大的阻礙。甚至進而引起無謂的糾紛，使理論上之重點變得模糊不清，而淪為感情之爭。

第四節　法的定義

㈠法的定義與法理學之認識目的

本節所談論到有關法的定義，並非唯一正確的定義，只是一個例子而已，最主要考慮的，乃係此定義對吾人之認識目的有無實益。關於實益，有不同之看法，實益並非認識目的的實益，而是說服效果的實益，此為說服定義，例如自然法學主張惡法非法，實證主義主張惡法亦法者是。亦有人由實務的觀點，著重法與法律的差別來下定義，二者不同在於，法為解釋法律之根據、標準；而法官依據法律來裁判，透過法律之解釋與法律之適用來實現法。另一派之說法以法與法律之不同來下定義；由此角度，法

律為具體定出之東西，乃法的現象、型態，而把法視為法律之本質，所謂解釋具體的法律，法之認識可能性是作為認識的手段來探求隱藏於法律背後之法的本質以作為裁判的基準，此種把法看作法律的本質，又把法律當作法的現象、型態，二者分開觀察的結果會造成法指稱的對象發生不必要的重疊，使法概念變得很複雜，有時會遭致形而上思辨的危險。在界定法之定義時，應盡量避免使法指稱之對象變成過分複雜，而引進不必要的實體概念（非由眼、鼻可觀察，乃存在於另一概念世界中），應盡量加以避免。中世紀哲學家歐康 (William Occam, 1285–1349) 對柏拉圖之批評，即柏拉圖之理念世界「實體概念之增加不得超過必要的數量」，人稱之為「歐康剃刀」(Occam's rasor)。實體概念之功能，主要是把複雜對象之說明予以簡化、減少，幫助我們說明某複雜對象，不必用太多之詞句去說明，但過多的實體概念有時會引起思考上之混亂，故最好不要區別法及法律來下定義，才較不會引起思考上之混亂。且裁判之標準視各個實體法之體系而有不同，在大陸法系國家固為如此，但在英美國家，係不成文法，則無所謂法律、解釋法律之標準，與大陸法系國家不同，此定義即適合於大陸法系國家，而未必適合於英美法系之國家。往往在下定義時，把法之定義與如何確定裁判之標準加以混淆，前者為法使用方法之約定，後者為裁判上如何確定法律之解釋依據，並不相同，把此二者不當的牽扯在一起，在適用上至為不便。

㈡法的定義之開放性

在替法下定義時，須慮及認識目的上的實益，但若提及認識目的，則亦有許多不同的情況存在。認識目的若只在劃分法學及其他科學之界限時，則僅維持目的來下定義時，法定義最好廣泛、籠統點，甚至有無法定義皆無所謂，否則會把法學與其他科學過分分開。一切科學皆相關聯，社會科學考察的對象皆為人類社會，於此法定義可有可無，太過精確反而將之當作不同的領域予以區別，對法學的研究並無好處。純粹法學之法的定義即將法學與其他社會科學精細地劃分開來。

若須將法律做精確之定義始能發生功效時，例如把法之定義當作經驗科學上認識法律之手段，則方需要較明確、精確之定義，比方說，法律如何形成？在社會學領域中研究法律規範與道德規範有何關係存在？何時受到道德規範之影響而改變法律規範之內容？二者間區別何在？進一步研究其內容關係。在研究法制史、法社會學時，要精確辨別法之定義，以了解其間之關係。

法律之定義可寬，可窄，全視認識之目的如何來研究之。在研究近代法律時，言其為主權者之命令或許可以。但在研究古代法律時，主權者命令之說則過於狹窄。人類歷史上何時才有主權國家的產生，是近代的事情，是布丹 (Jean Bodin, 1530–1596) 倡主權論時，主權國家才漸漸形成，在主權國家未形成前，國家、社會還很難區分，國家權力尚未集中，分散在封建諸侯、教會、職業團體等組織中。主權國家既未產生，則無所謂主權者之命令。若將之當做法之定義來觀察近代以前的法律現象，則此定義不能發揮其作用。依此定義，則近代以前，無法律之存在，與一般常識不相符合，其過分嚴格而不能說明往古之法律現象。但若擴張至有社會，即有法律，則法等於整個社會之統制手段、現象，謂之「社會統制」(social control)，則又太寬。一切社會之所以可存在，須靠著社會秩序之存在為前提，使社會人與人之間之關係符合社會秩序。要實行社會統制，法律固為最重要之手段，但不代表全部，尚有道德、宗教、風俗習慣，從而在這定義下，則不能觀察法律與其他社會規範之區別，因其定義太寬了，以之來觀察往古社會亦很不適當，且以此概念無法觀察到法律如何形成，或法律如何自道德、宗教、風俗習慣中演變出來。

㈢法的定義之適度寬嚴

如何下一寬嚴適度的法之定義？下定義不外有二個方式，一種方式是循著名詞外延來下定義。外延定義乃拿這個名詞所涵蓋之事物一一加以列舉，憲法、民法、刑法、行政法等稱外延定義。其在學術用語上不適當，因可稱為法律之社會規範有無數，可能掛一漏萬。另一種方式是循著指示

對象之性質來下定義，稱內含定義。內含定義乃是把指示對象的重要性質顯現在定義中。如何下內含定義，在古典的定義理論中，是根據最近之類別與其在同類中和其他之種差來下定義。但定義與陳述句 (proposition) 不同，陳述句是有真假可言，然定義無真假可言。定義，是依據認識目的來看其最近之類為何，此須以符號說明之觀點為基礎來下定義，而種差，則進一步考慮到其事物說明，把事物性質之研究顯現在定義裡面。符號說明通常把法當作規範，法是一種規範也，由符號說明法，過去習慣用語上，一般將之指稱某種規範，即禁止為某一定行為或命令為一定行為之陳述，事實上規範不同於陳述，規範是心理上某種抽象之觀念。但儘管如何抽象，要用文字表現出來，即成為文章。此種定義最起碼可顯示出其不同於自然上、經濟上之律則，法律非存在之律則或自然律則而已，法律是當為規範，此於符號說明可確定。

(1)**以規範下定義較妥當，其與一般之規範或事實之用語較符合**

把法律當成規範，但規範的外延能包含很廣泛之範圍，還有道德、宗教等，如何區別，則事物說明是何規範，要把性質顯示出來，把法律與其他規範之不同顯示在定義中。由於法律與宗教、習慣其混淆可能性低，然而法律與道德，一般人較混淆，最好把法與道德之差異顯示出來，實際運用上較方便。作為學問研究之手段，顯示出法律與道德之差異，目的不在強調二者在本質上有何差別，因事實上無何差別，二者皆為社會規範，然此反而重視其間的密切關係，為方便研究其間密切關係。須加以區別，才能觀察，至於有何區別，非語言上之問題，此須尊重經驗科學之成果。

(2)**並不排斥把法律規範當作某社會事實來觀察的可能性**

當把法之定義當作經驗科學上認識之手段時，特別是在法律社會學或法律歷史學上之研究法規範與其他社會規範間的關係，或其法規範如何發展形成時，需要一較精確之定義。最好能由其內含來下定義。由符號說明（法的名詞使用方法），可確定其為規範。但規範所包括的範圍至為廣泛，須進一步將法規範與其他社會規範加以區別，特別是易與法規範相混淆的道德規範區別出來，注重其差異，顯示在定義裡面，但此非謂二者在本質

上有如何之差異，而是要能區別二者不同之性質，才能探討其間之關係，故這定義一方面要能區別法律與道德,他方面要能進一步觀察其間的關係，不能定義成兩個不相干的東西，亦不能混淆在一起。

㈣法律與道德在定義上之相異性

關於法律及道德之學說，多數強調二者之差異和區別，其主要論點大致如下：

新康德學派的某些學者，特別是史坦慕勒、賴特布魯赫，認為法律是外在的規範，道德是內在的規範,由法之外在性及道德之內在性來為區別。傾向自然法論者，強調法律之道德性。分析法學者，如奧斯汀，則以強制性之有無，來作為區別法律與道德者。

一般之見解，特別是新康德學派之某些學者皆主張法律之外在性 (Äusserlichkeit) 及道德之內在性 (Innerlichkeit) 來作為二者之區別。認為法律關心人的外部行為，若外部行為合於一定的標準，則法律不予過問，然若抵觸某些法律規範，則須過問之；而道德只問內部，心理之動機是否善，那怕其外部行為與法律行為有抵觸，只要其動機為善，則仍予以嘉許。此二者的關心方向 (Interessenrichtung)，法律關心外部的行為，道德關心內部的心理動機。

然而將此區別顯示在定義裡面，雖包含某種程度之真理，而不能一口否定之，但仍有如下之不適當的情形：不但在實用上有困難，且在理論上亦易引起糾紛。法律固然大部分關心外部行為，內心之動機通常不加以過問，但亦非全然如此，例如民法第一百四十八條第一項權利濫用之禁止，行使權利不能以損害他人為目的，已規範至目的；同條第二項誠信原則，何謂誠實信用？亦不過一種道德規範，至於刑法之法律規範更是如此，皆涉及道德範圍的問題。若一定要做此種區分，則在實用上會有困難，而在理論上亦易引起困擾與糾紛。道德並非只關心內部的動機，而不顧外部之行為，若過分強調道德之內在性，則容易變成規範個人主觀因素的規範。

過分強調道德之內在性與法律之外在性，二者在內容上區別之結果，

易使人誤認為法律與道德不相干，而往往忽略了二者在內容上交流互通之情形，實際上道德與法律之關係至為密切，具有互相依存之關係。在此提出龐德之法律發展說，以為補充說明。

龐德曾把法律發展分為五個階段：

⑴原始法

在原始遠古的時代，一切法規範皆渾然成一個體系，並無法律、道德、宗教、風俗習慣等區分，而法律、道德等通常與宗教密不可分。此亦得到文化人類學之學者的同意，稱此一整體的社會規範為原始法，在中國亦然。古代之中國，法律、宗教、風俗習慣亦分不開，一切社會規範皆稱之為禮，宗教、政治、經濟等一切之社會秩序皆非依禮不可，禮規範即相當於原始規範，可普遍看出。

⑵嚴格法

於西洋社會中最初由原始規範分出的法律規範，皆具有較嚴格的色彩。「以眼還眼，以牙還牙」，此於古老國家皆有所謂「同害刑」(talio)，這種法律規範的特色是至為嚴格，而無道德、人情的考慮存在。若造成何種損害，即要賠償什麼。

⑶自然法或衡平法

由嚴格法階段演進到自然法階段，為時頗久。據龐德的說法，一直至近代初期，才為自然法階段，過去嚴格法過分嚴格，幾近殘酷，未考慮到行為人之動機、目的等因素存在，自人的道德、感情而言，是格格不入的。故嚴格法發展到第三個階段，即大量自法律之外吸收道德觀念（自然法、衡平法）至法律之內，成為法律秩序的一部分。在吸收的程序中，盡量擴充法律的內容，把過分嚴格的法律規範，變成較適合一般人的道德觀念或人情。

⑷法律成熟化

十九世紀後期，一方面由於資本主義的發達，他方面對於過去吸收而來之法規範，感覺至為龐雜而無體系，對資本主義之發展頗有阻礙，故有將之加以整理、體系化的趨勢，各國紛紛頒布法典，可謂法律成熟化之時

期。

(5)法律社會化

至本世紀，世界經濟激烈的變化，造成法律與社會間產生很大的差距，十九世紀的法律已不能迎合二十世紀社會之需求，學者乃由法律之外吸收新的社會思想、觀念來填補法律與社會間的差距。例如民法採過失責任主義，現有部分漸被無過失責任主義所取代，保險制度之普遍採用，使危險分散到社會大眾，皆為社會思想的一部分，在其背後皆有濃厚之道德觀念在支持。

因此法律發展之過程，至少可看出法律之發展皆與道德、理想密切不可分。法律之所以發展，是由其外部吸收道德觀念、社會觀念轉變成法律秩序。法律規範有許多是由道德所形成，在內容上法律與道德是相通且密切不可分的，若依上述之定義，過分強調法律之外在性與道德的內在性，則其內容溝通交往的情形亦會被人忽略。

如此區別道德及法律或可適用，但不能以同樣之定義來區別法律與風俗習慣。風俗習慣並非內心之規範，與法律同係規範外部行為，若要重新為法下一新的定義以為區別，則法的定義就會過分複雜且不很清楚。

過分強調二者之關係，例如英國法學者布萊克斯棟 (William Black-stone, 1723–1780) 曾對法下如下之定義，法即命令為正當行為或禁止為不正當行為，規律正當行為之規範，強調法律之道德性，二者有密切的關係，但其定義亦有如下之不適宜：

如定義中，正當與否是見仁見智的問題。若謂正當行為之規範才能成為法律之規範，則容易引起爭論，本身即有問題。若一切法律皆成為具有正當內容之規範，則由法律以外的角度來評判法律是否規範得很妥善、很正當之問題即是不存在的。吾人並不否認法律規範包含有道德之因素在內。但若作為定義，則布萊克斯棟對法所下之定義，即有如上之不適宜之處。

謂法律是帶有強制之規範，道德不帶有強制之規範此說較可採。法律規範皆有國家之權力或力量作為後盾，可強制執行，使法律規範付諸實行，道德規範則無。但假設道德規範具有強制的力量為其後盾，使其能付諸實

現，則此道德規範在定義上可稱之為法律規範。可見得以強制力之有無來區分，一方面可判別兩者，作一明確的標準，他方面亦不忽略道德規範轉變為法律規範的可能性。道德加上強制即等於法律。此與中國古代「出於禮，入於刑」之思想大致相當。

有許多法律規範是由禮規範轉變而來的。故最好把法律規範當作強制規範來加以定義。此是由其事物說明，對其指示對象之性質的研究得出結果而來下的定義。但謂法律為具強制之規範，其範圍亦頗廣泛。社會規範多多少少帶有強制力在內，一規範若無某種壓力存在作為其後盾，則此規範不受人遵守，可見此定義仍太籠統，究竟法律是何種強制規範，應更進一步研究。例如幫派有幫規，工會有規約，亦有很大的強制力，不能言其非規範，現要就法律如何為強制來加以區別。法律規範的定義，既稱定義，即乃是循著其與符號說明、事物說明這三者之密切的關係來進行著。

　　┌─符號說明──規範
　　└─事物說明──包含何種規範，具有何種與其他規範不同之性質，此要顯示
　　　　　　　　　　在定義中

然後再視新定義是否符合認識目的，若仍嫌籠統，則須再視符號說明與再把法規範之性質顯示在其中，一方面兼顧法律規範名詞之外延，他方面還要注重其內含。

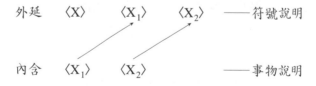

外延　　〈X〉　　〈X₁〉　　〈X₂〉　──符號說明

內含　　〈X₁〉　　〈X₂〉　　　　　　──事物說明

在此應依定義之實際必要而充實其明確性，即

┃ X ── 規範 ──────────────▶區別法律規範及自然法則
┃ X₁── 強制規範 ──────────▶區別法律規範與道德規範
┃ X₂── 由大家公認之有權機構來付諸實行者區別法律規範與幫規
▼ 　　（X → X₁ → X₂ 定義須更明確仔細）

若仍過分籠統，則可再進一步研究其符號說明，這種過程原理上可逐漸進行下去，但事實上適可而止即可，只要符合認識目的就可，談不上真假。規範由其外延來看很多，但不符我們的認識目的，須由內含再區別法律與其他規範（例如道德規範）之不同性質，法律為強制規範，道德為無強制規範。將此特性顯示在定義中，但強制規範之外延仍甚廣泛（例如幫規、工會內規），如何將之與法律區別，須進一步考慮其所依據之強制力不同，法律是以國家強制力為後盾之規範，這定義事實上仍無法達到要求，國家不易解釋，過分狹窄，則會變成主權者之命令，過分廣泛，則變成有社會即有法律，就國家可再加討論定義，一旦符合認識目的即可採用，如是一方面考慮其外延定義（符號說明），一方面考慮其內含（事物說明）來下定義，定義仍為定義，無真假可言。

(五)法社會學對法的定義

由法社會學（含社會法學）之觀點，則又可提出一些不同的定義。龐德為社會法學的創導者，往往把法律當作社會統制來下定義。所謂社會統制乃是指一個社會假使要能繼續存在，須有某種秩序，如何形成社會秩序，如何維持社會秩序的一切，皆稱之為社會統制。如此一來，法的定義就成為：在一個具有政治組織的社會中，運用社會的力量，有體系、有組織地來實行社會統制，亦即，此種社會統制就是法。

所謂統制，是一過程，對英美法、判例法的國家，此定義或可適用，但對成文法主義的國家，此定義就會引起困擾，特別是對實定法下定義時，最好不要將之當作一個過程，而宜將之當成一個手段或許較為合適。龐德希望顯示社會統制是透過判例發展逐漸形成之規範，故不願將之當作一手段來下定義，使人了解法為一逐漸發展的過程，而非一固定之手段。其苦心可感，但於實定法下定義時，此定義僅可供參考。

韋伯 (Max Weber, 1864–1920)，早期法社會學家，對社會科學之方法論有特殊之貢獻，將法定義：某一群特定之人建構了一個秩序，而為確保此一秩序，對於違反秩序之人有施予某種物理上或強制力的一種可能性

(chance) 時，此一秩序即可稱之為法。即某種秩序，由一群人加以保護或對於違反秩序的人加以處罰之情形存在，則可謂之為法（這定義寬鬆、不夠明確）。但吾人如以國家實體法為對象研究法律與其他社會規範間的關係為認識目標，亦即研究法律規範如何形成時，此定義將太過廣泛，且含混不清。因此，吾人可以參考龐德和韋伯的觀點，而得到如下法社會學的法定義：

在一具有政治組織之社會中，由該社會成員所公認之統治機構，以物理之強制力作為後盾，來加以制定或加以執行之規範，此規範可以稱之為法律規範，以此係以一般所謂之實定法為定義的對象；至於較廣義的法或法律秩序，即為這些法律規範之總合。

這個法社會學的法定義，亦即法社會學之開創大師，奧地利法學者埃爾利希 (Eugen Ehrlich, 1862–1922) 所謂的「活的法」(Lelendiges Recht)。依埃爾利希的理論探討，社會團體之內部秩序等習慣規範皆非屬所謂法律，而是須以物理之強制力作為後盾來加以制定者，方可謂之為法律（所謂物理之強制力，乃一旦違背，即有具體之力量，在民法有強制執行，在刑法有罰則）。不將該等習慣規範稱之為法，是有其認識的目的。吾人並非忽視該等習慣規範之重要性，反而是深知其對法律之形成至為重要，且許多成文規範皆由其所形成，從而在定義上，有意的將兩者予以區別。在運用上，如為社會學之調查上、觀察上，這些活的習慣規範（經承認亦可稱之為法）如何影響法律秩序、如何形成法律秩序，至為重要，但不列入上述之法律的定義，乃是使其定義不致過寬。

至於上述定義是否過狹呢？此定義有意避免國家主權者之概念，蓋如將國家列入定義，則易使人誤會近代主權國家才有所謂的法律，在近代主權國家誕生以前無法律存在，故避免用「法律」而應用「具有政治組織之社會」的概念替代之，使其定義非如主權者命令說之過分狹窄。至於具有政治組織的社會如何解釋，則借用龐德之說法，要辨別一社會是否具有政治組織，須由其社會成員之結構來加以觀察，若是一社會成員中有部分人為統治者，部分人為被統治者（得以一部分人，依一定目的，在一定制度

下來實行社會統制者，為統治者，另一部分人服從其統治者，為被統治者)，有此分化時，即謂該社會為具有政治組織之社會。

至於分化至何種程度才可算是具有政治組織之社會，則有賴於經驗科學之研究。中國秦以後是具有政治組織之社會，分化已很明顯。往前，周亦有許多階級劃分；商，雖無信史可取，但由地下埋藏物之發現，亦可認其具有政治組織。至於堯、舜、禹時有無統治者、被統治者之區分，則不清楚，其共主不知為何種型態之共主，皆有賴於信史之研究。至少在商朝，甚至更早，即有政治組織，在此社會，即有法律之存在，雖或不稱為法，而稱為禮，名稱不一定，但仍為實質之法律。因為一般社會成員所公認之統治機構，以物理之強制力為後盾制定或執行強制規範意義仍至為含糊。故仍需加上「有政治組織之社會」的概念特徵。蓋有其他社會團體的規範，亦有強制力，甚至較法之強制力為更強，例如赤軍連或幫派之規範，其內部規範之約束力、強制力很強，但仍不能稱為法律規範。因此，加上「具有政治組織之社會」則可區別法律與幫規之不同。

暴力組織之規範不能被承認為法律規範，是因為它不像國家的法律規範，乃國家經一定之立法機構，經一定程序來加以制定公布之規範。但法律規範有時並非由法律機構來加以制定，若直接加以執行，亦構成實體法的一部分，其規範若由國家統治機構，尤其是司法機關將之引用在判決中，則亦可成為法律規範。習慣與習慣法，規範之內容相同，但並非所有的習慣皆可稱之為習慣法，須經國家有權機關予以援用、適用，才被稱之為習慣法，否則只是為單純的習慣規範。

一般規範，由社會學的目的來看，可分為行為規範及裁判規範，單純的習慣規範還未被引用於判決中，仍為行為規範，一旦經有權司法機關加以採用作為實體法之一部、裁判之基礎，則可稱之為裁判規範，在此定義下，行為規範尚不能稱之為法，裁判規範即可。判例、學說亦同，一旦經有權司法機關直接加以執行，亦可稱為法律。

綜上所述，如以國家的實定法為認識目標來定義，則法律即以組織或國家的強制力作為後盾的規範，而所謂法即這些規範的總合或集合。社會

是人群的集合（廣義言之），不過一定要有某種秩序存在才能被稱為社會，若無一定的秩序存在，則容易分散，而不是社會。如此可稱社會為一群人在共同秩序下生活之群體，社會不同於國家，國家是有組織的機構，為維持秩序，對違反秩序之人加以強制力（最主要為法律）的手段來予以維持者，但社會與國家關係密切，則不容否認。

　　定義談不上真假，須視認識目的而定。上述定義是針對社會學、歷史學於其研究所下的定義。法律與道德規範的主要區別，在強制力之有無，將此顯示在定義中，有國家強制力作為後盾，加以支持者，為法律；無者，則為道德規範。此強制力可分為物理的強制力與心理的強制力，物理的強制力，在民事訴訟為強制執行，在刑事訴訟為監獄；心理的強制力無非是大家害怕受到國家法律制裁之心理的壓抑。一規範所以被社會一般人所遵守，有許多原因，第一即因此法律規範合理，而人為理性的動物，能認識法的合理，合乎道德的內容，自動去遵守，但這力量是不夠的，尚須強制力作為後盾，作為一最後的手段，通常是備而不用，當觸犯法律規範才發動之。

附論一

法律的效力

　　法律的效力為何，意義並不清楚，時常會使法學的討論引起很大的混亂，尤其「效力」二字，意義複雜，原則上可分兩方面的意思來加以探討。

㈠規範邏輯上之效力 (Gültigkeit; validity)──法律體系內部的效力

　　規範邏輯上之效力方面應另加區分下列概念：一、妥當性；二、有效性。

1.妥當性

　　提及一法律規範具有妥當性之意義，乃指該規範在整個法律的體系中，構成調和的部分。亦有不同的說法，如自然法學者及實證法學者，其對是否妥當的定義不同，自然法學者以為實定法秩序並非整個法律秩序，在其上還有一自然法秩序，而一實定法是否妥當，乃視其與自然法原理是否相符或相調和，自然法最重要的是法律規範內容上之正當性；而偏向經驗主義、實證主義的學者，則不問自然法秩序的存在與否，認為一法律規範是否妥當，應視其在整個實定法體系是否可構成調和之部分，與其他部分有無牴觸而定。

2.有效性

　　有效與否是指該規範是否具有妥當性，受到有權機關之認定可能性或概然性而言，其前提必須具備妥當性，才能認定其為有效，若一法律規範違背上面層次之規範，不能在法體系中構成調和的部分，則認定其為無效。在還未認定有效與否前，須先送至有權機關予以認定，若認定法律與憲法

抵觸或判決違背法令，則為無效。在未認定無效之過程前，推定為有效。無效須經有權機關來加以判斷及認定，依憲法第一百七十一、一百七十三等條大法官會議為最後有權之解釋機關。在認定有效與否之時，須視其有無妥當性，此二概念密切相關，但非同一，應加分別，學者在討論一法律規範時，只能判斷其妥當性，並不能判斷其有效與否，有效性質須由有權機關——例如大法官會議——來加以認定。

㈡在社會上所生之實效 (Wirksamkeit; effectivenes)

在社會上所生之實效的概念，應另加區分：一、實定性；二、實效性。

1. 實定性

法律規範的實定性，係指該規範所預定之強制措施，受到有權機關現實的予以執行的概然性而言。

2. 實效性

法律規範的實效性，指該規範所預設的社會統制效果現實地被實現，可具體現實地發生這規範所預期的效果或目的。

一法律規範總有些強制措施，如制裁之類；若受到有權機關實際地予以執行，則謂該規範具有實定性，但雖法律有明文，而有權機關並不執行，條文形同具文，則謂某法律規範欠缺實定性，反之若預期的強制措施皆在現實得被執行，則實定性高。制定一法律，往往希望發生某種法律效果，但有時不但不能發生其所預期的法律效果，甚至還適得其反，則謂其為不具實效性之條文。

在討論法律效力時，原則上須區別四個涵義，例如違警罰法在討論有無效力時，應視其是否具有妥當性，有否與現行法律或憲法所保障的權利相牴觸。處罰雖嚴厲，但強制措施未被嚴格執行，故實定性並不高而社會實效性更低。

有效的法律不一定具有實效性、實定性，例如交通規則、衛生規則，但要求一有實效性的法律，其前提必須具有有效性，否則不能執行。

違警罰法一旦解釋為無效，則會造成社會治安問題，但要解釋為未牴

觸憲法，亦很勉強，其妥當性很低，與憲法第一百五十八條之精神有違，當然無效，只因政治上的考量，不能逕解為無效。

有權機關判斷一法律是否有效，應審查其有無妥當性，但一法律規範若在內容上欠缺妥當性，則在未經有權機關推翻之前，仍然有效，不提及妥當性的問題，再由欠缺妥當性而言產生無效的可能性，二者須加以區別，若有效與否有爭執，則須由妥當性來判斷，最起碼不能抵觸憲法，故有效性是以妥當性為前提要件之一，乃非充分要件，而具有妥當性者，不一定有效。

假設一法律規範完全不具有實效性或欠缺實定性，例如交通規則、衛生規則，則必須重新檢討其有無存在的價值，自妥當性徹底加以檢討，是因規定欠缺妥當性或執行有困難，例如糧食管理條例有些規定一般人不易做到，則應修正或廢止，或其所附的強制措施過於微弱，不足阻遏一般人，則須加強之，使發生社會實效性，或執法人員執行不力，則須對執法者加以規律，若因欠缺妥當性，則須移請大法官會議宣告無效。

例如，經濟不景氣，鋼鐵材料進口少，致鋼筋價格漲得很高，政府一方面採取限建政策，五樓以上之樓房不准建築，他方面指定鋼廠定價供應鋼筋，其預期之目的在安定物價，結果目的不達，因其對型鋼並未限定價格，故生產型鋼，而對有一定價格限制的鋼筋的生產無興趣，結果型鋼價格降低，鋼筋反而猛漲，有建議採自由主義，勿過分干涉者，不久政府解除限建，對鋼筋價格亦不再限制，大家見有利可圖，大批生產鋼筋，價格自然降低。

一法令雖具有妥當性，有其預期之目的，但是否可達預期的效果，則不一定，尤其經濟問題，仍須藉經濟方式來解決。更重要的是須具有實效性，若不具實效性，則須重新檢討。

法人理論很多，有予之定性，在導出結果，皆為抽象的討論，先有具體的法律現象，事後才加以說明或為便於了解起見，才有抽象的討論，至於具體的法律效果，則非由抽象的討論而來，法律早已規定好了，採取何說，對於現有的法人制度、法律效果並不生影響。非由抽象性質為出發點，

而是由實踐上、立法目的上來考慮為何有法人，乃是在資本主義發達的社會中，為促進資本主義不可缺乏之制度，由此觀點更容易了解法人。經濟團體從事經濟活動，為資本主義發達過程中必然的現象，若於此觀點不予以獨立之人格地位，則會產生很多困擾，故予之。為簡化問題，有其實際需要，根據一定立法目的所創設出來的，因而才有種種法律規定，非由其抽象性質來作規定，所以討論其抽象的性質，而有許多學說，無法是法人定義問題，如何使用較清楚，對法人概念下一定義，使其能辨別法人與非法人之區別，其對象有何差別，規定在定義能最清楚，且在學術討論中最不會產生混淆。

在此所應優先考慮的，乃為目的而非抽象性質、本質的問題。如此強調非抽象性質的思考，係現代法學主要的思考方式之一；抽象性質的思考方式，反而為過去概念法學思考方式的障礙。任何法制皆有其目的及其所預期的效果；在此觀察相關社會現象與法律制度能夠幫助了解及區別若干問題之所在。若僅列舉抽象性質之概念，則對實際問題之解決毫無幫助，只會產生思想上的困擾；定義目的在清晰、明確，使思想不生混淆。

法律為何被遵守？一法律所以被遵守有許多原因，假設一規範為 S → G 為行為規範，一切規範之內容皆為 S → G，所謂 S → G 即在某一情況下必須為某一定之行為、舉止。（如圖 2-2）

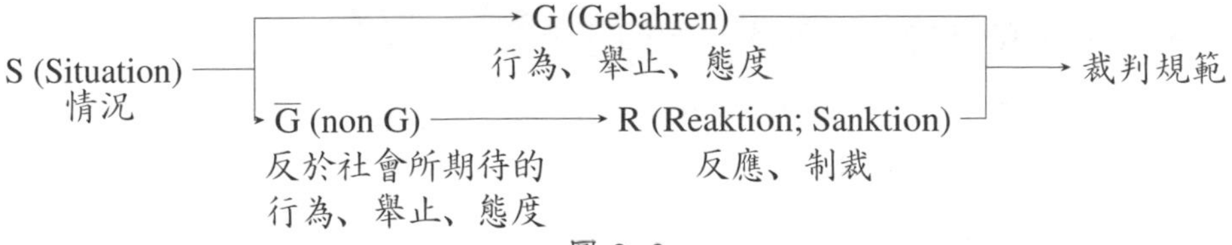

圖 2-2

而如不為一定之行為、舉止，則會遭受到某種反應或制裁（$\overline{G} \to R$）。包括國家強制力之制裁，及各方面社會之壓力，有此反應存在，人才會遵守這規範，人之所以遵守規範，並不單純畏懼違反這規範所受到之制裁。當然，制裁不可少，但有時規範本身即含有合理認識的可能性，使人不意

識到制裁，而只憑合理之認識即自動去遵守這規範。規範除國家強制力之外，還要各方面壓力之支持。如果只受各方面壓力之支持，而無國家強制力之制裁，則多半為風俗習慣，甚至良心的譴責不安，亦會使人遵守此規範，其道德倫理性高，多為道德規範。至於超自然，人所看不見的力量，亦會使人遵守此規範，此多為宗教規範，純粹訴諸對不可知之力量的戒慎，無具合理之認識；通常若有合理之認識，宗教意味較淡薄。

一社會規範乃係相對的，有時可兼具數種不同性質。此性質非屬絕對的，例如對父母要孝順、扶養；此規範內容非只是道德規範而已，有謂對父母不孝，會遭天譴，則為宗教規範；若謂會受鄰里謾罵，則為風俗習慣；若謂會受到良心的譴責，則為道德規範；若謂會遭受到法律制裁，因父母可提起扶養之訴、強制執行，則為法律規範。

一規範若受有各方面壓力之支持，包括超自然之力量，一般社會鄰里之責難、謾罵、良心的譴責、國家的制裁，則當作倫理規範來看待，違反者稱為自然犯 (mola in se)，處罰較重，涉及社會公序良俗。若違反一規範，僅受國家強制力之制裁，而不含有其他壓力之支持，此多為技術性之規範，違反之者，不過為制定犯 (mola prohibito)，其處罰較輕，除非很強調其目的，很少處以刑罰，但萬一科處刑罰，則該處罰之若干實效問題就很難說。

此二者全視其背景係受其他壓力之支持而有所不同，法律上有許多概念是相重疊的情形，制定犯推行已久，首先受到許多外力之支持，而後化成內在良心上的譴責亦已可能，例如「大眾捷運法」、「森林法」、「廢棄物清理法」中隨地吐痰的規範亦有 mola in se 之性質存在，非單純的制定犯而已，多多少少為道德規範。

一旦規範之維持只靠國家強制力為後盾，其實效性就有限。國家行使其權力，雖係無遠弗屆，但並非很周延，須使該規範在人所不見處亦被遵守，即須轉化為文化力量來支持。當一般人形成新觀念時，新的社會壓力產生，個人良心開始蓋著新的力量；如此規範不僅依靠政治力量來支持，才能順利地推行。人民遵守之，規範之推行才能成為很自然之事；相反的，社會實效性長期很低的規範，長久後仍會受到淘汰。

　　在定義法律時，國家的力量僅為辨別的基礎或標準，但並非相關定義之要素。至於國家之形成，其理念有所不同；依此，各該國家所推行之制度亦有所不同。有關法人，其學說不同，其差異經常來自不同定義，不過為一名詞之不同說明。因難以推定所謂理想之法人為何，所以不可能塑造所謂唯一合理的法人制度。由於法人之定義包含相關概念與特徵在內，所以實現相關理想之法人，在任何法制中皆包含相關理念。立法者形成法律之前已抱持著這些相關理想，並且將此理想透過立法加以實現。此理念可否在法律施行後客觀地予以觀察，此問題很抽象。相關理念在一體系中並不生任何衝突，就表示這些理念透過法律規定來實現立法者當時的理想。

第三章
法的社會機能
jurisprudence

第一節　社會統合與社會統制

一、社會統合與社會化

㈠社會統合 (social integration)

任何社會均須某種基本秩序，藉以維持其存續。易言之，社會集團各成員的行為必須依一定的行為模式加以調整，或予以一定的導向。此過程可稱為社會統合。

社會統合的現象，並非人類所獨有，最接近於完全的社會統合的典型，可於人類以外的其他群棲動物，尤其是螞蟻、蜜蜂等所謂「社會昆蟲」的集團生活見之。不過此類社會昆蟲雖亦能實行頗為精巧而複雜的分工，但這種社會昆蟲的生活秩序毋寧是出於本能的、靜態的秩序，從而沒有進步的可能。人類的社會生活，卻與此不同。人類的社會生活一方面由於生來的天性，過著群居生活，但他方面能運用組織的力量去改變群體的生活關係與生活方式，因此能夠維持相當安定而又富於融通性的集團生活❶。

㈡社會化 (socialization)

人類的集團生活，何以有統合的可能？誠如亞里斯多德所言，人類為「社會的動物」❷，以及格羅齊烏斯 (Hugo Grotius, 1583–1645) 認為人類有「社會的欲求」❸，吾人亦認為，人類的集團生活進行統合，乃是人類天

---

❶　參看 Roucek, J. S. (ed.), *Social Control*, New York: Van Nostrand, 1956, Introduction, p. 2.

❷　亞里斯多德謂「人為政治的動物」(zoon politikon)，惟此之政治即指社會性的意思。

❸　格羅齊烏斯，荷蘭人，當年，荷蘭原先被視為德國之一部分，然而，雖然似乎全歐洲參與當年之德國「三十年戰爭」(Dreißigjähriger Krieg, 1618–1648)，唯荷蘭

生的本能之一，但除了此天生傾向以外，後天的學習，即所謂「社會化」的過程，亦是重要的原因。現代社會學者諸如帕森斯 (Talcott Parsons, 1902–1979)，米爾斯 (Charles Wright Mills, 1916–1962) 曾舉出泛化 (generalization)、模仿 (imitation)、認同 (identification)，作為社會化過程中最主要的原因及學習過程❹。所謂的泛化，又稱概化，即一般化，亦即人們不願在行為方面顯得特殊，故而傾向於一般性的行為模式，相互模仿。例如：流行、風尚、入鄉隨俗等，多與此行為動機有關。但為何人們不願顯得特殊？主要乃為尋求他人認同，因得到他人認同，生活較有安全感。經由這種過程，社會所要求的基本價值會內化為個人基本人格，並在此人格基礎上，進一步地學習其他的角色扮演，以使自己的行動符合角色的期待 (role-expectation)。

社會化過程，使社會各成員產生按照社會期待的行為動機，所以社會秩序才有存續的可能。但社會秩序的形成與維持，不能僅靠社會化的主動學習過程，若有人故意去違反社會秩序，而無法有效加以制裁，則社會秩序仍無法維持，此即涉及社會統制。

二、社會規範與社會統制

㈠社會規範

何謂規範？德國法社會學家蓋格爾 (Theodor Julius Geiger, 1891–1952) 於 1940 年代著《法社會學導論》(*Vorstudien zu einer Soziologie des Rechts*)❺，提供許多模式來觀察社會，其對法律規範亦提出一模式❻：

及瑞士等地自身局外。因此，戰後荷瑞兩地各自得到國際間之肯定，並事後成為獨立主權國家。同一段時期，荷蘭為海上強權。兩種事情反應於格羅齊烏斯之名著，即 (*Mare Liberum*)、(*De Jure Belli ac Pacis*) 等書。

❹ Parsons, T. and Shils, E. A. (eds.), *Toward a General Theory of Social Action*, Harward Univ. Press, 1954, p. 227.

❺ Geiger, Th., *Vorstudien zu einer Soziologie des Rechts*, Neuwied a. Rh.: Luchterhand, 1964.

在某種情境下，須為某一定之行為舉止，如不為一定行為時，則將會受到反應 (Reaktion)，包括制裁 (Sanktion)，亦即國家強制力的制裁在內。此外鄰里間的、社會上的非難 (Vorwurf)，甚至某種心理上的壓力亦可包括在內，此一模式可說明何為社會規範❼。基本上須有一定之行為模式或行為規範，即 S → G；於此行為規範下，不遵守此行為規範，就會受到某種反應、某種制裁，如此該規範才能成立以及被遵守。

人遵守一定的社會規範，不一定只是怕受到某種壓力強制，有時亦可基於對規範合理之認識，自動去遵守。但若單靠個人主動的遵守，規範仍無法建立，倘有人違反之，應有某種壓力，對違反規範者予以某種制裁，如此這規範才能發揮其作用。此模式可說明一切之社會規範，如：風俗、習慣、倫理、宗教、法律等。許多社會規範的差別是相對的，而非絕對的，其主要差別在於反應的方式不同。例如：中國古代，主要為禮所規範。「禮」最基本的意思即為「履」，踐履一定的方式，遵守一定的規範；最狹義即是一種規範。禮之起源，依胡適所著之《中國古代哲學史》，謂禮源於宗教規範，再由宗教規範逐漸分化出風俗習慣或道義規範，最後才發展成道德規範❽。吾人對其所言禮之發展過程大致可接受，事實上亦可在古代典籍的記載找到證據來說明此點❾。例如《說文解字》上說「禮者，履也，所以

❻　參看 Geiger, Th., *Vorstudien zu einer Soziologie des Rechts*, pp. 225–228.

❼　楊日然，〈從先秦禮法思想的變遷看荀子禮法思想的特色及其歷史意義〉，《社會科學論叢》，23 輯，1975 年，頁 266。

❽　胡適，《中國古代哲學史》，遠流出版公司，1994 年，頁 121–124。

❾　以下參考楊日然，〈從先秦禮法思想的變遷看荀子禮法思想的特色及其歷史意義〉，《社會科學論叢》，23 輯，1975 年，頁 267–270、頁 176–177。

事神降福也」。其所謂禮，應指宗教規範，為何須踐履一定之行為方式，其主要目的是希望事神降福，例如：要拜神，須先齋戒沐浴（S → G），如不齋戒沐浴 (non G)，會受到降禍（non G → R）。由於人怕禍患的降臨，為了避禍趨吉乃形成一宗教規範或禁忌 (taboo)。嗣後又有記載「禮者，體也」。立即為了要標榜、顯示一定的身分地位，須有一定之儀式，禮作為此身分外表禮節之解釋，則多半是人間俗世上的風俗習慣規範。稍後，又有人解釋「禮者，理也」。也就是由規範中，抽象出來某一道德規範，基於合理之認識去加以遵守，此時禮即為一道德規範。例如：守喪三年的禮制，最早起源於一種禁忌，人死亡，屍體會散發出一種穢氣，人若接觸到，會倒霉運，而死者的親族會沾染此穢氣，故須遠離人群，守喪三年才能出來。至孔子之時，民智大開，有人懷疑此禁忌沒有什麼根據，而且認為三年太長，《論語・陽貨》中，宰我即以此來問孔子，孔子說父母抱子女至少三年，故守喪三年並不長，則又改以人倫、孝道來解釋之，此即說明禮從宗教規範發展至道德規範之例證。

㈡社會統制 (social control)

現代社會學者大都認為人類的社會統制乃為促使其集團生活趨於安定與進步的最重要原因。社會統制這概念的涵義，常因不同學者之見解而異 **❿**。但此概念大致可定義為對於社會成員施以某種壓力，而使其行動符

---

❿ Social control as the use of either physical force or symbols to bring about a pre-scribed or expected action（社會統制謂運用物理的強制力或符號活動以實現規定或預期的行為），見 Young, K., *Social Psychology*, New York: Appleton-Century-Crofts, 1958, p. 244.

K. Mannheim, "Social control is the sum of those methods by which a society tried to influence human behavior to maintain a given order", 社會統制為社會賴以影響人類行為藉以維持特定秩序的各種方法的總稱，參看 Mannheim, K., *Systematic Sociology*, London: Routledge & Kegan Paul, 1957, p. 125.

另參照 Ross, A., *Social Control: A Survey of the Foundations of Order*, Cleveland and London: The Press of Case Western Reserve Univ., 1969.

合一定的型式規範之謂也。茲更說明如下：

(1)所謂壓力不必僅限於物理的強制力（例如：看守所的窗、警力）

即如心理上的影響力亦能發揮極大的社會統制機能，尤其是在人類社會，文明發達，生活關係趨於複雜以後，這種心理統制的機能尤屬重要。試以主奴關係為例說明之。吾人已知在古代埃及、希臘、羅馬等的奴隸社會中，奴隸常遭受物理的強制而被迫從事勞動。然而這些奴隸並非都是生而為奴隸的，其中包括了因犯罪而淪為人奴與因戰敗而被俘為奴隸的情形。尤以戰俘既非天生奴隸，當欲伺機逃走，故對於戰俘施以物理的強制力乃為使其就範的必要手段。即便在這種情形，心理的統制仍為維持主奴間支配關係的最重要因素。蓋在兵器極為幼稚的古代，禦敵制勝恆視人數之眾寡以為定，若非心理統制之為用，則少數主人統御眾多的奴隸，殆為極難之事實。雖然主人可以施加奴隸諸如笞刑、監禁、遺棄、死刑等物理的制裁，但這種種制裁所造成的恐怖、威脅仍應視為心理統制的因素。尤其是在主奴關係或其他形式的支配關係確立以後，為使這種關係正當化或神格化所施行的心理統制乃有取代物理的強制而日趨重要之趨勢。而這種心理統制實包括了初期社會的各種意識型態，例如：神話、宗教、道德等。吾人竟可斷言，在現代人看來極為不合理的古代社會制度，例如日本天皇的世襲統治，其所以能長久流傳者，實即為這種心理統制之效果也。

以上僅就古代的主奴關係說明心理統制之效能。其實，在現代社會中其他各種生活關係的情形亦復如此。在現代的國家秩序中，諸如刑罰、民事上之強制執行，行政上之強制處分等物理的強制手段，雖皆為維持社會秩序所不可缺的「最後手段」(ultima ratio)，然而在現實的社會統制過程中，社會秩序之維持毋寧以心理的統制為主。這些心理因素，包括對刑罰等以國家權力為後盾的強制手段之恐懼，及對各種社會反應的顧慮（例如：鄰居的風評、商業信用）。尤其是在山林僻壤間，鄉黨的閒言流語 (gossip)，往往能夠發揮比國家權力更大的統制力。又在篤信宗教的社會，純粹宗教的動機也能有效地規律人的行為。

(2)心理的社會統制，須以語言、文字等符號作為社會統制的手段

　　為社會統制之目的而特意考察、創設或利用的手段，可稱為「社會統制技術」。例如：論語、青年守則、國民生活須知、反共歌曲、「莊敬自強，處變不驚」等標語，均為社會統制的「符號技術」，其中最重要者為法律，就這意義言，法律實可稱為社會統制的符號手段。

　　茲就語言，符號與社會統制關係，再進一步說明：語言為符號 (symbol) 的一種，符號又為信號 (sign) 的一種，信號之中為人類或其他動物所用以通訊的信號，即為符號。例如：蜜蜂發現花粉時的動作或螞蟻複雜的共同生活。皆顯示了昆蟲類也有著相當發達的符號行動 (symbolic behavior)。而較為高等的動物，更可以發出各種不同音聲，作為通訊的符號，如猩猩、猴子。雖然如此，但這些動物的符號行動，與其說是指涉的 (referential)，毋寧是情緒的 (emotive; affective) ❶。相對於此，語言可說是人類特有的符號體系。每一種自然語言（中國語、英語、日語……）皆具語彙 (vocabulary) 與文法 (grammar)，由於人類的大腦特別發達，幼兒即有學習語言的能力，其他動物則缺乏這種能力，故人類的語言較之其他動物發達 ❷。

　　經由語言的發現和進化，人類從空間及時間的制約中被解放。人類的行動，透過語言，明顯成為可塑造的。且借助語言的使用，人類可將許多抽象的觀念表達出來，如此才可能實行高度發達的社會統制。

---

❶　當然，對於一個符號系統而言是否均需以「指涉」(reference) 將客體與意義加以連接，即將指設認定為形成意義之要素，在學者間有不同見解。贊成者，通常以皮爾斯 (Charles Sanders Peirce, 1839–1914) 之論點為出發點，參考例如 Peirce, Ch. S., *Collected Papers*, The Belknap Press of Harvard Univ. Press, 1965, 5.287；但如索緒爾 (Ferdinand de Saussure, 1857–1913) 則否定此關聯性，參考 Saussure, F. de, *Cours de Linguistique Général*, Paris: Payot & Rivage 1995 (orig. 1916), p. 98 [130].

❷　E. Cassirer (1875–1945) 在其著作《記號形態的哲學》說：「人為記號的動物」(animal symbolicum) 一語道破人與動物之最大差異。Cassirer, E., *The Philosphy of Symbolic Forms*, New Haven: Yale Univ. Press, 1957.
另參照 Cassirer, E., *An Essay on Man*, New Haven: Yale Univ. Press, 1944, paperback ed., 1961, 中譯本《人論》，結構群，1991 年，頁 41。

三、有意識與無意識的社會統制

社會統制有各種觀點的分類❸，若以是否有意識地去維持一定社會秩序的觀點，則原則上可分為有意識統制及無意識統制二類來加以觀察。

㈠無意識的統制 (unconscious control)

社會秩序的形式與維持為社會統制的主要目的，法律規範、道德規範、風俗習慣等皆為社會統制手段，但有時這些手段，除了有意識的達成一定社會秩序的維持之外，有時也會無意識的、單純的在結果上對社會秩序的形成、維持有貢獻，此即稱為無意識的社會統制。例如：鄰里的嘲諷、風評等皆屬之。

無意識的統制未必一點效果皆沒有，例如：流行亦可發揮很大的統制力量，但社會秩序的形成、維持由此無意識的手段來形成、維持其效果畢竟有限，主要還是靠有意識的統制。

㈡有意識的統制 (conscious control)

有意識的以社會秩序的形成、維持為直接目的的統制方式，即謂有意識的統制。法律、道德規範、管教皆屬之。可分為如下二類：

⑴明示、命令式的統制方式

明示的統制方式，主要當然是法律、道德規範，例如刑法、校訓、新生生活須知、權威式的管教方式，告知何者當為？何者不當為？

在明示的統制方式中，有以物理之強制力為後者之強制方式，例如：一般法律規範。有不以物理之強制力為後盾之強制方式，只是綱領式的宣言。例如：人權宣言或憲法規定，有時並無具體明確的規定，違反之強制效果亦不明顯。可見此區別係相對的，應互相配合運用。

---

❸ 參看 Parsons, T. and Shils, E. A. (eds.), *Toward a General Theory of Social Action*, p.229 f. 另參看 Stone, J., *Social Dimensions of Law and Justice.* Sydney: Maitland Publications, 1966, pp. 750–755.

⑵默示、勸說式的統制方式

默示統制方式，常以一種民主、啟發性的教育方式表現出來，具宣傳性，亦為勸導性的，效果較命令式的統制方式為低，例如：若干國家法律規定，應於菸盒上附警告文句「香菸對人體有害」，以達到勸導少抽香菸的目的，惟其效果十分有限。

四、法作為社會統制的手段

法律是有意識的社會統制方式，以社會秩序的形成、維持為直接目的，且為明示、命令式的統制方式，在近代社會中應用很廣泛，在各種社會統制的手段中為主要的方法。法律作為社會統制的方法，有許多特色，謹簡述下列幾點❶：

①法律為有意識、明示的統制方式，在多數情形下，是以強制力，特別是國家有組織的強制力作為後盾來實行的社會統制。

②法律是以實現一定社會統制為目的，運用組織的力量，有體系地加以運用的社會統制方式。

③法律是以國家權力為後盾，為達一定之目的，有意的去加以創設、改變、甚至廢止的統制方式。近代國家權力高度集中，運用法律手段來實現社會統制是很自然的現象，可根據社會國家的目的任意加以創設、改變，甚至對不合理之制度加以廢止。例如：交通法規之制定，乃為解決交通問題，如未能發生實效，則可經一定之程序加以變更。

④法律的社會統制是一種「雙向的統制方式」，國家與人民之關係是雙向，互相統制的，一方面國家運用法律來規範人民之行為，他方面，人民可藉法律，反方向的規範國家權力的運用。

近代民主國家強調法治 (rule of law) 有雙重意義。國家對人民的統制（政治上的統治行為）一切皆以法為準據，依法行政、依法審判；同時國家權力的發動亦受到法律反方向的統制，亦即行政、審判則須受到法律之拘束，國家行政權力的行使，倘逾越法律範圍，人民可透過訴願、行政訴

<hr />

❶ 碧海純一，《法哲學概論》，弘文堂，1989 年，頁 86。

訟的方式更改之、撤銷之。司法官之判決如超越法律範圍，人民可主張其違法，而提起上訴或請求大法官會議的解釋以求救濟。所以真正的 "rule of law"，不只強調國家對人民的統制（政治上的統治行為），而乃更同時強調人民對政府的反向統制。

中國古代法家言法律源於統治者的權力，不須依一定方式來變更之，與近代法治相差甚遠，只是依法而治 (rule by law)，而法治 (rule of law)，是以人權保障為著眼，才有法治之實質可言。

反方向的統制可防止國家權力濫用，此為其他社會規範所無法達到的，因其他規範多為單方面的統制。而人民藉法律反方向統制國家權力活動，通常是透過如下方式：

①在近代民主國家，是由代表人民的議會機關來制定法律，以規律國家權力的發動範圍。

②國家權力之行使是透過警察及司法機關來對人民的權利、義務作處分與判決，此公權力作為本身亦受到法律規範。

③處分、判決若逾越法律範圍，除依法可進行行政救濟及司法上訴程序外，一定要件之下，尚可以提起大法官會議解釋，若解釋認法律違背憲法而無效時，則處分、判決即受推翻。此雙方向的統制，惟有透過法律才能達成。近代法治國家中，法律之所以受重視的主要原因即法律規律了國家行使發動權力的範圍，故首先受法律規律者，並非人民，而為國家權力本身。

第二節　社會變遷對法的影響

一、社會規範的演進

如上所述，法律乃係以語言為媒介的社會統制技術之一種，而且為現代社會統制中最重要的型態。就社會統制手段而言，除了法律以外，尚有魔術、宗教、道德、傳統等種種型態。這些社會規範的相對重要性是隨時代或社會型態之變遷而不同的。

各種不同的社會規範在原始社會中尚未十分分化，渾然成為一體，如此的原始規範，多半靠宗教力量來支持，制裁的力量亦多半靠著超自然的力量，或對此一超自然力量的敬畏來支持。但由於下述二個因素，這些原始規範會漸漸演進、分化。

㈠人智的發達

中國古代的禮法思想對社會規範的解釋，特別是宗教規範或禮規範，多援用自然秩序來加以解釋，《尚書・皋陶謨》「天敘有典，天秩有禮」，《左傳》「夫禮以順天，天之道也」、「夫禮，天之經也，地之義也，民之行也，天地之經，而民實則之」，《禮記》「夫禮，必本於天」。可見在一開始，將社會規範解釋為自然秩序，認其具有絕對的妥當性，非人力所可以改變、創造如有違反，會遭受天譴[15]。

後來人智發達，人們不再相信天能責罰善惡，因此天的權威喪失，該規範的統制力量亦隨之式微。但有些宗教禮節，透過思想家（如孔子）之解釋轉變為道德規範。例如：喪禮本淵源於迷信、禁忌，靠著對超自然的力量之畏懼支持之。當人對超自然的力量或天的權威不再信任時，則透過新的解釋轉變為倫理規範、道德規範，甚至風俗習慣[16]。

---

[15]　楊日然，同[7]，前揭文，頁 261–262。

　　《孟子‧盡心》謂禮「仁義禮智，根於心」，其所言禮與上述之禮固有區別，但仍為一社會規範。至於心，在孟子而言，其心等於性，「盡心盡性，可知天」，心、性、天，在孟子是一脈相通的，以人的本性 (human nature) 來解釋為禮規範，此根於性善說。孟子所謂「天」，非指「天空」(sky)，而為具有規範意涵的「上天」(heaven)，包含道德義禮之天，「天之道也，誠也」。以道德規範來解釋天，並不言及天可賞罰善惡的問題，天與心、性相通，故言人性本善，以四端說明之，並曾援用《詩經》中的一句話「天生蒸民，有物有則，民之秉彝，好是懿德」，天創造萬物，任何事物皆有一定的理則 (logos)，而人的天性，亦是由天的稟賦而來，主張回復本性，後天之惡，利慾薰心，掩蓋本性，因而作學問，回復本心，是非善惡，自在人心（良知良能），學問之道無他，求其放心（依其心性而為）而已。此乃將禮規範變成道德規範，訴諸道德良心，其制裁是自心而來。其理論與近代自然法論相通❶❼。

　　荀子主張性惡，「人性惡，其善偽也」，「偽」非作錯誤解，而解作人為，一切禮義規範皆靠後天的學習而來，是人為的。禮義法度，孟子認皆隸屬於心性，荀子則以為孟子的理論只能坐而言，不能起而行，以為人性不知禮義，禮義法度皆出於聖王的心性作為，至於聖王為何能創造禮義法度，荀子以為聖王的心性亦惡，但卻能集思慮，習偽故（由過去的許多經驗事實，去加以考察、學習），故能啟性化偽，克制惡性，創造禮義法度，方有其權威性、合理性。聖王的權威性固有爭議，但荀子仍強調禮規範、法規範等社會規範是由聖王加以創造、改變、廢止者，乃人為，非本於自然❶❽。

　　封建社會自有其禮規範，直接支持封建社會之基礎乃建立在親情、血緣之上，但隨年代發展，宗法社會逐漸崩潰，賴以維持的親情較薄，有實力的人，不願受自然的禮規範所拘束，何者為禮，何者非為禮，標準不明確，社會秩序逐漸紊亂。戰國社會之所以亂，乃是禮綱紀的崩潰，故須有

---

❶❻　楊日然，同❼，前揭文，頁 267–270、頁 276–277。

❶❼　楊日然，同❼，前揭文，頁 263–264、頁 277–299。

❶❽　楊日然，同❼，前揭文，頁 279–306。

一統一之規範，使人們遵守，才能維護社會秩序。但此種禮不能無中生有，若解釋為天地自然而成，則仍不能解決問題，故不解為天地自然，而謂人可自行創造，以便給聖王制禮作樂一個理論根據。聖王有權力承認、變更、創設現行之禮規範及過去固有的禮規範，使社會秩序得以形成，荀子的弟子有許多思想家，例如：韓非、李斯之流，其聖王制禮說為法家學說的主要依據，據以賦予聖王一立法權限。其謂禮，多接近法之意味。荀子學說在中國古代社會亦扮演一定之角色，使由自然無意識之統制，透過聖王制禮說，變成法治之發展 **⑲**。

(二)社會的變遷

中國古代之禮，於封建社會未形成時，有許多宗教規範，在形成封建社會後，逐漸演變成風俗習慣的規範，表彰個人在封建社會上身分地位之禮節，如身分地位不同，禮數亦有不同，稱之為儀禮。封建社會瓦解、崩潰後，禮則逐漸分成二類，禮及儀。禮多半存於習慣法規範中；儀則為身分地位進退之儀節。

誠如曼海姆 (Karl Mannheim, 1893–1947) 所說：「在自給自足小規模的社會，人們只須互相統制，即足以維持秩序，不僅個人與個人間，集團與集團間可互相統制，同時集團也可統制個人 **⑳**。」易言之，社會的單位愈小，而其內部構成的「等質性」愈大時，成員的行為與思想，只須依傳統習慣等自然的作用，即能有效的加以統制。因在這種小規模社會，個人對於自己應盡的義務及得向集團主張的權利皆甚清楚。個人與集團的其他成員間維持了經常的互動，故社會的成員極易認知人在社會存在上成功與失敗的原因，萬一遇到事情不如意或有糾紛時，尚可向集團請求救濟，或至首長面前請求公斷。在原始社會古代希臘城邦乃至歐洲中世紀的城市、中世紀都市的市場（教會、同業公會 guild、店舖等的集中地）等，皆係小規模社

---

⑲ 楊日然，同 **❼**，前揭文，頁 270–274。

⑳ 參看 Mannheim, K., *Freedom, Power and Democratic Planning*, Oxford: Oxford Uni. Press, 1950, p. 7.

會，市民對於其居住世界的全貌可一覽無遺，因此遇有紛爭時只要至同一場所，例如：希臘城邦的 agora（廣場），或德國中世紀的 Markt（市場，亦即教會、同業公會，主要店舖的集中地）訴諸公決，即可有效解決糾紛。在這樣的社會，即使沒有中央機關的有意識統制，僅靠成員間自然的相互統制作用也可維持相當程度的秩序。這種社會，實即為屠尼士所稱「共同社會」(Gemeinschaft)，係與「利益社會」(Gesellschaft) 相對立的社會❷。

　　但隨著人口增加，社會的規模增大，社會內部的等質性逐漸遞減，人與人間之利害關係逐漸對立，甚至形成階級對立，此時，即謂其進入利益社會。利益社會並非依個人本質之意志來結合，乃依個人利害關係相結合，故在此社會中，不能僅靠習慣、道德觀念來維持社會秩序，故這種無意識的、無定型的社會統制乃漸為有意識的法律統制所代替。

　　歷史上，由於統治者與被治者的階級分化，乃至於階級利益的衝突，促成成文法的制定公布者，不乏其例。例如羅馬「十二銅表法」(lex duodecim tabularum) 的制定與英國大憲章 (the great Charter) 的頒布，又如戰國春秋末期鄭子產鑄刑鼎，均為其著例。

　　運用法律而為有意識、有形式的社會統制，在西洋近代史上，首次出現於絕對君權主義的「警察國家」(Polizeistaat)，其後隨著「市民社會」之形成與成熟而更加顯著。十九世紀歐陸上的法典編纂運動可說為此傾向之表現。屠尼士所說的「從共同社會到利益社會」的變遷，或梅茵所謂「從身分到契約」的發展過程中，法律作為社會統制手段的重要性亦逐漸增加，從反面言，亦即宗教、習慣等傳統統制手段重要性相對地減少。到了本世紀以後，這種傾向雖仍繼續進展，但晚近隨著所謂「大眾社會」(mass society)的出現，凸顯出教育及大眾傳播等統制手段的重要性。

二、法律作為第二次義務規範

　　前已述及，在進入利益社會時，僅依道德、習慣規範已不足以維持社

❷　參看 Tönnies, F., *On Sociology: Pure, Applied, and Empirical*, Chicago: University of Chicago Press, 1971, pp. 12–23.

會秩序，而需靠法律。關於此點，學者哈特 (Herbert Lionel Adolphus Hart, 1907–1992) 於其所著《法律概念》(*The Concept of Law*) 一書中，有更進一步的論述。哈特將社會統制分成第一次義務規範及第二次義務規範等類型。❷

㈠第一次義務規範 (primary rules of obligation)

在完全沒有立法機關、法院、官吏的原始社會，除了集體的散漫壓力以外，沒有特別的社會統合手段存在。這樣的社會本身仍有許多規範，但其如何形成並不知道，也許由習慣或人們之道德觀念漸漸形成規範，大家認為有義務去遵守它，乃有第一次義務規範之存在。此第一次義務規範，亦可稱為行為規範，包括習慣、道德規範、宗教、傳統。

哈特認為，只有在人與人的結合是靠血緣、共通的情感及信仰緊密聯絡，而且處在環境相當穩定、安定的小規模社會中，才能成功地僅依賴此非官方的規範準則，來維持社會生活的秩序。欠缺這些條件的話，如進入複雜的利益社會，則這種單純的社會統制型態立刻暴露缺陷。其缺陷有三：

⑴不確定性

第一次義務規範只不過是個別規範雜然累積，欠缺體系性，而主要缺點是不確定性 (uncertainty)。當人們對規範的內容，或對某些既有規範的精確範圍有所質疑時，並不存在解決該疑問的權威基準和程序。易言之，沒有一定的準據規範可以判定何者是有效的規範。

⑵靜態性

第一次義務規範的體制，是靜態的 (static)。規範變遷的唯一方式，是靠緩慢的形成或衰敗過程，如某行為，一開始是可選擇的，後來變成習慣或慣行，最後成為義務，則形成新的規範。相反的，對某一脫軌行為，最初予以容忍，繼而不加注意，則禁止此一脫軌行為的規範便漸漸不為人知。因該過程相當緩慢，故在社會急速變遷時無法隨社會的變遷急速的來改變原有的規範。

❷　參看 Hart, H. L. A., *The Concept of Law*, Oxford: Clarendon Press, 1961, pp. 89–95.

⑶缺乏效率

在僅擁有第一次義務規範的社會結構中，維持規範的社會壓力，是散漫無組織，缺乏效率 (inefficiency) 的。一既有的規範是否被違背，缺乏明確的最後權威判定機關及程序。

㈡第二次義務規範 (secondary rule of obligation)

為了修正在一個僅擁有第一次義務規範的社會的缺點，無可避免的要導入與第一次義務規範性質不同的第二次義務規範。第二次義務規範有種種型態，但共通的特色是該規範是有關「規範的規範」，與第一次義務規範命令個別社會成員單純作為和不作為的基本性質不同。為了因應第一次義務規範體制的三項缺點，有必要導入以下三種第二次義務規範。

⑴承認規範 (rule of recognition)

為了匡正第一次義務規範的不確定性，第一次義務規範須經最後的認定，例如：何種習慣，可加以承認、採用（例如民法第二條）？行為規範是否有效？都須經過判斷，才得成為第一次義務規範的內容。

在早期的法律中，承認規範可能只是權威性的清單 (list) 或文件 (text)，因該清單或文件有其權威性，故得除去人們對規範存在與否的質疑。

在經過發展的法律體系中，承認規範就較為複雜，除了參考文件或清單之外，承認規範可能是來自特定機關制定為法律，或長久慣行，或者源於司法裁判。

當作為判斷標準的承認規範不只存在一個時，這些承認規範，彼此之間可能會發生衝突，就會有排列優先次序的規定應運而生，例如：立法優先於習慣或判例，此時立法就成為高階法源。

⑵變更規範 (rule of change)

此為補救第一次義務規範的靜態性，因第一次義務規範無法因應社會變遷，故須賦予其變更的依據。此種變更規範可能非常簡單或非常複雜。最簡單的形式，即賦予個人或機構引進新義務規範或廢除舊義務規範的權力。而這些權力可能是有限制的或無限的。如果有一個結構極為簡單的社

會，只以立法作為法律的來源，承認規範將僅以立法為唯一確認標識或法律妥當性的批評標準。此外，經由變更規範的授權，亦可變更自己或他人在第一次義務規範下的地位。

⑶裁判規範 (rule of adjudication)

裁判規範則授權某些人，對特定案件是否違反第一次義務規範做出權威的決定，此外也規定裁判應遵循的程序，是補救了第一次義務規範的無效率缺點。裁判規範主要是授予裁判權，並賦予判決予一種特殊的地位，並非課以責任。值得注意的是，因為在決定違反第一次義務規範的事實時，無可避免地須同時決定這些規範的地位，所以，裁判規範也將是承認規範。不過，鑑於判決乃基於特定案件的推論而來，所以與裁判規範同步形成承認規範。

對上述三個缺點分別出導入的第二次義務規範，可個別視為社會從「前法律世界」進入「法律世界」(from the prelegal into the legal world)，如果三種第二次義務規範皆具備時，第一次義務規範的社會組織將轉化具備為法律體系的社會。

三、近代市民法制的特色

中世紀以後的歐洲社會由於封建社會的興起，從教皇的權威中分化出世俗的君權，權力的多元性（君主、封建領主、教皇）成為其特色，但在近世以路易十四為代表的絕對君權的國家 (l'état, c'est moi) 產生以後，國家獨占強制力，從而法律的統制也滲透到社會生活的各層面。在當時的警察國家，所謂統制即係指單一或少數統治者對於被治者的單方面統制，至於反方向的統制，亦即被治者對於統治者的統制，可說幾近於無。因此當時的法律制度，亦採由上而下的統制形態，而與後來的自由主義的法律制度，迥異其趣。譬如刑事訴訟法的糾問主義 (inquisitorisches Verfahren)（即刑事訴訟法之審理得依職權開始，對被告之審判，採祕密或書面之方式，為獲取證據不惜對被告施以拷問）即為其著例。

法國大革命可說是為改革這種由上而下的統制的要求所激起的。在法

國大革命成功後，民眾第一項要求便是制定各種法典，藉以限制國家權力對於人民的統制。這種要求的具體成果，表現為法國在 1804 年的民法典，1807 年的商法典，1810 年的刑法典。（參考我國刑事訴訟法第一條，犯罪非依本法或其他法律所定之訴訟程序，不得追訴、處罰，以及刑法第一條，行為之處罰，以行為時之法律有明文規定者，為限）。這些法典，不但為法國自由主義的市民社會奠定了法律的基礎，而且也為歐洲各國的立法活動提供了一個楷模。然而這些法典所代表的市民法體制，並非突然產生的。它所表現的若干重要特色，如對於國家權力的反方向的統制技術，三權分立以及保障人權的各種制度，乃為洛克，孟德斯鳩等人參照英國的政治制度所創設的。其有如下主要特色❷：

⑴統制的雙面性

在近世初期的警察國家 (État policier;Polizeistaat) 所施行的社會統制是由上而下的。但在近世市民法體系，除了由上而下的統制外，尚有由下而上的反方向統制，互相交錯著。這是在長期的專制下，累積已久的對於國家權力的疑懼與不滿，轉而要求防止權力濫用及維護一般民眾利益的制度之故。三權分立制，即為此種制度下規模最大的政治體制。而相同旨趣的制度或技術，可說充滿著全部的市民法體系。

⑵法的安定性要求

這是資本主義經濟的最基本的要求之一。資本主義經濟不但要求制定法內容趨於安定，而且要求法必須具有高度的確定性，以便預測個人行為的後果。因此，對國家的統治活動便須加以統制。故近代社會統制的雙向性，不僅為對於國家權力的疑懼所造成，而且也反映資本主義經濟的要求。

⑶法的體系性

這種特色，不僅為近代法典的合理主義或理性主義的產物，而且與上述安定性的要求也互相一致。尤其是在私法的領域內，歐陸各國固有的習慣法極為複雜而不一致，未能適應近世初期日漸改變的經濟生活的需要，故有必要採取統一而且具體系性的所謂羅馬法的近代慣行 (usus modernus

❷　碧海純一，同❶，前揭書，頁 91–92。

pandectarum) 來加以替代。

(4)近代市民法統制之形式性與消極性

海耶克 (Friedrich August von Hayek, 1899-1992) 曾指出在近代市民社會,「國家的唯一任務,在對於一般性的事項,規定其適用的準則。至於因時因地而制宜的事項,則應准許個人享有自由。因為各個事件的當事者,亦即個人最能清楚這事件的內容,並最能使自己的行動適應事件之故也」。❷ 海耶克繼續指出,「在經濟活動的範圍裡,國家的計畫愈多,個人的計畫便愈趨於困難,這是眾所周知的事實」。❷ 這種特色,為資本主義經濟的要求與反映,而與私法自治的原則互為表裡。自由放任 (laissez-faire) 的思想,淵源於「最少統治即為最好統治」的國家觀念。依此見解,國家的任務,應限定於一般秩序的維持,於秩序內部的各個細節,則應委由個人自由活動去決定。近代市民國家的這種消極的、著重形式的統制活動,與早期的警察國家成為強烈的對照。

誠然,這樣的近代市民法體制,促使經濟理性昂揚,但隨著資本主義發達的結果,各種社會問題也隨之叢生而成為一大弊病,遂遭受到強烈的批評。昔日自由主義者抱負的自由放任國家理想,遂被譏為「昏昏欲睡的國家」(Nachtwächterstaat) ❷ 。而他們所樹立的市民法體制也隨著時勢的變遷,而不得不予以修正。本書後述之自由法論者對於所謂「概念法學」的攻擊以及刑法理論上各種學派的對立等,如果不能從「市民法」到「社會法」或從「昏昏欲睡的國家」到「福利國家」(welfare state)、「文化國家」(cultural state) 甚至積極的國家 (activist state) 的變遷過程來加以觀察,勢將無法充分的理解。

---

❷ Hayek, F. A., *The Road to Serfdom*, Chicago: University of Chicago Press, 1958, p. 75.

❷ Hayek, F. A., *The Road to Serfdom*, p. 76.

❷ 按, 德文 Nachtwächterstaat, 中文或譯為夜警國家, 惟德文 Nachtwächter 固原為守夜員之意, 但在此作為俗語以引喻國家昏昏欲睡, 欲振乏力, 一點都沒有積極主動性之意, 故採直譯。

第四章
法律的解釋與適用
jurisprudence

第一節 序 說

基於第三章的說明，要透過法律作為社會統制手段，實現福利國家的理想，就必須對法律的解釋與適用作進一步的研究。法律必須解釋，乃是基於三權分立的原理、法治主義的精神以及法律安定性的要求等因素，故法官在適用法律時必須先解釋法律。

法律解釋與適用的意義，可以以司法活動為中心加以討論。一個司法判決不問其在實質上如何產生，但至少在形式上要維持三段論法的形式。三段論法可以以圖 4–1 加以表達：

大前提	一般、抽象之法律規範
小前提	個別、具體之生活事實
結　論	判決

圖 4–1

亦即三段論法是以一般性的、抽象的法規作為大前提，以經認定的個別、具體之生活事實作為小前提，透過涵攝 (Subsumtion) 的作用以得出結論，亦即判決。任何司法上的判決都應該具備三段論法的形式，否則會因此被視為理由不備，構成判決的瑕疵，而可作為上訴的理由。

法律的解釋，目的在發現或形成一般的法律規範，以作為判決的依據。在最為單純之情形，恰巧有單一的法律條文，可以適用於一明確的事實而獲致結論。然而往往事實的發生，並不是一法律條文所可完全涵蓋，而乃涉及了多樣的法律關係，就必須適用許多法律條文加以解決。而如何將這多數的條文透過法學方法以求得一般性的法律命題，作為判決的依據，實非易事。而所謂一般性的法律命題，其表達形式為條件結果句。有什麼樣的條件就產生什麼樣的結果（有如英文中的 if..., then... 句子）。在條件的部分稱其為法律構成要件，而結果的部分則稱其為法律效果。

以一般性的法律規範作為判決的大前提，而以事實的認定作為判決的小前提，運用演繹邏輯的方法，演繹出法律效果（判決）出來，即為法律適用的過程。在法律適用的過程中涉及事實認定的問題，而事實卻不一定完全與法律要件相符合。而看似可以客觀認識的事實，實際上仍需經過選擇取捨來加以認定。倘若經過認定之後重要的事實能與法律要件相符合，則謂法之一般命題可以用來涵攝法律事實，也就可以得到作為結論的判決。倘若經過認定以後的事實無法被涵攝於法律要件中，則須重新認定事實，或更進一步去發現新法條以進行法律適用的過程。

關於事實的認定屬於經驗科學的領域，個人的價值判斷，宜盡量避免涉入。但實際上關於事實的認定卻很難作到完全地靜態與客觀。所以有些學者對三段論法所謂藉由大前提與小前提的涵攝過程以獲得結論的說法，抱持懷疑的態度。渠等認為實際上法官判決的心理過程和三段論法的程序並不一致。法官往往是先有結論，再根據結論去尋求一般性的法律命題。比如新現實學派（法律唯實論）(legal realism) 往往會強調對此心理狀態的經驗科學研究。極端者如法蘭克 (Jerome Frank, 1889–1957)，著有《法律與現代精神》(*Law and Modern Mind*)❶，認為法官往往是先有結論，而法律在判決的過程中，只有促進結論合理化 (rationalization) 的作用而已。此等說法過於極端。因為事實上縱使法官具體的心理過程是先有結論，再去尋找法條適用，但因為法官皆是受過法學訓練的專家，儘管其將本身直觀的因素導入法律適用的過程，故其主觀因素如同柯恩 (Hermann Cohen, 1842–1918) 所言亦是受過訓練的直觀因素 (trained intuition)，此不能與一般人的直覺相提並論。又如霍姆斯曾言，並不是法律之一般命題在決定判決，判決往往決定於較微妙的、難以捉摸的直觀 (subtle intuition)。霍姆斯強調學習法律，不能依三段論法，因為法律的生命不在邏輯演繹，而是「經驗」。法律判決並不只抽象地去做法律條文之演繹即可，其中往往包含立法政策的考慮及法律對社會的理想等等。霍姆斯的思想在美國曾引起相當大的回響。三〇年代，法學者甚至認為法律的適用事實上皆取決於非法律因素。

❶　Frank, J., *Law and Modern Mind*, New York: Doubleday, 1930.

霍姆斯並且進一步主張，法律僅是用來預測法官未來將如何判決的預言而已。法官個人的人格、社會背景、經濟背景皆會影響法官的判決，如此而判決係決定於非常不合理之因素。例如女法官可能判處強姦者較重之刑罰即屬之。但事實上吾人認為法律並非完全不可拘束法官，法官為判決非可任意為之，而法律至少還可以提供判斷何者為不合理的判決。就此點而言，法律還是有規範的作用。

　　找出適當的法律作為三段論法的大前提已屬困難，而事實的認定實際上尤比法律知識的學習更難達到客觀。法蘭克即曾為一特殊之實驗，一句話經多人傳述之結果各異，證明法官對事實之認定，除非其為親身所經歷，否則靠證人輾轉間接傳述認定事實的結果，難免會發生錯誤。因為事實經輾轉傳述之後，即無法客觀的辨別事實。所以如何獲得事實認定的確實性，也是亟待研究的課題。

第二節　法律的解釋

　　闡明文義為解釋。法律的解釋，即在闡明法律文義所包含的意義。但何為「意義」呢？「意義」的涵義有很多，奧格登 (Charles Kay Ogden, 1889–1957)、理查茲 (Ian Armstrong Richards, 1893–1957) 二人的合著《意義的意義》(*The Meaning of Meaning*) 一書❷，已經成為語意學 (semantics) 的經典著作。也是威廉斯 (Glanville Llewelyn Williams, 1911–1997)〈語言與法〉(Language and the Law) 論文❸ 的主要根據。

　　依照奧格登、理查茲的見解，語言無非只是空氣振動所產生的音響而已，其本身並不具有任何意義。語言只有在吾人將其作為一種符號系統

---

❷　Ogden, C. K. and Richards, I. A., *The Meaning of Meaning*, New York: Harcourt Brace, 1923.

❸　Williams, G. L., "Language and the Law," in: *Law Quarterly Review 61*, pp. 71–86, 179–195, 293–303, 384–406, *Law Quarterly Review 62*, pp. 387–406.

(system of symbols) 加以使用時，才具有意義。符號和信號 (sign) 有別，符號是使用於通訊目的之信號，或可稱之為「信號之信號」。以此而論，語言是符號的下位概念，而符號則是信號的下位概念。❹

信號通常代表兩事物間並存的親密關係，當有 A、B 兩事項或事物存在時，若有 A 事項存在，即可表示有 B 事項存在的關係時，可稱 A 事項為 B 事項的一種信號。例如葉落知秋，葉子落下即是秋天到來的一種信號。又例如杜鵑花開，知春天的腳步近了，杜鵑花開即是春天來臨的一種信號。又例如見法官之法袍，即知法官之身分，法袍即是法官的一種信號。信號本無特殊的意義，但是若把某些信號以通訊為目的加以使用時，信號即變得有意義，而可以稱之為符號。例如烽火升起，即知有戰爭，此時烽火已非單純的信號，而成為符號。

語言，乃專為通訊之目的，為人所發展創造出來的一完整符號體系。語言之所以有意義，乃是吾人用語言作為通訊目的，作為溝通之手段時，才使語言具有意義。因此小兒的咿啞學語，只是一種發聲練習，非為通訊之目的，所以只是一種信號。而同理，睡覺時所說的夢話也只是一種信號。

語言與意義並無必然的關係。語言之所以有意義，乃是使用語言之人所賦與。人類借助語言傳達思想、觀念，並且利用語言固定觀念。人類的智慧、文明之所以可以高度發達，乃是因為人類比其他動物更能善用語言，而將抽象的觀念固定下來的緣故。

語言之所以具有意義，乃是使用語言的人類將語言作為一種通訊的符號加以使用。所以語言的意義乃以吾人的心理作用及社會約定的存在為前提。因此吾人在日常生活中，除了模擬遊戲或祕密結社的密碼以外，使用語言或符號，恆受社會上某種明示或默示的約定所拘束。例如吾人使用「狗」一詞，指稱狗這類的哺乳動物，不外乎社會上早已存有這種明示或默示約定的緣故。也因為吾人在使用語言時會有此等的心理作用與社會明示或默示的約定，所以人類在使用語言這種符號時，可以達到通訊與溝通的目的，例如說話時，可以指示某一「對象」，而受話者聽到或看到此等符號，也可

---

❹　參照 Ogden, C. K. and Richards, I. A., *The Meaning of Meaning*, p. 9 f.

以理解符號所指示的「對象」。

　　語言的意義由社會明示或默示所約定，而人類學習語言事實上也受到此等約定所「制約」。其情形有如俄國心理學家帕夫洛夫 (Ivan Petrovich Pavlov, 1849–1936) 對狗進行實驗所指出的「制約反應理論」。在帕夫洛夫的實驗裡，帕夫洛夫在餵狗之前先響鈴聲，使狗習慣於聽到鈴聲即分泌唾液。而在狗習慣於此等反應之後，即使不是要餵狗食物，狗兒一聽到鈴聲，還是會產生分泌唾液的反應。而對語言意義的社會約定，也都是在一連串的刺激反應的學習過程中，成為一種牢固的「感應結」，強烈地制約著吾人的心理作用。所以當吾人使用或聽到「狗」一詞時，幾乎反射地聯想到「狗」這類動物，對於原來的社會約定，遂無逐一加以回憶的必要。

　　語言的意義即語言所指示的事物和語言本身的關係，如上所述乃是一種「約定」，二者並無必然的關聯。然而在嬰孩幼稚的心裡，二者似乎具有必然的關聯，此乃因「感應結」過於牢固的關係。「感應結」的過於牢固，甚至會使得使用語言的人類認為語言和其指示的事物間有一股看不見的力量在支配。例如在阿里巴巴與四十大盜的故事中，「芝麻，開門」一語在語言與門之間，即存有一股神祕的力量。而在一般人的觀念中，亦存在有此等牢固感應結的想法，因而人皆不喜歡他人的咒罵。在古代的法律裡，例如羅馬法，甚至可以發現對咒罵、詛咒他人處以相當嚴厲之制裁者。又例如在羅馬法中，不動產的移轉屬於要式行為，須買賣雙方親至現場，一手持象徵權利之權杖，並且背誦法律上規定之言詞，才能發生不動產移轉的效力。又例如在唐律中，對蠱毒的處罰頗重，甚至可科處死刑。都是語言和其指示事物間的感應結過於牢固，誤使使用語言的人類認為語言和其指示的事物間存有一股看不見的力量而支配著人類的想法。

　　事實上語言與其所指示的事物間，並無必然的關聯。奧格登、理查茲於其所著之《意義的意義》一書中認為，符號❺（包括語言、文字）莫不

---

❺　奧格登、理查茲原則上接用皮爾斯的符號觀，惟應注意，後者更明確的強調符號與客體間的關係並非必然。事實上皮爾斯認為符號所指的或許僅是客體的「某種意念」(a sort of idea)。因此，符號所指的很可能又是一個符號，而未必某物。參

云謂 (refer to) 實在界的某種事物或事態「所指的」(referent)。符號與所指的之間並無直接的關聯；其間的關係，只不過是吾人的思考為媒介的間接關係而已。(如下圖4-2)。

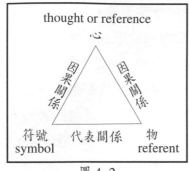

圖 4-2

符號和所指的之間，事實上並沒有必然的因果關聯，可隨意約定，此種情形在祕密結社的場合尤為常見。密碼與日常用語多不同，而語言與其所指示的事物固然可以自由約定，但於日常語言中，由於語言作為通訊與溝通的目的而使用，透過條件反射的心理過程，已使語言和其指示的事物成為一種非常牢固的感應結。例如聽到「貓」這個字，就想到會發出「喵」聲的這種動物。

上述這種牢固的感應結，運用於法律的解釋上，時常產生一些誤解。例如在傳統法學上往往就認為法律條文的解釋皆有一種固有、客觀、唯一正確的文字解釋之可能性。因此，不為固有意義上之文字解釋，即為錯誤的解釋。傳統法學的此等論述可以稱為「固有意義說」，其認為法律之解釋即在認識此固有、客觀、唯一正確的文字解釋。但此種說法，由上述語意學的觀點加以討論，非無問題。語言的意義非固定不變的，語言可能含有許多意義。所以在此有對語言的意義加以進一步分析的必要。一般而言，可以依語言中所使用的語詞的性質為種種區分，例如邏輯語詞與抽象語詞、固有名詞與普通名詞等。

所謂邏輯語詞是表示二語詞間之邏輯關聯者，例如「或」、「且」、「非」等分別代表語詞間的擇一、並存與否定的關係。所謂抽象語詞，例如冷、暖、善、惡等，其意義範圍並非一成不變，在法律上為顧及法律的明確性，抽象語詞的使用情形較少，而即使有使用的情形，大抵也會賦予其一定之意義。例如民法上所謂的「善意」第三人是。所謂固有名詞，大抵是以一

看 Ogden, C. K. and Richards, I. A., *The Meaning of Meaning*, p. 11; Peirce, C. S., *Collected Papers.*, Vol. 2, §228, Ch. Hartshorne, P. Weiss (eds.), Cambridge/Mass.: Harvard University Press, 1965.

名詞代表一事物。換言之，一個固有名詞只有一個「外延」(denotation)，具有相當的明確性。例如中華民國國父，即指孫中山先生是。法律乃以語言文字為媒介的社會統制技術，為了達到法律安定性的要求，法律語詞應該盡量求其明確，因此以固有名詞作為所有法律之用語，是最為理想之狀況。但固有名詞有時而盡，應以法律規範之事物卻無窮盡，所以除了固有名詞以外，法律用語尚須應用普通名詞。

與固有名詞的明確外延相比較，普通名詞的外延並不明確。而由於普通名詞的外延不明確，連帶地也會影響到其「內涵」(connotation)。因為語詞的內涵與外延具有一定的關係，通常內涵不變，外延亦不變，但反過來說外延明確，則內涵不一定明確。所謂內涵，是語詞所指示事物的各種性質。而所謂外延，則是語詞所指示事物的類或集合。例如「臺大學生」，為一普通名詞，其內涵是「人」、「曾在臺大註冊」、「具有學籍」並且「尚在臺大上課」等等性質。其外延則是指臺大全校的兩萬多位學生。「臺大學生」這個普通名詞的外延會隨著內涵改變，例如將過去及現在的臺大學生都包括在內涵內，則「臺大學生」的外延擴大，反之，若將「臺大學生」的內涵限制在當下在臺大註冊上課，報備有案的學生，「臺大學生」的外延將因此縮小。而對普通名詞的解釋，事實上就是在認識、闡明普通名詞的內涵與外延。而法律解釋中所謂的「縮小解釋」與「擴大解釋」，事實上就是在決定某些事物是否要包含在語詞的外延之內或者排除在外。

語詞的外延與外界的事物有相當密切的關係。例如「太陽系的行星」這個普通名詞，其所指示的行星數量過去和現在之間就有不同。過去或認為太陽系的行星只有七個，但隨著人類知識與科技的進步，目前則認為太陽系的行星有九個。可見「太陽系的行星」一詞，其外延是隨著外界的事物而有變化。又例如二十世紀的「王權國家」，其外延亦在縮小當中。可見語詞的外延是隨著外界的事物而有變化的。以此而論法律上若有新事物增加，則法律的解釋也應該相應於此而加以變更。

語詞的內涵可以用定義的方式加以確定，然而由於外延與內涵及外在的世界密切相關，所以實際上無法以定義的方式將外延限定在某一範圍之

內。例如「航空器」一詞，以前或只包括飛船、螺旋槳飛機，但現在則包括有噴射機、太空梭在內。而噴射機、太空梭是否要與以前的航空器為同一處理或另為處理，乃決定於「航空器」的外延是否要擴張到噴射機、太空梭的範圍之上。而任何法律的規定，都是將內涵加以定義，再決定外延的範圍，以作為法律適用的基礎。

如上所述，為了達到法安定性的要求，法律規定中的法律用語應盡量使用明晰性 (Klarheit) 的語詞，而法律的解釋也應該求其明晰。法律用語的明晰性表現在法律用語的「明確性」(Bestimmtheit) 與「單義性」(Eindeutigkeit)（明晰性＝明確性＋單義性）上。以下分別就此二點為進一步的說明。

語詞的明確性是指某事物是否包含在語詞的外延之內等問題相當容易被判斷的情形。語詞的意義相當明確，意即語言中所使用的語詞的外延極為明確，一事物是否在外延內或外延外，是相當清楚的。不過在通常的情形，語詞的外延並不是十分明確，有如朦朧之月，中心雖頗為清晰，但愈靠近邊緣，就愈顯得模糊。而語詞此等不明確的外延部分稱為語詞的周緣意義 (fringe-meaning)。語詞的周緣意義，往往係由於語詞所指設的外延的周緣甚為模糊，而使語詞的表現極不明晰。最顯著的例子如「大概」、「多少」、「大約」等表示數量的詞。但除了這種特殊的語彙外，例如「黑與白」、「晝與夜」、「善與惡」等表示某種連續變化的性質之語詞，以及表示種類的名詞——尤其是人為的種類名詞，亦甚為不明晰。以後者為例，如「武器」一詞，在通常情形，關於刀槍、炸彈是否為武器，大致不會有爭論；但木棍、繩索、乃至於針藥是否仍得稱為武器，則往往易滋疑義。此即因刀槍、炸彈等皆位於武器概念外延的中心部分，而木棍、繩索等則遙懸於武器概念外延的周緣部分之故。

霍姆斯曾言，最困難的事情是如何為語詞的意義劃上界限。一件事情的發生，往往涉及法律用語概念外延的周緣意義。此時要如何判決，是相當困難的，唯有借助於法官個人的智慧、法學的修養等等，才可以做出最好的判斷。因為就一般情形而論，概念外延所以會產生周緣意義的困難，

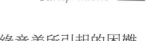

是起因於有限的語言與無限的事態間的齟齬。所以周緣意義所引起的困難，並無法借助定義或專門術語的方式除去。從語義學上觀點而言，可以說周緣意義所引起的困難是不能避免的。

在日常語言中，周緣意義的困難，尚不至於引起太嚴重的問題。有時周緣意義的不明晰，反而有助於會話的圓滑進行，增加生活的情趣。但在法的統制活動中，情形卻迥異。蓋就法的統制活動而言，法的解釋非僅決定當事人的利害得失而已，亦且與整個社會的利益、公共福祉也具有密切的關係。故在法的解釋上，如何釐定周緣意義的界限，往往成為眾多學說激烈爭論的重大問題。當然，這已非屬純粹認識上的問題，而係有待於法解釋者對於法的統制目的之考量，乃至於主觀的價值判斷，才能解決的問題。

語詞意義的明確性，討論如上。而語詞意義的明晰性既包含語詞意義的明確性與語詞意義的單義性 (Eindeutigkeit)，所以以下乃就語詞意義單義性的問題加以討論。

所謂語詞的單義性意指一語詞之意義只有一個外延，如固有名詞即只具有一個外延。例如中華民國國父、聯合國、臺北市等詞是。語詞具有單義性的情形，並不是語詞的常例。在通常之情形，語詞皆包含有多種意義。一個語詞具有多種意義的情形，稱為語詞的多義性、歧義性 (Vieldeutigkeit; ambiguity)。例如英文中的 "right" 字具有「權利」、「正當」、「右」等數種意義，就是最顯著的例子。

語詞的意義在通常之情形既具有多義性，則一個語詞的多種意義間之關聯，自然有進一步探究的必要。

⑴語詞的多種意義間彼此不相牽涉。

例如 "case" 在英文中有多種意義，有謂「案件」，有謂「箱子」，彼此互不相干。在具體的文章中，其究竟表示何種意義，須視前後文章之脈絡而探知。若怕引起誤會則可加上一形容詞加以限定，例如法律案件 (legal case) 或衣箱 (suit case)。又例如「泰山」一詞，可以代表山東省之泰山，但也可以指岳父大人，其究何所指，可由字裡行間加以判斷。語詞的不同意

義，有時也可以由說話人的表情或身體的動作加以探究。例如，說「了不起」一詞時，翹著大拇指，是表示讚美；但若是提高聲調時，則有可能是表示輕視之意。

　　⑵語詞的多種意義間部分重疊。

　　例如「中國人」一詞，在法律上，特別是表示國籍法上之中國人，乃指具有中華民國國籍之人。但在人種學上「中國人」一詞，代表所謂的炎黃子孫、龍的傳人。此兩種中國人的意義，大部分重疊在一起，但並不一致。例如洋人有歸化中華民國而取得國籍者，即為法律上的中國人；反之，炎黃子孫中也有不具中華民國國籍者，此時則為人種學上的中國人，但法律上則否。因此為了明晰性的要求，在此情形最好先以定義的方式加以聲明，或加上形容詞加以限定。例如稱「國籍法上的中國人」，將中國人一詞限定在法律上的中國人，如此才不至於引起爭議。

　　⑶語詞的多種意義間互相包含。

　　例如英文 "idealism" 一詞，有「理想主義」、「觀念論」等意義。這兩種意義究竟處於何種包含關係，並不明確，端視其語用上的不同而定，只有由前後文的脈絡中來加以推敲確定。又例如英文 "rationalism" 也同樣有「理性主義」和「合理主義」的不同意義。❻

　　⑷一詞數義或一義數詞。

　　一個語詞有多義的情形，但反過來說，一個意義也有可能經由數個語詞加以表達，例如「湯匙」和「調羹」、「嬋娟」和「廣寒宮」皆是。在較專門的法律用語也可以觀查到同樣的情形，例如中央法規標準法第三條規定「規程、規則、細則、辦法、綱要、標準、準則」均為命令之名稱。

---

❻　也有人主張此為兩種不同概念。因此，在這類的情形不能單純從一般的內涵與外延之理解建構相關語詞的語義，反而必須由上下文關係，即個別的語用，來建構之。維根斯坦在本世記初期已探討此問題，並主張 "Nur der Satz hat Sinn; nur im Zusammenhange des Satzes hat ein Name Bedeutung." 「惟語句有意義；惟在語句的關係中，名詞才有意思 [指設什麼]」；參看 Wittgestein, L., *Tractatus Logico Philo-sophicus.* 3.3, London: Routledge & Kegan Paul, new ed., 1971, p. 24.

然而有時數個語言似乎能夠透過不同的語詞表達同樣的意思，例如中文的「權利」，若用德文表達其意，則使用 "Recht" 的語詞。不過，德文中 "Recht" 這個語詞，有可能表達法、權利、對、正當、右、右派、直、直角等意義，使原本在中文中「權利」的意義隱晦不清。因此，德文為了區分清楚 "Recht" 一詞的不同外延，則在使用上習慣加上形容詞，例如 objektives Recht 為「『客觀的』法」而 subjektives Recht 即表示「『主觀的』權利」。由於不同語言的語詞往往僅在部分的內涵及外延相應，所以必須在翻譯上特別小心，而到最後有疑問時，還是避不了重新找出原文來。

　　一個語詞會有多義的情形已如上述。惟一般而論，法學家大都因職業的關係，對多義性的語詞甚為敏感。但是法學上的基本詞彙卻仍不乏多義性的語詞。例如德、英、法文中的 Recht、right、droit 的用語即屬之，並因其具有多義性的緣故，而成為法學上各種爭論的對象。但儘管如此，語詞多義性的問題，並非全屬不能補救。多義性的語詞，大抵可以依嚴密的定義，盡量使其涵義趨於單一，而達成語詞明晰性的要求。

　　一個語詞的多義性，有如上述。而一個語詞和另一個語詞或多個語詞間的組合，同樣的也有多義性的情形。此多義性稱為文章的多義性 (syntactical ambiguity)。Syntactical 是英文「語法學」(syntax) 的形容詞，文章的行文、構造是依一定的文（語）法所形成。研究此等文章行文、構造的學問，稱為語法學。而所謂文章的多義性，大抵即為語詞與語詞組合所引起的語法上難題。例如「A 且 B 或 C 且 D」句子的解釋顯得相當困難，因為這個句子有二十四種 (4!=24) 解釋的可能性。

　　文章的多義性，在法律條文的表現上不但不能完全避免，而且經常出現。例如在美國紐約州的持槍條例中有一條文 "Any one who wants to kill animals, policemen, ...can carry a gun"，這條文可以解釋為「獵殺動物者與警察……可以持槍」，但這條文也可以解釋為「凡欲殺野獸或警察之人……可以持槍」，兩種解釋顯然不同。又例如「發展中國家政策略說」之語詞組合，其意義究竟為「發展中國家」「政策」「略說」，還是「發展」「中國家政」「策略說」，也有爭議。同樣的情形，例如「全國性教育大會開幕」，也可

以有不同的解釋。而「民可使由之不可使知之」，若斷句為「民可使由之，不可使知之」即為威權主義的解釋，但若斷句為「民可使，由之不可，使知之」，就馬上轉變成具有民主思潮的說法。而由此亦可看出，文章的多義性，在法律解釋學中會是至為困擾的問題。文章多義性的問題，與語詞多義性的問題仍有區別。語詞的多義性大抵上可以透過定義的方式加以避免。但文章的多義性，係由來於語詞組合所產生的困難，故無法以定義的方式加以避免。文章的多義性，如上舉「民可使由之不可使知之」之例，可以運用標點符號限定其解釋方式。但此等意義限定方式，仍無法完全避免文章的多義性問題。文章的多義性，仍是解釋學上無法忽視的困難。

對語言的明晰性問題有基礎的認識之後，以下進行法律解釋方法的討論。法律的解釋方法除了一般所謂文義解釋、體系解釋以外，尚有所謂社會法學法的解釋，以下則分別討論之：

一、文義解釋

文義解釋或稱為文字解釋、文理解釋，乃是依法律文章所作成之解釋。法律的文義解釋必須符合於語法與法律文章的意涵，所以文義解釋是一切法律解釋的根本。體系解釋、社會法學的解釋，固然與文義解釋有著不同的方法論構造，但是仍然要在文義解釋的範圍內作成。

法律的文義解釋是在認識、闡明法律文字的意義，但法律文字的意義究何所指則有不同說法：

㈠立法者意思說

本說認為法律解釋是在闡明法律制定當時立法者的意思。本說將對立法者制定法律當時的意思，作為法律解釋的目標。法律的解釋，有時可以單純的從公認而無爭議的文字意義中作成。但如同上述，語言文字的多義性毋寧是解釋時所無法避免的難題。因此本說認為，在有多種解釋的可能性，而產生爭議的情形時，應依立法當時的材料，例如立法者的發言意見、會議記錄、立法理由書等以決定適當的解釋。

本說的立論基礎，大抵上是認為在權力分立的國家裡，立法者制定法律，司法者適用法律，各司其職，各守其分際。因此法官在適用法律時應該以立法者的意思為準，方能符合民主的要求。並且，立法者的意思，是一個可以借助於立法文獻探求的客觀事實，每個司法者在適用法律時，若取向於此等客觀的事實，將有助於達成法律安定性的要求。然而反對此說者的見解則認為，所謂的立法者意思高深莫測，無法精確的認定。而所謂的立法者究何所指，亦且眾說紛紜，莫衷一是。而若以此等無法確定的立法者意思，作為解釋的目標，也無助於法律安定性的要求。並且，依照權力分立的原則，立法機關雖然享有制定法律的優先權，但法院為達成其憲法上的司法功能，仍受有具體化憲法原則的委託，對不具體的法律規定，自應在可認知的規範意旨或基本價值決定範圍內加以具體化。最重要的一點，法律制定日久，社會情況已有變遷，若要求現代人的行為還必須受久遠之前的立法者意思拘束，則法律將永遠無法進步以適應現代社會，而會與其所要規範的社會生活差距越來越大。例如我國刑法上所謂的「航空器」，於民國二十四年刑法公布施行時，依當時立法者的意思，航空器或許僅指飛船、螺旋槳飛機等等，因為立法者在立法當時絕對料想不到在幾十年後的今日，由於科技的發展而製造出噴射機、太空梭等航空器。所以於今日，解釋我國刑法的航空器，假設若仍然拘泥於立法者的意思，將航空器限制在飛船、螺旋槳飛機等狹小範圍，就會使噴射機、太空梭等航空器失去保護的依據，而使刑法無法配合社會的變遷而顯得陳舊與不合時宜。

(二)法律規範意思說

本說認為法律一旦制定公布，就脫離立法者的控制，獨自在社會上發生一種統治作用。因為一般人守法，只能並且只是透過法律最普通的意義去了解、認識與遵守法律。所以法官適用法律也應該依照一般人認識的法律意思來解釋，而不是依照制定法律的立法者意思來解釋，而如此解釋法律的意思也較能符合社會的需要，並且使法律比較富有彈性。而依本說解釋法律，不但能使法律的適用能依照時間的改變，適應於社會的新事物、

新需要，同時也較能符合於語言意義隨時間的變遷而變化的理論。然而本說亦不無缺點。畢竟在權力分立的法治國理念下，法官仍然要顧及立法者的意思，若全然以己意作為解釋的基礎，則難免會有偏頗的情形，而有害於民主的發展。並且，當法律因時間的改變，其意義與當初立法者的意思不符合，或其中有些許差距時，若仍承認本說，即是承認法官可以造法，此則有待於進一步討論。

㈢折衷說

本說可以以拉倫茲的說法為代表。本說認為，法律的解釋固然不能拘泥於立法者的意思，但當法律的普通涵義與立法者的意思相距過大，而立法者的意思又可以間接得知時，則仍然要顧及立法者的意思，不宜太擴張的予以解釋。然而持本說者，對於何種具體情況應尊重立法者的意思，以及法律普通的涵義與立法者意思差距何時方為過大等標準，並沒有進一步的說明。

以上諸說，均涉及法律解釋的目標問題。立法者意思說將法律解釋的目標定位在制定法律的立法者所理解的文義範圍。而法律規範意思說則主張，法律解釋的目標是法律所規範當時一般人所能理解的文義範圍。至於折衷說，意在調和以上二說的論述。三說個別觀之，均言之成理。但法律既然是一種社會統制手段，其必然應與其所欲規範的社會密切結合，因此一般而論，法律規範意思說為較多人所採取。

法律依一般所了解的意義做成解釋，是為文義解釋。如上所述，文義解釋乃是一切法律解釋的基礎。超出可能文義範圍的說明，非此所謂解釋範疇，而依此所為之判決，亦可能因無法律之根據，而成為違法判決。除文義解釋這個用語之外，在文獻上有時尚言及一些解釋方法，例如比較法的解釋，歷史學的解釋等等，此等解釋亦皆以文義解釋作為基礎。

比較法的解釋，係透過各國法律的比較以確定所要解釋法律的涵義。例如同為大陸法系的中、日二國，同樣有許多法律是繼受外國法律而來，尤其是母法國（例如德國）對被繼受法的解釋、所形成的判例，都可作為

繼受法解釋時的參考。此則有時屬體系解釋，有時屬社會法學的解釋方法，比較法本身不可作為一獨立的解釋方法。歷史法學的解釋，乃根據過去法制史的材料，傳統的法律概念對所要解釋的法律加以解釋，而如同比較法解釋的情形，其或屬體系解釋，或屬社會法學的解釋，本身並無獨立成一解釋方法的必要。

　　法學文獻上其他有如所謂的目的論解釋、邏輯解釋等等。邏輯解釋屬於體系解釋的範圍，而目的論解釋則可以吸收於體系解釋與社會法學的解釋中一併討論，則詳如下述。在通常的情形，法律依文義解釋，只會產生一單獨之意含的情況，其例甚少。依文義解釋的結果，往往產生許多解釋的可能性，因此如何再進一步從可能的文義範圍內確定法律的意涵，則有待於體系解釋與社會法學的解釋。以下分別討論之。

二、體系解釋

　　法律解釋以文義解釋為基礎，然而符合文義解釋的法律解釋卻經常有二個以上不同的解釋結論。法律解釋在文義解釋時，遇有二個以上解釋可能性存在時，須進一步的討論法律體系的脈絡，上下位法律在體系上的各種關聯與整個法律秩序的體系性（即邏輯一貫性），以此等因素之考量，作為選擇其中一種最適當解釋之方法。

　　法律解釋必須考慮法律體系的整體。例如我國民法關於權利能力的規定，就無法從單一法條中獲得整體的概念。我國民法第六條規定：人之權利能力，始於出生，終於死亡。從民法第六條在民法的編排位置立論，民法第六條位於民法第一編總則第二章人第一節自然人之部分。可知民法第六條所謂「人」的權利能力，始於出生，終於死亡，是指自然人而言。而自然人依國籍法等相關規定，應可區別為我國人與外國人。我國關於人的權利能力依憲法第七條的規定：「中華民國人民，無分男女、宗教、種族、階級、黨派，在法律上一律平等。」可知任何自然人，只要其為中華民國人民，就能依憲法與民法的相關規定，平等的享有權利能力。至於外國人，既非在我國憲法的規範範圍，則對於外國人的權利能力當可以為特殊之考

慮，而加以一定的限制。是故民法總則施行法第二條規定，外國人於法令限制內有權利能力。至於依國籍法可以取得中國籍之胎兒，其本非嚴格意義下之自然人，但關於其權利有保護之必要，則和自然人並無二致。因此民法第七條規定：胎兒以將來非死產者為限，關於其個人利益之保護，視為既已出生。並依此而使胎兒獲得權利能力。而由上之論述可知，關於單純之權利能力問題，其具體分配於人之情形，很難光由一條文加以掌握、解釋。在各相關法條之間實際上都是一種有機的關聯，應一併考慮，才能使法律解釋符合於法律體系之整體，而稱此等解釋方法為體系解釋。

體系解釋在法律解釋上占有相當重要的地位。運用體系解釋方法的情形屢見不鮮。例如，刑法第二百七十一條第二項與第三項分別就殺人的未遂與預備行為加以處罰，然何者為殺人的未遂行為，何者為殺人的預備行為，則唯有參考刑法總則的相關規定，方能判斷。又例如類似民法第二條「公序良俗」、民法第一千零五十二條第二項「重大事由」等概括規定，為立法者在立法當時即有意授權法官為裁量之規定，但法官行使裁量權時，也應顧及既成的判決（判決屬於法律的下位規範），否則恣意判決的結果也會破壞整個法律秩序的體系性。

法律的體系解釋，有時亦須考慮到法律的一般原理原則。法律的一般原理原則為維持整個法律秩序體系性的基本要素，許多法律規定都是由一般的原理原則所展開。❼所以解釋法律時，必須回溯到一般的原理原則解釋法律，如此才能維護法律體系的整體性。

例如民法有私法自治原則、誠實信用原則、交易安全原則、保護經濟弱者之原則，在解釋民法等私法時都應予最大程度之尊重。當有二個以上不同的解釋可能性時，則須以此等一般的原理原則作為指標，以選擇最適當的解釋。又例如民事訴訟法有當事人進行主義之原則，刑法、刑事訴訟法有罪刑法定主義原則，凡對此等原則之遵守皆有助於整個法律秩序的統

---

❼　德國法學者拉倫茲在其《正確的法》(Richtiges Recht) 一書中就試著以此一般原理原則解釋整體法秩序何時以及為何合乎正義理念。參看 Larenz, K., *Richtiges Recht—Grundzüge einer Rechtsethik*, München: C. H. Beck, 1979.

一性，而可維持體系的完整性。

　　法律的一般原理原則都是透過法律之研究，特別是運用歸納方法對法律之研究來發見出某固定法律領域的共通精神。有時歷史的研究、法制史的研究、社會學的研究，也有助於法律一般原理原則的發現。法律的一般原理原則，對其所適用的法律領域有指導、補充的功能，亦為形成法律體系整體性與一貫性不可或缺的一個要件。因此法律解釋在體系解釋時，亦應慮及此等法律的一般原理原則。

　　法學文獻上所謂透過法律目的之解釋（目的解釋），亦包含於此所謂體系解釋的範疇。任何一種法律制度，均有其所欲實現之目的，此稱為法律之目的。法律目的在通常情形下會與社會目的相符合，但在例外情形，例如法律公布已久，社會目的已經改變，則二者即有齟齬現象。法律的目的有時從法律條文中就可以明白得知，例如耕地三七五減租條例的法律目的就是在保護佃農。所以當對該條例有多種解釋可能性時，就應該依其立法目的選擇最有利於佃農保護的解釋。

　　法律體系解釋包含目的解釋在內，是因為任何一法律體系，不是一盲目的建構，而是一包含法律目的思想的整體。因此，當法律的文義外延不明確時，依法律的體系解釋，考慮法律的目的，當然就屬於解釋法律的適當途徑。例如刑法第三百二十一條第一項第三款所謂兇器，依文義解釋可包括刀、槍等，但化學藥水如硫酸等，依文義解釋是否可以將其解釋在兇器的範圍內則不明確。此時依法律目的所為的解釋，使用化學藥品傷人，同於刀槍傷人，兩者均非徒手傷人之形態，法律在此二者情形對被害人之保護當無二致，以此而論，化學藥品依體系解釋，當可列於兇器之範圍。

　　法律的目的解釋，最常出現的形態是所謂的擴張解釋與縮小解釋。法律是一種為達社會統制所使用的手段，因此關於法律解釋，不能拘泥於法律條文所用之辭句。法律用語，如本章之說明，多少有不明確的情形。而所謂法律的擴張解釋，就是取法律文義周緣意義較廣泛的部分所作成的解釋。至於縮小解釋，則是取法律文義核心意義範圍所作成的解釋。惟是要採取擴張解釋或是要採取縮小解釋，並非漫無限制，兩者既均屬目的解釋

之形態，則其自然要受法律目的之管制。例如修正前之刑法第二百三十五條第一項規定：「散布或販賣猥褻之文字、圖畫、聲音、影像或其他物品，或公然陳列，或以他法供人觀覽者⋯⋯」，則文字、圖畫，是否包括電視放映、錄影帶、錄音帶，解釋的結果如為包括，則是對文字、圖畫所為的擴張解釋。❽又例如 51 年臺非字第 62 號判例稱：「刑法第二條所謂有變更之法律，乃指刑罰法律而言，並以中央法規制定標準法第二條制定公布者為限。⋯⋯行政法令縱可認為具有法律同等效力，但因其並無刑罰之規定，⋯⋯不屬本條所謂法律變更範圍之內，自無本條之適用」。即是將刑法第二條所謂法律有變更之「法律」，從刑罰法律、民事法律、行政法律等等法律中限縮在刑罰法律的範圍，此即為縮小解釋運用之明例。

　　法律解釋有時採取擴張解釋，有時採取縮小解釋，二者之選擇運用，主要是考慮到法律的統制目的。因此擴張解釋與縮小解釋都屬於目的論解釋，亦屬於法律的體系解釋。其運用之目的在維持整個法律秩序的體系性，使法律秩序受同一目的所支配，而所有的解釋也都可以配合此目的，使其調和不相衝突。不過由於法律秩序往往是多目的性的，所以如果有數種目的存在或法律目的有不清楚的情況時，就容易引起爭議。此時法律的體系解釋，無法為法律的解釋提供一明確的標準，唯有賴於其他的解釋方法加以輔助。

三、社會法學的解釋

　　社會法學的解釋❾，在傳統的法學教科書上或稱為目的論解釋，但所

---

❽　因刑法採罪刑法定原則，擴張解釋雖不似類推適用（或稱：法學上之類推）屬完全盡止之例，但仍易滋任意羅織罪名之嫌，故該條項已於民國五八年修正為「散布、播送或販賣猥褻之文字、圖畫、聲音、影像或其他物品，或公然陳列，或以他法供人觀覽、聽聞者⋯⋯」以嗣應社會變遷後之生活型態。又，有關擴張解釋與法學上之類推之區別，參照本章第三節二，頁 122 以下。

❾　依指對法律之經驗事實作社會學上的分析並以其結果作為解釋之依據，與對法現象本身作社會學的分析不同，後者參考 Luhmann, N., "Rechtstheorie im interdiszi-plinären Zusammenhang," in: *Ausdifferenzierung des Rechts*, Frankfurt/M: Suhrkam-

謂目的論解釋，依上述說明，屬於體系解釋的一種，所以在此不將社會法學的解釋稱為目的論解釋，而直接稱其為社會法學的解釋。

社會法學的解釋與體系解釋相同，均應以法律條文之文義作為解釋之基礎，當文義解釋的結果有複數的解釋可能性時，為了選擇適當之解釋，而為體系解釋或社會法學之解釋，所以兩者均以文義的可能意涵作為解釋之範圍。社會法學的解釋與體系解釋也有區別，其主要的不同，在於兩者的著眼點有所區別。體系解釋著重於法律上各種關聯或體系的把握，而社會法學的解釋則著重於社會效果的預測，及對此效果之目的論的考量。在實用法學上，社會法學的解釋多半與自由法論許多學者的主張或美國龐德所倡之社會法學密切相關，可以說社會法學的解釋在二十世紀或對現代法學而言是法律解釋理論較為主要的一個傾向。

社會法學的解釋，是一種對法律文義多種可能解釋中各種社會效果的可能性的分析、預測與選擇。當一法律條文在法律文義上有複數的解釋可能性存在時，社會法學的解釋方法，首先會對每一種解釋所可能產生的社會效果加以預測一番，此種預測可以根據社會學的研究或憑藉過去的經驗事實而獲悉，必要時甚至可以作小規模的實證研究，對各種解釋可能性的社會效果作比較精確的分析、預測。在對各種解釋可能性的社會效果加以預測之後，社會法學的解釋的第二步是確定法律的目的乃至於社會統制的目的，並由此目的來衡量何種解釋可能性所產生的社會效果最符合社會目的，並從此一衡量過程選擇一最適當之解釋作為法律解釋之結論。

社會法學的解釋是以社會事實之調查、社會學的研究成果為基礎所作成之解釋。法學上須借用社會學解釋的情況很多，有時文義解釋、體系解釋皆無法解決問題時，最後也只好訴諸社會法學的解釋。例如民法第一千零五十二條所謂「不堪同居之虐待」、「不堪為共同生活」、「犯不名譽之罪」等，其涵義均不明確，無法從文義解釋中直接得到適當的解釋，至於體系解釋，在此雖然可以從整個法律秩序的目的、法律的一般原理原則就前開用語之解釋獲得些許提示，然而對此類法律用語的解釋，最後仍然須要從

p, 1981, S. 191–240.

社會一般的通念加以決定。因為所謂「不堪同居之虐待」情況甚多，而法律既然是社會統制的一種手段，關於此等不堪同居虐待之判斷，就不得不與社會上的通念相結合。因而例如個性不合，日日爭吵是否即為不堪同居之虐待，此將與一般社會、文化之背景、觀念息息相關。在歐美社會此種情形或可構成離婚之事由，但在中國過去則很難以此作為裁判離婚之依據，而此即非單由文義解釋或體系解釋所能判斷，必當了解社會上一般通念下婚姻制度的目的為何，方可作出適當之判斷。是在社會一般通念下，若婚姻之目的乃為兩性共同生活之幸福，則前述日日爭吵或可構成裁判離婚之事由，但倘若在社會一般通念之下，婚姻之本質是為社會倫理而存在，因此考慮到輕言離婚對婚姻制度、社會安全所形成之妨害，前述日日爭吵將不被認為是裁判離婚的正當理由。

在社會法學的解釋上，社會事實之調查至為重要。因為社會法學的解釋所謂「社會的一般通念」，即須透過社會事實的調查加以確定。在社會法學的解釋上，關於社會效果的預測屬於經驗事實的探求，於此倘若社會目的至為明白確定，則究竟在多種解釋可能性中採取何種解釋，在效果的分析上，多少使社會法學的解釋有客觀性可言。因為就社會目的而言，欲採取何種解釋來實現社會目的，是對目的探討手段的有效性問題。此問題之判斷，假若事屬經驗事實判斷，則可透過社會學的研究，甚至透過事實的研究加以探求。然而倘若法律目的乃至於社會目的並不是十分明確，則在此將使手段的選擇變成目的本身的選擇問題，此乃屬於高度立法政策上的問題，涉及實踐的價值判斷，而於此情況下所作成的社會法學解釋，也因此很難有絕對的客觀性可言。例如民法第一千零八十八條第二項規定：「父母對於未成年子女之特有財產有使用、收益之權。但非為子女之利益不得處分之」。此時倘若父母違反未成年子女之利益處分其特有財產，則此等處分行為效果就為有效、無效或是僅得撤銷而已，此於判例之見解仍不甚統一，至少有兩說，一說為當然無效說，一說為僅得撤銷說。於法律上，此二解釋皆有可能成立，但從文義解釋、體系解釋上卻很難得到適當的答案，而須借助於社會法學解釋，但此時因為社會的目的涉及子女利益的保護與

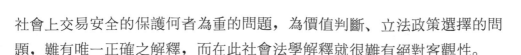

社會上交易安全的保護何者為重的問題，為價值判斷、立法政策選擇的問題，難有唯一正確之解釋，而在此社會法學解釋就很難有絕對客觀性。

　　司法院大法官會議第八十五號解釋是運用社會法學的解釋方法所作成的解釋。關於國民大會代表總額的問題，從文義上加以分析，至少有四種解釋可能性。第一，依憲法應選出之代表人數總額計算。第二，以實際選出之國大代表人數為總額。第三，以生活在自由地區之代表人數為總額。第四，以在自由地區中華民國之代表人數為總額。四種解釋可能性中，第一種解釋與第二種解釋因為大陸地區淪陷，事實上無法如此運作而不採。第四種解釋可能性最有說服力，但從社會效果的預測上卻發現，若採第四種解釋可能性，將使海外自由地區的國代摒除在外，影響海外僑民之愛國心。所以在本號解釋中，大法官選擇第三種解釋可能性而認為，憲法所稱國民大會代表總額，在當前情形，應以依法選出，而能應召集會之國民大會代表人數為計算標準。並在本號解釋的前言說明，憲法或法律之解釋不能因解釋的結果反而妨礙到憲法之機能運作或憲法體制之存在，憲法之解釋在幫助憲法推行憲政等等。

　　法律的解釋必須在文義可能之範圍內作成，不能超出可能文義的範圍。在可能的文義範圍內，有複數解釋可能性存在時，選擇其中一種解釋，在原則上均屬合法。解釋的選擇，非為理論認識的問題，而係目的性、政策性的問題。倘一法律之解釋，涉及目的的衡量、政策的決定，則法官對該法律之解釋所應負之責任，非法律責任，而係政治責任。而此亦是外國以選舉選出法官之原因。因為透過選舉、輿論之批評，可以使法官負其政治責任。至於在我國，法官非由選舉所產生，所以除了透過審級制度的糾正外，無法過問法官合法的解釋選擇。

　　如上所述，法律的解釋包含文義解釋、體系解釋與社會法學解釋。法律的文義解釋乃源於語言的不明確性，因此法律的文義解釋往往也會產生不明確的情形。不過法律語言可能的意義也有一定的涵蓋範疇，此範疇之界限雖不甚清楚，但一般人所能了解之文義仍然會有一定之尺度，不致漫無邊際。至於體系解釋與社會法學解釋的重點不同，體系解釋的重點在於

法律秩序體系性的維持，其所欲實現之法律價值在於法律秩序之安定性；而社會法學解釋之重點在於判決之妥當性，即各判決要能在社會上為一般人所接受，得到大多數人的贊同，俾合乎社會一般通念下的公平正義。不過雖然體系解釋與社會法學的解釋重點不同，但二者間卻無明確的界線。例如依照法律文字邏輯之一貫性為解釋時是為體系解釋，但若做成此解釋須透過社會事實的調查研究，即涉入社會法學解釋的領域。例如西元 1908 年美國俄勒岡州 (Oregon) 立法對婦女勞工加以保護，該法律規定婦女勞工最高工作時數的限制、童工的禁止等等，並對違反本法律的雇主加以起訴。其中有雇主對該法律的效力產生質疑，並在聯邦最高法院中爭執。該州立法違背美國憲法第十四修正案的「法律正當程序」(due process of law) 規定，應為無效。俄勒岡州政府在本案中聘請名律師布蘭帝斯 (Louis D. Brandeis, 1856–1941) 辯護，主張州立法係合憲，應為有效。布蘭帝斯主張州立法有效的理由，主要是其所從事的社會事實調查與研究，所獲得的一詳細之報告，此報告即為有名的 "Brandeis'es Brief"，在本報告中說明婦女之能力、智慧並不比男性差，但是倘若對婦女之勞動無一適當之法律加以保障，則婦女勢必趨馳於工廠中，以至於回到家中時精神、勞力皆無法負荷，對家庭之幸福、兒童之照顧，乃至於對整個國家之國民健康皆有重大影響。在本報告中，律師並且提出許多社會事實調查之結果對前述說法加以證明，而此即為應用社會學的研究為基礎所作成的法律解釋，其最終的結果則使原本在當時顯得保守的最高法院例外的承認州立法合憲。而本例一出，即成為支持龐德社會法學的先驅判決，並使社會法學因此而逐漸成為美國法律解釋學的主要潮流。

　　法律的體系解釋重在法的安定性，社會法學的解釋則重在具體的妥當性。至於法的安定性與具體的妥當性何者重要，事屬價值衡量的問題，不能一概而論。因此一法律的解釋是先體系解釋，再作社會法學的解釋，或可不經體系解釋而逕為社會法學解釋，很難有一定的標準。一般而言，二十世紀的社會是激烈變遷的社會，社會法學解釋漸有取代體系解釋而成為解釋方法的主流現象。十九世紀的概念法學較重法律之安定性，而二十世

紀則為法律社會化的階段，法律既多為前世紀所制定者，則如何使前世紀的法律可適應於二十世紀劇烈變遷之社會，則可能更須注重法律的具體妥當性，才能迎合社會之真正需要。龐德或謂在法律的某些領域，例如商法，法律的安定性高於一切，而在某些領域則較注重法律的具體妥當性，不可一概而論，而其重要性的判斷基準，則須視法官個人的法學修養，及其對當前社會之了解，其對社會的理想與抱負而決定。

　　社會法學解釋，如上所述，其重點在於具體的妥當性。但極端主張社會目的對法律的影響，亦會有犧牲法安定性的疑慮。例如關於選罷法的制定目的有二：第一，人民權利之保障與憲政之推行；第二，顧及當前特殊環境，強調國家及社會安全。基此如選罷法第五十四條對於競選言論之限制及第五十五條對於競選活動之限制皆是基於社會安全而制定。但若一味以此社會目的為考量，對選罷法上許多涵義不清的名詞，不求如何在執行上求得一致之適用，將使法的安定性逐步喪失，而使選罷法失去法律之威信。

　　社會法學解釋並非遷就社會事實，而是以法律規範社會事實。至於社會事實如何探求的問題，向為法學著作特別是法學教科書所忽略。平常吾人從法學教科書上所獲得之知識，多為法律概念之分析，很少提及社會事實。是日後法學之研究，應再加強法律社會學方法論的研究。因為本門學問，除了強調法律的理念與目的以外，並基於法律作為社會統制手段之基礎，要求法律人將法律與社會作有機之結合，使法律不至於與其所欲規範的社會脫節。

　　社會法學的解釋，在法律的社會目的有不明確的情形，法官必須依自己之學養與良心，對社會之理想及對正義之認識，在多種解釋可能性中作出適當之選擇。依此而稱法官為法的工程師，而非法匠。許多法律之目的可由法律之字裡行間看出，此時法律之目的既已清楚，除非法官依個人之衡量，認為法律之目的已經變遷，否則法官不可恣意而為判決。二次世界大戰前，在德國即本此而產生利益法學派。本學派認為立法者在制定法律當時，事實上已經為各種利益考量與價值判斷，所以司法者在判決時，即

應探求立法者制定法律所為的利益考慮與價值衡量以作為判決的基礎。持平而論，關於司法的判決活動，並非以立法者的利益衡量作為唯一考慮因素。法官仍是司法判決活動的主角，在立法者制定法律的利益考量隱而不彰的時候，法官應依其良心自我判斷，而此時若仍想借助立法機關解決選擇可能性的問題，則將緩不濟急。

法律解釋之方法，可以區分為文義解釋方法、體系解釋方法與社會法學的解釋方法，已如上述之說明。但這三種解釋方法，其先後次序為何，則可進一步討論。一般而言，文義解釋有優先性，因其為體系解釋與社會法學解釋的基礎。其次如著重於法的安定性則應先為體系解釋，而倘若重在具體妥當性，則先為社會法學的解釋。而如二者能兼顧，則可考慮先為體系解釋，但如果處在一劇烈變遷的社會中，法律的目的與現在的社會目的有顯著的差距時，則可考慮先為社會學解釋。

第三節　法學上的類推

一、序說──類推的意義

類推乃是對法律所未規定的事項，而以其他類似事項的有關法律規定予以適用之謂。雖非直接套用，但為法律規定的間接適用，固以法律有漏洞為前提類推。又可分為個別類推與總體類推，前者係將個別法律規定比附援引到法無明文的案件；後者乃將多數同類性質法定案件之法律規定所抽析出的法律原則適用到法無明文的類似案件❿。法學上之所以允許類推，主要是基於正義、公平的思想。在刑事法上，因罪刑法定主義之故，不能應用類推，但在民事法上是被允許的。同樣的案件應為同樣的判決，雖不

---

❿ Larenz, K., *Methodenlehre der Rechtswissenschaft,* 5. Aufl., 1981, S. 368. 有關法學上的類推中文文獻請參考，黃茂榮，〈法律漏洞之補充的方法〉，錄於氏著《法學方法與現代民法》，臺北：台大法學叢書第(32)冊，1987 增訂再版，頁 423 以下。

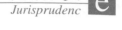
可謂有完全相同之案件存在，但在法律無明文規定的情況下，只好為同樣的案件來看待，以求得衡平。按法律未規定事項，可分二種情形討論⓫：

①構成法律漏洞。按類推適用既以法律有漏洞為前提，則所謂法律漏洞是指本來法律對所爭事項應有規定，且由其他法條本可涵攝進去，但立法者疏漏而未予規範，是為法律規範的欠缺，此須由法官用類推的方式填補之，是為法律之續造 (Rechtsfortbildung)。惟有學者謂，此僅係一種對於本應存在之法律的發現和宣示而已，仍非創造法律。

②整個法律關係皆係立法者所未考慮的事項，此為法律規範真的欠缺。法律上一片空白，為新的事物，與前述由於法律的欠缺致成為漏洞者不同，此時為法律不備，法官只能類推或創造法理。

二、有關類推的爭論與疑問

有關類推之論述中，經常出現下列五個爭議點：(1)類推的邏輯性質；(2)類推與擴張解釋之區別；(3)類推與反對解釋之關係；(4)法解釋上得為類推的要件；(5)類推的合目的性。相關問題與爭論，在下文一一解釋。

㈠類推的邏輯性質

關於此點，援用德國現代法學家柯魯格 (Ulrich Klug, 1913–1993) 在 1969 年所著之《法律邏輯》(*Juristische Logik*) 一書，認為從邏輯學上的觀點來看，類推有三個特點⓬。其一為類推之間接推論的特性：與直接的推論不同，蓋後者係 All "s"es are "p", so one "s" is "p"。以一命題為前提，直接導引出結論來，是為涵攝。間接推論則至少有二個命提作為前提，才可導出結論出來。一般的三段論法亦同，例如：

「所有的人均會死」	一般（全稱）命題
「蘇格拉底是人」	由一般命題導引出個別命題出來
∴「蘇格拉底會死」	演繹法，三段論法本身即為演繹法。

⓫　Canaris, C. W., *Die Feststellung von Lücken im Gesetz,* 2. Aufl., 1983, S. 16.

⓬　Klug, U., *Juristische Logik,* Berlin: Springer, 1966, S. 120 ff.

又例如：

All Men are 'p'

$$\frac{s \quad is \quad Man}{So \quad s \quad is \quad p}$$

但類推與普通的三段論法不同，是由特殊到特殊，個別到個別命題的推論。

$$\frac{m \quad is \quad p}{s \quad \sim \quad m} \quad (s 類似於 m)$$
$$s \quad is \quad p$$

（前提為一個個別命題或特殊命題，與一般全稱、一般命題不同，非以一般命題為前提。）

就全稱句與單稱句而言，演繹係由一般推論到特殊命題，反之歸納係由個別推論至一般命題。例如：

「張三是人，張三會死」
「李四是人，李四會死」 ｝是歸納，而上舉
∴所有的人皆會死

All Men are p

$$\frac{s \quad is \quad Man}{s \quad is \quad 'p'}$$ ｝則屬演繹。

至於類推與二者不同，乃自成一格，類推所獲得的結果並非絕對可靠，只是得到一不太確定的結論而已。例如，假想自己為一頭豬，主人每天來巡顧時行止和善，而後並餵食之，一日見一屠夫，行止也很和善，以為他也會餵食，但實為錯誤的推論，此即類推結果的謬誤。再如，地球上有人居住，而火星無論氣候、條件、地形構造、溫度變化都和地球相似，即為火星大概有人居住的結論，但此結論，亦不十分可靠。類推，是依二事物或事件的類似性或類似的關係所為之推論，凡適於某一種類之事件，認為其亦應可適用到同類之事件，此為類推的基本原理，係根據類推的類似性所為之推論，問題就在所謂類推的類似性程度上的差別。

一般而言，在法學上，並無二個案例是完全相同的，至少人、事、時、地、物所組成的法律狀況不同，如何認定此案件與他案件是同一類，大有

問題。例如，個案甲有明文規定，分析其構成要件有這許多因素構成，即甲具有 a+b+c+…+e+f+…+j+k 等特性。現發生另一個案乙，仔細分析其構成要件，乙具有 b+c+d+e+…+g+h+i+j 等特性。由 b, c, e, j 來看，二者有類似性，但由其他則不然。有無類似性，視採何種標準來看，此於形而上學而言，往往強調事物的本質，認為要判斷二事件的類似性，只能依事物的本質來判斷。但何為事物的本質，實很抽象，故法學上只能說重要性質相同才論其類似性，於此強調重要的性質❸。

何謂重要？何謂不重要？非事實本身可告知者，此永遠決定於人們的價值判斷，特別是由法律的目的來判斷，倘法律的目的很清楚，則判斷的可靠性大；但倘法律的目的不明確，甚至目的本身皆有選擇性時，則判斷本身即無很高的一致性，所以類推至多可謂妥當與否，而不能稱正確與否。

相對於三段論法之前提為真，結論即真，類推因其依據的命題並非一般命題，只是個別事件而已，且類推的基礎往往會涉及人的價值判斷，其結論只有概然上的真而已。人的日常生活往往生活在過去經驗的類推當中，過去的經驗不過為一次事實，無二事件是完全相同的，故由過去經驗可歸納出來的一般結論，亦不過為一大的趨勢，並不能當作一必然的法則。而經驗法則必是如此，人既然透過過去的經驗來推論當前的現實，則過去經驗是否與當前、未來情況類似，即有賴妥當的類推。但不能僅憑過去一次事物的經驗即為以後必有此情形之推論，否則無異於守株待兔，因其作類推的依據，只是過去的一次事實、經驗而已。

經驗科學上的類推其重點置於結論的可靠性與否，例如，火星上有無生物，是以其類似地球的環境而為推論，此只是於形成假設的階段適用之，但類推的結論是否可靠，則還須進一步的運用經驗事實來加以驗證，如太空船的勘測是。而法學上的類推，其最重要的問題只問推論出來的結論是否妥當，特別是由法律的目的、社會的目的來考量其是否妥當，是否合乎目的，至於結論的真假如何，此在法學上自始即不成為問題。例如，德國刑法第二百二十六條第一項規定醫學上的實驗或其他傷害行為如果得到本

❸　關於類似性的認定，詳見黃建輝，《法律漏洞‧類推適用》，1988 年，頁 110 以下。

人的承諾且無背於公序良俗者，可阻卻違法性。手術固為傷害人體之行為，倘係業務上的正當行為，又得到本人的承諾且無背於公序良俗，不構成犯罪。但關於妨害自由，則無明文規定，如一妨害自由的行為係得到本人的承諾，且無背於公序良俗，可否阻卻違法性？通說可類推適用德刑第二百二十六條第一項，例如，為使甲安靜唸書，由甲要乙將門反鎖上，固為妨害自由的行為，但得到本人的承諾，且無背於公序良俗，其推論的結果只問是否合乎於法律目的，由此目的而言，是可以阻卻違法性，且由衡平的觀點而言，傷害都可以阻卻違法，若言妨害自由不可，是說不過去的。綜上所述，日常生活上的類推重在結論的可靠性，法學上的類推，其重點則是放在結論的妥當性上。

㈡類推與擴張解釋

1. 類推與解釋的關係

類推 (Analogie) 與解釋 (Auslegung) 的目的皆在於尋求判決所依據的大前提。解釋是在判決的過程中，形成或發現判決所依據的大前提之活動，類推之主要目的亦同，就此而言，二者功能相同，惟先後次序有不同。類推之運用是在盡一切解釋之能事後，仍不能得到判決的大前提時，才應用之。

解釋是就法律條文的文義所允許的範圍內，來尋求準備判決的大前提，乃以文義解釋為基礎。類推是在法律條文之解釋皆無法得到判決的大前提時，方可應用之。一般文獻中所述之解釋方法，有所謂類推解釋的名詞，而此所謂之類推，為類推適用之謂，即非以文義解釋為基礎，在法律條文無明文規定時，就相關類似之法律規定來加以適用之意，而類推解釋則仍為解釋之一種，是在文義範圍內作成之解釋，與此所謂之類推適用不同。例如，在民法，有多處提及損害賠償，原則上積極損害、消極損害皆為賠償範圍，但有時不然，如在一條文有涉及「損害」二字，應作何解釋，多照類似事項的法律解釋來解釋該條文，這種情形有的文獻稱之為類推解釋。例如債務不履行中損害賠償的解釋，可否作為侵權行為損害賠償的範圍。

民法第十八、十九條人格權受侵害之損害賠償之解釋，有謂侵害姓名權之損害賠償以回復原狀為限，有謂不以回復原狀為限，是否應以類推第十八條中損害賠償之解釋來解釋之？可見所謂「類推解釋」仍是在可能的文義範圍內作成解釋，只是解釋時，「類推」其他相同的法條來適用，嚴格而言並非類推。

2.類推與擴張解釋的區別

在民事法領域，二者皆是被允許的，於結果言之，爭論這問題並無太多的實益。但在刑事法領域，這區別就相當重要了，在刑法方面，由於罪刑法定主義的緣故，原則上不許類推、比附援引，否則即會侵害到人權的保障，而損及罪刑法定主義。擴張解釋仍為解釋之一，刑法亦允許在可能的文義範圍內作成解釋，不論是擴張解釋或是縮小解釋，皆為正確的解釋方法，是被允許的，可見這區別在刑法領域的重要性。至於如何區別，有無明確的界線，是為學者所關心的課題，學說雖然很多，但沒有人能說得很清楚。有謂擴張解釋是對法律條文所直接表示內容的認識，而類推適用(analoge Anwendung) 則係對法律條文間接內容的認識，由字裡行間去認識，立法者的原意皆應包含進去。但實際應用時，此說法亦很難提供一明確的標準，蓋何為直接，何為間接，二者的區別如何，頗難區辨。此困擾乃起因於語言的不明確性，文字有若朦朧之月，中心很清楚，而愈是外延，其周延意義到何處為止，並無很明確的界線，所謂「游離案件」(borderline case)，即因屬性不明確而爭議性高的案件，往往發生在周延、邊緣的案件，很難確定其是否該當於法律構成要件，或是已超過法律明文之外，倘為前者，則是正當的法律解釋，所為之判決，亦為合法的判決，倘係超出法律文義範圍之外，要適用，即成為類推，原則上為法所不許。

外延如何劃定，為法學上較困難的問題，往往要考慮到法律統制的目的、一般人的觀念、法官對法律的理解。美國大法官霍姆斯曾於其書函內，提到辦案最困難的所在，即在如何劃定這個界線，往往一個案子會考慮很久，就是在如何劃定這條線，此涉及法官個人的生活哲學、法律的修養，特別是法理學的素養。由於擴張與類推二者不易區別，在刑事法上，擴張

解釋固為法所不禁，但在擴張解釋時必須非常慎重，因刑法畢竟為對人權的限制，倘過分為擴張解釋，很容易入人於罪，易被看作係羅織入罪。例如，前述修正前刑法第二百三十五條「散布或販賣猥褻之文字、圖畫」，所謂「文字、圖畫」，由字面上而言，即為一種符號，但此符號是否包括閉路電視，如認包括在內，則為擴張解釋。又如「公然陳列」，一般的了解是在大庭廣眾，大家可以自由進出者，但若認為於旅館、咖啡室放電影，亦屬「公然陳列」，則亦為一種擴張解釋。擴張解釋與法學上之類推常不易區辨，例如，德國聯邦最高法院曾就德國刑法第二百二十三條第一項危險傷害罪作成判決，攜帶武器（凶器）加害於人，要加重處罰；但武器範圍包括多廣？槍、砲固無問題，但化學藥水是否為武器？則有疑問。該判例謂：所謂「武器」，包含鹽酸或利用被激怒的狗作為攻擊手段在內。武器若解釋為攻擊他人用的一切器具，則鹽酸、動物就不包括在內；但若解釋為可作為攻擊他人的一切手段，則範圍較器具廣，亦即在文義上把「武器」為擴張解釋，則可使其包括鹽酸、動物在內。反之，過去德國帝國法院對於德國刑法第二百二十四條之竊盜罪，卻認為不能適用在盜電的情況，認為盜電已超出竊盜罪之解釋適用範圍之外，若認為包括，則係刑法上所不許之類推適用。

　　同樣之情形出現在日本。日本在明治時代初年，開始有電氣，但當時日本刑法只有動產竊盜罪，相當於我刑法第三百二十條之規定，而盜電的情況，則無明文規定。有人竊盜，電力公司當成竊盜罪加以檢舉，在一、二審時，法院的結論正好相反。一審把動產「擴大解釋」，認為凡係有管理可能性，並具有經濟價值者的均為動產，故竊電可當竊盜罪來處理。而二審則認為物不可如此擴張解釋，應只限於有體物，電既非有體物，故盜電與竊取動產有異，故不可適用該條之規定。至大審院時，認為盜電不能與竊取動產的情況相比，不能類推適用，仍採有體說，竊電的情況，法無明文，不予起訴，認為關於案件的解決，乃立法的問題，故當時國會馬上通過竊電以竊取動產論的法律。可見所謂擴張解釋與類推之差異，仍以文義可否包含進去為界線。電氣在一般人的觀念裡，並不當作物體看待，假使

認其相類似而適用竊盜罪，則無異予以類推適用，比附援引，會損害到人民的權益，為各國之法所不許。

(三)類推與反對解釋

1. 反對解釋的意義

所謂反對解釋，係為從相異不同的構成要件中，為相異之法律效果的推論。因解釋是由法律條文構成要件可能的文義範圍內來做成判決的大前提，故嚴格言之，反對解釋亦不是一種解釋。反對解釋並非於法律條文可能的文義範圍內來形成判決的大前提，而係從不同之構成要件中為不同之法律效果的推論。故反對解釋非為解釋而乃適用上的一個問題。按一般的法律規定可表示如下：

設 $X[V\langle x \rangle \rightarrow R\langle x \rangle]$

(X)：該當構成要件的犯罪主體

$V\langle x \rangle$：法律構成要件

$R\langle x \rangle$：法律效果

則反對解釋可為如下推論，即：

$$X[V\langle x \rangle \rightarrow R\langle x \rangle] \Rightarrow X[-V\langle x \rangle \rightarrow -R\langle x \rangle]$$

具體言之：「凡 (X) 殺人者 $(V\langle x \rangle)$，應處死刑 $(R\langle x \rangle)$」

↓

「甲 (X_1) 殺人 $(V\langle x_1 \rangle)$，甲應處死刑 $(R\langle x_1 \rangle)$」

↓

「甲 (X_1) 未殺人 $(-V\langle x_1 \rangle)$，甲不應處死刑 $(-R\langle x_1 \rangle)$」

故反對解釋乃由相異的構成要件，為不同的法律效果的推論，亦即因構成要件不同，而為法律效果亦應不同之推論。尚待言者，反對解釋在實務上常與類推發生競合的情形。例如，懸掛「教室中不准帶狗進入」的牌子，今有學生帶熊進入教室。於學生立場而言，老師禁止的是狗，今天並非帶狗進來，應不在禁止之列；此乃反對解釋。從老師的立場，連狗都不

准進來，何況熊？熊比狗更嚴重，狗都在禁止之列，何況熊乎？此乃類推。究竟在法學方法上，何時可為反對解釋？何時可類推適用？兩者關係如何？諸此問題將在以下討論中逐一處理。

2. 反對解釋的條件（何種情況可為反對解釋）

依柯魯格的見解，某一法律規定是否可作反對解釋，端視其構成要件 p 與其法律效果文章 q 之相互邏輯關係來加以決定❶。通常一法律條文為 p → q，而 p 與 q 間的邏輯關係不外三種：(1)外延的包含 (extensive Implikation)；(2)內涵的包含 (intensive Implikation)；(3)相互的包含 (gegenseitige Implikation)。茲臚述如下：

(1)外延的包含（有 p 就有 q）

由法律邏輯而言，即構成要件 p 為法律效果 q 之充分條件，則不能加以反對解釋。蓋其構成要件並未把所有可產生法律效果的情形皆列出來，只是例示而已。例如，火車站前樹立一牌子「帶狗者（構成要件），不能上車（法律效果文章）」，但在文章是外延包含的關係。倘有一乘客帶一熊上車，車長謂不可上車，乘客辯護以未帶狗，應可上車。此時車長可主張不能上車的條件很多，如帶火藥、帶熊、帶象，皆不可上車，該牌並未將所有不能上車的條件都予以盡舉，故不可為反對解釋。可知若法律效果把構成要件在外延上包含起來，即非將一切的必要條件都加以臚列出來，而只是例示的充分條件而已，乃非盡舉規定，不可反對解釋。

(2)內涵的包含（無 p 則無 q）

構成要件 p 為法律效果 q 之必要條件，則可為反對解釋。例如，民法第十四條把禁治產宣告的構成要件皆規定出，不合乎要件，即不可為禁治產之宣告，則此條文可為反對解釋，如要件 p 為：「心神喪失或精神耗弱致不能處理自己之事務，因本人、配偶或最近親屬二人或檢察官之聲請，由法院宣告禁治產。」一人如為精神喪失或雖精神耗弱但未致不能處理自己事務的程度時，欠缺實質條件，構成要件不合，法院不可為禁治產之宣告。我國民法未有準禁治產宣告之制度，如有之，則此解釋又要變更，但於目

---

❶ Klug, U., 前揭書，頁 140 以下；同一作者，*Rechtslücke und Rechtsgeltung,* S. 88.

前，可為如上的解釋。

⑶相互的包含（p, q 幾乎重疊在一起，二者相互包含）

p 為 q 的充分且必要條件，則可為反對解釋。依前述只要 p 為 q 的必要條件，則可為反對解釋，若 p 不但為 q 之必要條件且更為 q 之充分條件時，當然亦可為反對解釋。例如，依二二八事件處理及補償條例第二條之規定，受難者得依本條例之規定申請給付補償金。在此，二二八事件之受難者乃申請給付補償金之必要條件，但同時亦為其充分條件。因此，二二八事件之受難者與得申請該條例之補償金二者之間，形成了一種相互的包含關係。解釋上，自然可為反對解釋而得到「凡非二二八事件之受難者，不得申請給付（本條例所規定之）補償金」的結果。

由上可知，並非所有的法律條文皆可為反對解釋，只有⑵、⑶二種情況（將足以引起法律效果的要件，皆在法律中網羅無遺，一一加以規定）方可，於⑴的情況（外延的包含），則不可為反對解釋。

另外，在解釋法律實務上，常謂例外規定需要去做反對解釋。所謂例外規定，係相對於對原則性的規定而言，一般多以但書的形式表達出來，但亦不限於但書的形式，有時由前後條文之不同亦可表現。

為何例外規定需要反對解釋？在例外規定之情形，要件與效果的關係相當於內涵的包含的關係，自然可為反對解釋。不僅如此，由於法律在原則上須依一般性規定來適用，使原則性規定盡量有適用的機會，法律才更具普遍性、安定性，只有在例外情形才可適用例外規定，倘非例外情形，則不可適用例外規定。換言之，例外規定是除非不得已，否則要盡量少適用，也因此要盡量少加以擴張解釋。亦即一發現構成要件不合時，應即反面推定為不將例外規定（反對解釋），而排除其適用例外規定，使其返回到適用原則性的規定。例如，民法第一百零七條但書規定，「代理權之限制及撤回，不得以之對抗善意第三人」，此係原則規定。「但第三人因過失而不知其事實者，不在此限」，此但書則為例外規定。該條文的原則性規定，是為了保護交易安全，但有時善意第三人有過失，對有過失的人，原則上不加以保護，所以該條文的但書為例外規定，而為使原則性規定能更普遍適

用，交易安全更容易受到保護。在適用但書時，須為反對解釋，即認為凡與但書之構成要件不同之規定，即應賦予與但書不同之法律效果，亦即為反對解釋的結果，又可以返回到原則性的規定，有助於法律安定性的要求。既然如此，法律條文究竟為外延包含或內涵包含，有時亦不很清楚；而且在確定文字的單義性上，有時可能會產生曖昧不清的情況，亦即，但書的形成固很清楚，但有時由條文本身來看，亦很難辨別究竟可否為反對解釋，光靠邏輯關係，不能得到解答，還須有法律目的論的分析。例如，「軍事基地 (p)，閒人免進 (q)」。p 與 q 的關係是(1)還是(2)，有時不是很清楚，依反對解釋則有事情的人均可進去，則欲為不正當行為者亦可進去了，不能為此種解釋，尚須視「軍事基地」，由其樹立此牌的目的來判斷何人可進，何人不可進。

3. 類推與反對解釋的關係

於法律解釋的實務上，有人認為類推與反對解釋可時常代換。換言之，條文倘可類推，則可反對解釋；可反對解釋者，亦可類推。反之，亦有人認為，不能類推，即可反對解釋；不能反對解釋，即可類推。但此說法都不十分清楚，故於此處加以澄清：

⑴一法律條文可否類推與可否反對解釋無關

因類推之准許與否，決定於構成要件的類似性的基礎上。反之，一條文可否反對解釋乃應由其構成要件與其法律效果間的邏輯關係或包含關係來加以判斷。故可否類推與可否反對解釋並不相干，反之亦然。

⑵反對解釋，只限在內涵的包含與相互的包含二種關係，方可為之

即在一構成要件與法律效果間，具有內涵的包含與相互的包含的邏輯關係時，可為反對解釋，亦即只有在此情況下，才有可能發生反對解釋與類推競合的情形，但於外延的包含，因不能為反對解釋，無競合的情況發生的可能性，換言之，一條文可以做反對解釋，並不排斥這個條文可為類推的可能性，特別是在相互的包含與內涵的包含的情形時，二者常相互競合，此時並不當然的互相排斥。於解釋過程中，類推適用與反對解釋因此本來沒有所謂先後的問題，因最終均需決定於目的考量或其他價值判斷。

但若先考慮反對解釋，而做了錯誤的抉擇時，則法律條文之類推，無意中即可能被排斥，故於手續上不妨先考慮到可否類推，再去判斷反對解釋。

例如，教室中不准帶狗進入，帶熊應如何？若先做了反對解釋的抉擇，則即結果上會排斥類推之可能性，會導出一不十分妥當的結論。在內涵的包含及相互包含的情況下，此法律規定將足以引起法律效果的構成要件已網羅無遺，如盡舉的規定即是，對此可為反對解釋，例如，滿二十歲為成年乃為內涵的包含或是相互的包含，但此與行為能力是另一回事。滿二十歲都有行為能力，則是外延的包含，不過有行為能力不僅限於滿二十歲者，蓋尚有結婚成年制。而相互包含必為內涵包含。例如，德國民法第七條第一項，「自然人得有數個以上的住所」，要能有數個以上的住所，其前提要件必為自然人，二者幾乎相等，有必要條件時可為反對解釋。例如，禁治產宣告，其實質要件為「對於心神喪失或精神耗弱致不能處理自己事務者」，而其形式要件為「本人、配偶、最近親屬二人之聲請及法院宣告」。至於檢察官可否聲請？依修正後現行法檢察官於必要時，可以聲請。但應有先後次序，即只是立於補充的地位，而不要越俎代庖，亦即檢察官雖得聲請，但應有適當的限制。

有時 p 在此條文中，有 q 之法律效果，但不限於此，在其他條文中，可能有其他的法律效果。例如，民法第七十八條，「限制行為能力人未經法定代理人允許所為之單獨行為無效」；民法第七十九條，「限制行為能力人未得法定代理人之允許，所訂立之契約，須經法定代理人之承認始生效力」。茲再分析如下：A. 限制行為能力人之法律行為；B. 未經法定代理人之允許；C. 單獨行為無效；D. 雙方行為之效力未定。

類推與反對解釋思考的先後次序，是否應視法律目的為何而定？法律解釋的最高標準，事實上為目的的考量，此為目的論者一直在主張者，類推重在結論的妥當性，而是否妥當，業已包含在目的的考慮中了。例如，已廢止之礦場法第十五條規定，礦業權者於歇業或破產時應儘先清償所欠礦工工資，但於其他如工廠法等勞工法規，則未言勞工工資有優先受償之權利，為解決勞工問題，給予勞工更大的保障，可否類推之，於此亦可能

發生競合的情形。按反對解釋，主要在維持法律秩序的安定性、衡平性，最後不能決定時，才考慮到目的性，即非此構成要件，不能得此法律效果，同樣事實，應為同樣的處理，不同事情，則應為不同之處理，類推亦同，惟後者重在妥當性。因此應先就類推的可能性加以考慮，予以調查，但並非表示類推優先，不能類推方可反對解釋。蓋有時儘管有類似性、也有類推的可能性，但由法律目的來考慮時，不宜類推，儘管非常相似，仍不應類推，而應為反對解釋**❺**。

㈣類推的條件

類推最重要的是在類推結論的妥當性，此須由目的去考慮。何時可類推？何時不可類推？類推至少要考慮到二個條件：

1. 二事件的類似性

如何判斷二事件有否類似性？天底下無二事件是完全相同的，人、事、物、時、空皆有不同，當前條件，有一類似性的法律規定時，則類推該法律規定，斯時要考慮類似有關之法律規定的構成要件。例如，案件甲之構成要件可隨解釋擴張、縮小，有許多解釋可能性。茲發生乙案件，找不到適當的法律規定，但發現乙案件與甲有許多類似性，在此情形下可否類推（依類似性而為之推論）？須視二案件是否有類似性而定。亦即：

甲： a, b, c, … g, h, i, …
乙： … b, c, d, e, f, g, h, … , j, k, …

只要二案件重要性質相符合，有類似性，即可為類推。如認 b, c 為重要決定性的因素，二者符合，即有類推的可能性。倘認 a, i 才是這法律規定最主要的因素，而乙無此要素，因而二者不具類似性，則不可類推**⑯**。重要性質之認知係與吾人對法律目的之了解有相當關聯，蓋事情本身不能告

---

⑮ 亦有認為同時存在著類推與反對解釋時，應以類推為優先，詳見黃建輝，前揭書，頁 138。

⑯ Larenz, K., 同**⑨**, 前揭書, S. 365 f.；Klug, U., 同**⑪**, 前揭書, S. 118 f.

知何種性質重要與否，而是須由法律目的來加以判斷，倘法律目的很清楚、明確，則客觀性高；倘法律目的不清楚與社會的需求之間有很大的差距時，則常須在數個目的間作選擇。此為高度的政策考量，此考量多半帶有價值判斷，難免有主觀因素加入，客觀性易受到影響。

2.類推與反對解釋的目的考量

在一個具體的個案中是否先採取反對解釋，即可縮小解釋的範圍？在社會劇烈變遷之際，法律文義已不符合社會需求。如此，則為反對解釋的可能性即大幅縮小。如果先為反對解釋，固然可能一下子就得到一個答案，但答案是否合乎法律衡平與公平正義，實甚值商榷。倘若不符合時，即應先為類推。但又如竊電與竊取動產亦可類推，惟此結果會違反罪刑法定主義，故不許類推而為反對解釋。

設若飛機在空中失事，碎片傷及地面的行人或掉落壓垮房屋，使人受傷，被害人要請求損害賠償，於民法範圍內如何請求？其法律關係為一侵權行為，依民法第一百八十四條須加害人有故意過失方能請求，故被害人須證明飛機失事，係肇自航空公司的故意過失。如不能證明，則不獲賠償，如此推論的結果違反社會正義。在此即涉及到法律無明文，可否類推適用動物占有人之責任（無過失責任）的問題？類推適用須考慮到：⑴事件性質的類似性，⑵法律目的如何。以民法第一百九十條無過失責任來加以類推，固係符合法律的目的，使被害人能不負舉證責任而獲賠償，但就案件性質的類似性而言，動物占有人與航空公司老闆的地位、法律關係，並無很大的類似性，故不太能類推適用之，此即所謂個別類推 (Einzelanalogie)。既然個別類推不能解決上述問題，即有必要求諸總體類推 (Gesamtanalogie)。以本案而言，由保險法等許多法律規範的類推，歸納出一個一般的準則，將之當作一個法理來適用於本案件，即航空公司的老闆除能證明有不可抗力之事由外，對於飛機失事所造成的損害應負賠償責任，且係無過失責任。由上例可知吾人可依類推的方法來創造法律，按法律之創造不限於類推的方法，但類推有創造法律的功能則不容否認。

類推在法學上而言，是較具創造性的思惟 (creative thinking)，英美法學

即靠之發展而成。反對解釋則較機械性，顧慮到的只是法律的安定性而已，而類推可由各個角度去考慮。倘目的是在法律的安定性，則可為反對解釋，因此可否類推，仍視法律的目的而定。

反對解釋的邏輯結構 X〔V⟨x⟩ → R⟨x⟩〕⇒X〔−V⟨x⟩ → −R⟨x⟩〕則較機械性，雖不可謂無目的之考量，但主要仍是在維持法律一般性的規定。

㈤類推的合目的性

合目的性，亦為法律的重要概念，法律的理念以下列數種較重要：⑴正義 (Gerechtigkeit)；⑵安定性 (Sicherheit)；⑶合目的性 (Zweckmässigkeit)；⑷人性尊嚴 (Menschenwürde)。

先認識法律的目的為何，法律解釋的結論是否合目的性，此乃類推適用之際所必須考慮的一點。目的本身有時固很清楚，但有時不一定很清楚，從而會發生目的的選擇性之問題，尤其是當法律目的與社會需求有差距時，要採何者，是為體系解釋與社會法學解釋的問題。於社會劇烈變遷時，不妨先考慮社會法學的解釋。類推的結果是否妥當，須依法律統制的目的、社會的目的來考慮。例如，「不能帶狗」，帶熊如何？因「不能帶狗」之目的在維持秩序，帶熊更會妨害秩序，狗在禁止之列，熊當然亦應禁止。是否類推，決定於目的之考量，特別是結論是否符合我們的目的，否則類推目的清楚，就有客觀性可言。假如目的本身不很清楚，則無客觀性可言，難免有個人的價值判斷，這包括對立法政策的考慮在內。

㈥類推與事物本質 (Natur der Sache)

有些學者在討論類推時，認為要判斷二事件的類似性時，須視其事物本質是否符合，若符合則可類推。❼他們認為任何事物皆有客觀存在的本質，可客觀的加以發現，一旦發現事物的本質，即可為客觀的類推。提出這種主張的學者，大體上都偏向採取自然法論者。

1.何謂事物之本質？

---

❼　Puchta, G. F., *Pandekten,*1893, S. 22.

有學者主張，所謂「事物本質」不外乎是一種思考方式而已，但較一般的說法，皆根據本質論思想，認為任何事物都有一客觀的本質存在，可客觀的加以發現，作為法學上判斷的標準。然而此種說法很值得商榷，因為本質論基本上為一種形而上學的思想，何為本質，並無一明確的標準，客觀的本質，事實上不能客觀的發現。因此，有學者加以修正，改採以事物的重要性質來加以判斷。然則，某一性質是否重要，又涉及了法律目的之考量。事實上，事物本質從方法論的觀點來看乃一元論的思想，認由事實的探求即可發現某種規範標準，且為當為規範，此由二元論、經驗論主義者的眼光來看，在邏輯上實是犯了套套邏輯的謬誤；亦即，事物是否有本質，視事物本質的解釋為何而定：

⑴有謂係指事物各種性質間具有普遍性的性質，但何為特殊性，何為普遍性，全視在歸類時，把何種相關事物列入考慮，故此定義並不明確。

⑵有謂係指各事實間具有重要價值的性質，但價值由何而來，仍是由人來判斷，人的價值觀念很難有客觀的一致性，以此觀點論事實本質可提供一客觀的標準，是有問題的。

⑶有謂係指各種生活關係中可歸類而得之類型或典型，即類型化、典型化的生活關係。但歸類或類型化本身即不免涉及價值觀念。亦即，分類本身即先要有標準，倘有二個以上的標準時，分類即涉及價值判斷的依據，因此，這種說法有傳統本質論的思想存在。

二事件有無類似性，依何判斷？視事物的重要性質而定，重要性質非客觀可得，涉及目的本身的解釋。此須視法官個人的法學修養、對法律目的之了解、其個人的人生觀以及對社會的理想等判斷。比較妥善的做法是，至少再找一個客觀的因素來牽制，即客觀的事實須予符合。例如，「舉重以明輕」可以透過體系解釋理解為「輕者皆加以處罰，何況重乎」，否則整個法律的解釋、適用，為實現法律目的而來，因而法律的解釋與適用須考慮到法律的目的，使其目的實現。

第四節　補充法源的援用

除了成文法可以作為法律適用的依據以外，在司法判決的形成上尚有補充法源援用的問題。在成文法的國家裡，除了成文法以外，其他可以作為判決大前提的依據者都可以稱為補充法源。在一般的用語上，以成文法作為判決的大前提，稱為法律的「適用」，以成文法以外的補充法源作為判決的大前提，稱為補充法源的「援用」。二者的區別在於法官對應適用的法律不適用，是為違法，但法官對援用何種補充法源作為判決的大前提，卻有斟酌的餘地。又補充法源的援用，限於民事訴訟，至於刑事案件，基於罪刑法定主義，關於實體法，只有法律的適用，談不上補充法源的援用問題。補充法源以習慣法、判例與學說為最常見之形態。所以以下即就習慣法、判例與學說三種補充法源的援用分別加以討論。

一、習慣法的援用

在十八世紀末期，自然法學派盛倡所謂「成文法萬能主義」，認為習慣法是劣等文化的法律，而加以排斥。所以以習慣法作為補充法源，在當時並未為人所注意。然而由於成文法萬能主義過分重視成文法，造成成文法一枝獨秀的地位，究其極，終不免忽略法律的時代性與民族性。因為過度重視成文法，有如上之缺陷，乃有歷史法學派的產生。而早在薩維尼之前胡格 (Gustav Hugo, 1764–1844) 在成文法萬能主義思想全盛的時期就提倡習慣法為獨立的法源，而與成文法並存之說。薩維尼也同意此一看法，並在其 1814 年之著作《關於當代立法及法學之任務》(*Vom Beruf unserer Zeit für Gesetzgebung und Rechtswissenschaft*) 一書❽中，倡導習慣法，並認為「法律為特定民族社會之慣行，其形成與民族之語言、風俗無異。」直至二十世

---

❽　Savigny, F. C. von, *Vom Beruf unserer Zeit für Gesetzgebung und Rechtswissenschaft*, Heidelberg: Mohr & Zimmer, 1814.

紀初年，瑞士民法更首先明文承認習慣法對於成文法之補充的效力。近時之法律思想則欲更進一步重視習慣法的地位，以為習慣法享有與成文法同等的效力。

我國民法也重視習慣法的地位。民法第一條同於瑞士立法例，也明文承認習慣法補充法源的地位，「民事，法律所未規定者，依『習慣』，無習慣者依法理。」習慣法是由習慣演變而來，習慣法與習慣至相近似，其界限究應如何區分，乃為一實際之問題，並為多數學者所爭論不已，然習慣法源於習慣，則殆無疑問。只是在法學上，一部分因為有法規範的效力，稱其為習慣法，一部分因為尚無法規範的效力，稱其為單純習慣。但就其本質而言，兩者並無區別。至於流行於社會的慣行，何以會演變而成為有法規範效力的習慣法，學說不一。但歸納言之，以下述三種說法最為重要。

㈠法律確信說 (Überzeugungstheorie)

歷史法學派的先驅者，如薩維尼、普赫塔 (Georg Friedrich Puchta, 1798–1846) 等人提倡本說，認為習慣法的效力，源於民族意識 (Volksbewußtsein)，凡習慣經民族確信其為法律而必須遵從者，即具有法律上的效力。然而本說的主張卻不無問題。一方面，法律所以發生效力，由實質形成原因而言，一民族確信其具有法律的效力固然重要，但何時方有所謂的「確信」卻沒有明確的標準。所以即使認為習慣法是具有法律確信的習慣，對習慣與習慣法的區別也沒有助益。

㈡承認說 (Anerkennungstheorie)

本說認為習慣在國家有權機關承認時才具有法律的效力。本說可以彌補法律確信說的不足，習慣是否具有法律的效力，倘有爭執最終仍須由國家之有權機關對習慣是否具有法規範效力加以決定。又本說可以分為二說：

⑴立法的承認說

此說以為習慣須經立法機關的承認制定為成文法，始有法律上的效力。在成文法以外，不承認習慣法的存在。此說為前述成文法萬能主義的產物，

其缺點已如上述，故本說並不足採。

(2)司法的確認說

本說認為習慣須經司法機關適用於裁判後，始有法律上的效力。然而本說亦不無缺點，因為習慣法在司法機關適用於裁判之前，固已通行於社會，並不因其未經司法機關適用而失其法規範效力之性質。所以本說亦不足採。

(三)折衷說

本說認為習慣之所以成為習慣法而具有法規範效力，在實質是必須一般人確信該習慣具有法律的效力，而在形式上也必須經國家有權機關對此加以承認。本說只是結合上述法律確信說與承認說，是其缺點一致，有其不可採處。

而若就上述三說加以評論選擇，吾人認為仍以法律確信說較能說明習慣何以具有法規範的效力，因此成為習慣法。因為人類共同社會生活之維繫，有賴於社會內部的共同情感。苟無此社會內部的共同情感，社會必呈分崩離析的現象，法律的效力即無由產生。我國向來的判例也承認此說，例如最高法院 17 年上字第 613 號判例即稱：「習慣法之成立，須多年慣行之事實及普通一般人之確信為其基礎。」

習慣若已為法律所承認，則究其實質，已非本處所討論的補充法源問題，因為經立法機關立法承認的習慣已經成為成文法的一部分，屬於法律適用的問題。例如我國民法第六十八條第一項、第二百零七條第二項、第三百一十四條、第三百七十二條……等條文均屬之。這些條文並且明文規定各該習慣有優先於其他成文法的效力，因此在法律適用的順序上，亦應以這些條文中所規定之習慣優先於其他成文法而為適用。

習慣法的援用，係指法院將習慣法作為判決的大前提而言。民事，有成文法可以適用者，在適用次序上，以成文法優先適用；無成文法明文規定時，基於平等的要求，應先考慮類推適用的可能性，在無法類推適用時，方可適用習慣法，所以稱習慣法，為補充法源。至於法院在援用習慣法時，

則必須有以下的認識：

①成文法勢必有許多缺漏、不備之處，因為法律條文有限，而法律所欲規範的事務則無窮。法律條文不可能網羅一切情況，事先全部加以規定，所以必須有習慣法等補充法源予以補充。

②習慣法可發揮很大的社會統制力量，對社會秩序的安定與維持，有很大的貢獻。因為習慣法的援用，有助於法律秩序的安定性，而法律秩序的安定性也是法學上追求的目標之一。此乃因考慮既有的習慣，並加以援用，足以彌補法律規定的不足。從國家統制的觀點而言，國家本不須事事干涉人民，因此援用現有的習慣規範人民，在結果上將更有利於國家對社會的統制。

③依照我國民法第二條的規定，習慣的援用以不違反公共秩序或善良風俗者為限。所以公序良俗是法院可否援用習慣的判斷基準。倘習慣與公序良俗相牴觸時，法院不可承認該習慣有法規範的效力，亦即不能將其當成習慣法而加以援用；而倘若習慣與公序良俗不相牴觸，又存有法律條文未明文規定的情況，則法院可考量該習慣援用為習慣法。

④成文法在制定公布後，法院當然有義務去適用；法院在應該適用成文法的情形下不適用成文法，將構成違法判決。至於法院對習慣是否要承認其為習慣法，有相當大的衡酌空間，必須考慮公序良俗的問題。所以習慣法的效力與成文法的效力不同。成文法有一般性的、形式上的拘束力，而習慣法的效力僅及於援用此習慣法所做成判決的具體案件，不能和成文法一般享有形式的、一般性的拘束力。換言之，各地風俗習慣或有不同，甲地法院援用一習慣，而在乙地法院有可能認為該習慣係違背公序良俗而不加以援用，並不能因此而認為乙地法院的判決違法。因為法院對於個案是否應該援用習慣法，有相當大的衡酌空間，而當事人並無權利強迫法院援用某某習慣。同此道理，即使在同一法院，不同的法官關於公序良俗的考量，也非當然一致。只是為了維持法律秩序的安定性，除非有特殊的理由，否則法院對過去的判例均予以相當程度的尊重。

⑤於刑事法領域內，由於罪刑法定主義自十九世紀末期以來的發展，習慣法不能作為判決的大前提，即不得為判罪的依據。但習慣對於刑事法並不是完全沒有作用，特別是對於刑事法的解釋，習慣仍然具有相當大的影響力。例如對於刑法第二百四十七條第一項關於損害、遺棄屍體的解釋，必然會受到當地對屍體處理的風俗所影響。至於在民事法領域內，習慣法的援用，特別是在商事法、身分法領域內占有相當重要的地位。現代的商事法，多半是淵源於從前的商事習慣。甚至對於正在形成中的商事習慣，立法者亦常予以尊重，不以立法干預。例如德國商事法中有關動產擔保交易的相關制度，就有意的不予立法規範，而留予法院以援用習慣法的空間。至於為何在商事法的領域，商事法與商事習慣會有如此密切的關聯，主要是商業上的習慣極富技術性，而與倫理、道德的觀念較為疏遠，所以容易因此由商事習慣轉變而為習慣法。並且在商事法的領域中，由於國際貿易的發達、交通的頻繁，各國的商事法逐漸有統一的趨勢，而變成世界法的傾向。而此種傾向也從統一的習慣轉化成習慣法而獲得助力。習慣法對身分法的影響也很深，特別是傳統固有的身分習慣，富有濃厚的道德倫理觀念，所以要撇開傳統的習慣，吸收外國的法律制度，並不是件容易的工作。因為倫理道德的觀念，在中國早已根深蒂固，難以改變，所以在身分法上就難免要多遷就傳統的習慣。

⑥習慣法在法律上而言，是相當重要的補充法源，在法學上，要透過法律社會學的研究，不斷的調查，作為辦案的參考，或於法律無明文規定時，補充法律加以援用。

二、判例的援用

判例，在民法第一條中雖然沒有明文將其列為補充法源，但其實為重要的補充法源之一。特別是在英美法系國家，關於判例有所謂的「判例拘束原則」(stare decisis) 的傳統觀念，使判例在實質上具有大於制定法 (statute law) 的重要性。英美法國家固然也有許多制定法，但因為判例拘束原則的

作用，事實上使判例法 (case law) 成為最主要的法源，制定法反而是為補充普通法 (common law) 之不足而制定，因此其只居於補充普通法的地位。然而就其適用次序而言，有制定法規範者優先適用制定法。但適用次序的優先仍無礙於制定法只是補充普通法的補充的地位。

英美法系的主要法源為判例，與其相對，大陸法系的國家則以成文法作為主要法源，判例反而僅居於補充法源的地位。然而儘管如此，判例在大陸法系國家仍然具有相當大的作用，特別是由最高法院判決所形成的判例，不但會影響下級法院的法律見解，也會因此具有相當大的社會統制作用，其亦為主要的補充法源之一。在屬於大陸法系的我國，如上所述，判例在民法第一條中雖然沒有明文規定其為補充法源，但就其為補充法源的重要來源而言，則無人懷疑最高法院「變更判例」之決議。

在我國所謂判例通常是由最高法院所作成，下級法院的判決，很少稱為判例。但在日本，最高法院的判決固然為判例，有時高等法院的終審判決，也可作為判例。然而關於判例作為補充法源所應討論的重點不在於作成判例的形式，而在於判例的效力和其援用的過程，特別是在英美法系國家，判例是經由何種過程所作成？判例拘束的原則是否不可更改？等問題。

㈠判例的效力

與習慣法的效力相同，判例不能享有如成文法一般的拘束力，其拘束力僅及於援用該判例作成判決的特定案件。換言之，判例僅就其被援用的個案發生拘束力而已。但判例在事實上卻常超越此而享有相當大的拘束力。所謂判例事實上的拘束力，特別是在我國現行制度下，判例的作成、變更，必須經過相當繁複的手續，因此使判例在事實上享有相當大的拘束力。依照法院組織法第五十七條及司法院變更判例會議規則等規定，關於判例之變更最高法院不得獨自變更，而必須聲請司法院院長，召開變更判例會議，方能變更，其手續相當繁雜。所以判例一旦作成，在我國即難加以改變。而實務上也很少有變更判例的情形。有案可查者，至今只有一次，即 66 年例變字第一號關於共同侵權行為之要件，將 57 年臺上字第 1798 號判例認

為共同侵權行為之行為人必須有意思聯絡之要件，變更為只要行為人的行為共同，不須要有意思聯絡即可成立共同侵權行為。如此使共同侵權行為的要件容易符合，而由於共同侵權行為之行為人須負連帶賠償責任，則就被害人的觀點而言其所能獲得的保障更為優厚。

判例在事實上具有強大的拘束力，考其原因不外乎有下列幾個理由：

①法律秩序安定性的需要。判例一旦作成、確定下來，因為法律安定性的要求即不宜輕易加以變更。

②判例一旦公布以後，下級法院大抵會遵從判例以作成判決，根據審級制度的設計，下級法院如果作出與判例不同的判決，其能維持的機率少，若案件有上訴的情形該下級法院的判決難免要被撤銷或廢棄，連帶的也會影響法官的考績，所以事實上法官對判例都予以相當程度的尊重。

③基於法官處理個案思考的便宜，亦即訴訟經濟的觀點，在有現成的判例存在的情形，法官依照判例判決，將節省法官思考的時間，符合經濟性的要求。

④即使是判例所由來的最高法院本身，其內部基於同僚間彼此之尊重，對他庭所形成的判例也會盡量維持。

基於以上四點理由，判例在事實上享有相當大的拘束力。但判例除此事實上的拘束力外，是否享有絕對的拘束力則有待進一步的討論。總體來說判例的拘束力與一般成文法的拘束力仍須加以區別。判例的拘束力，並非形式上的、一般性的拘束力，亦即非如成文法的拘束力。所以關於違背成文法的違法判決，可以作為上訴第三審的理由，但違背判例的判決，一般而言，不能僅以此作為上訴第三審的理由。而下級法院基於社會目的的考量，認為過去的判例不合時宜想要加以改變之，而提出不同於舊判例的新法律見解，此時其判決並非當然「違法」，亦不當然因此構成上訴第三審的理由。而對於此等情形，假使當事人上訴於最高法院，最高法院對下級法院與判例不同的見解，亦不能率爾加以推翻，解決途徑則至少有二：一者維持過去的判例，撤銷或廢棄下級法院的判決發回更審或自行裁判。或

者承認過去的判例確實不合時宜，呈請變更判例會議，變更判例後，再予判決。

違背判例的判決，並非當然違法。違背法令可作為再審的理由，但違背判例則非可作為提起再審之訴的理由，所以判例與法律的效力仍然有差別存在。

㈡判例的援用過程

在英美等判例法國家,判例的援用過程大致上與類推適用的過程相當。在決定判例是否可以援用至本案時，必須視本案與判例二者在事實上的類似性而定。涉及本案的判例可能不只一個，此時必須由各種角度，將涉及本案的多數判例加以整理，透過歸納的方法，由這許多判例中歸納出一個一般性的規範，再把這一個一般性的規範作為大前提，利用演繹的方式以決定其是否可以援用於本案。所以在英美法國家判例的援用可以說是歸納法與演繹法兩種方法的結合。

在判例的援用中，最為關鍵的問題，是如何決定過去的判例與本案有關，亦即判例的援用最重要的問題在於發現判例與本案間的類似性，亦即判例必須與本案間的事實有類似性，才可以在本案中被援用該判例。而判例與本案事實之間是否有類似性，決定於二者之間的主要性質是否相符。此等判斷涉及目的之考量，必須由法律目的及社會目的的角度加以判斷，認為判例與本案事實之間主要性質相符合，方可以加以援用。

判例拘束原則，乍看之下似乎其功能僅止於限制法官的思維，使法官無法改變舊有的法律見解以創造法律。然而在實際運用上則不然。因為在決定判例與本案事實是否具有類似性之時，由於其涉及法律目的與社會目的的考量，所以法官於此擁有極大的裁量權。在於英美法上，有一法律推理上的技術稱為「辨別的技巧」(art of distinguishing)，在辨別二案是否相同的過程中，法官可以考量法律統制的目的，將結論導引到符合法律目的的方向。當法官考量的結論認為，判例之援用在本案中與法律目的相符時，法官可以強調二案在相似處的重要性，因而可以在本案援用判例。反之，

則強調二案在相異處的重要性，藉此而不援用判例於本案。所以透過此等分辨的技術，法官即可把判例的發展導引至法官內心理想的法律目的與社會目的，亦即其社會價值觀的確信 **⑲**。

其實律師也是靠著分辨的技術去影響法官，一個對案情有充分了解的律師會將過去的判例中，有利與不利於當事人的各事項加以臚列。並且在辯護意旨中對有利於當事人的事項，強調其類似性，對不利於當事人的事項強調其差異性，並依此等資料影響法官，使法官在無形中接受其意見而形成判決。

由上之說明可知英美法所謂判例拘束原則，並非死板生硬的要求法官在本案中適用判例。因為在實務上，關於分辨的技術，根本上決定了法官是否援用判例。而英美法系國家之法學者常自誇其法律體系深富彈性、韌性，判例法的體系可隨時適應社會變遷的需要，並隨時隨著法院的判決而改變，因而認為法律的發展是一種成長的過程，自有其深邃的道理。

至於在大陸法系國家，判例的機能，主要是透過判例對一定的法令加以補充，藉此以維持法律秩序的安定性。特別是成文法典往往包含許多文義不明確的法律名詞或抽象、概括性的法律概念，例如「公序良俗」、「重大事由」等，為確定其文義，判例法的研究，是不可或缺的方法。

法官在適用法律條文時，遇有概括性的用語，其解釋範圍通常固然係由立法者考量各種情況，事先授權給法官，隨時賦予法律條文新意義，以符合社會需要。但此時法官的解釋如果沒有適當的標準，則法官的權限將漫無限制，因而有危及法律秩序安定性的危險。所以法官在解釋此等概括性的法律概念時，為顧及法律秩序的安定性，就有參照過去判例的必要性。

在我國除了判例之外，另有所謂民刑庭總會的決議。此等決議在法學上的地位，介於學說與判例之間，而不可與判例相提並論。判例有拘束力，其雖非如成文法有一般形式上的拘束力，但實際上判例仍強而有力的拘束

---

⑲　具體評論法官為何在不同案件中援用判例與否，請參看 Jackson, B. S., "Narrative and Legal Discourse", in: Nash, Ch. (ed.), *Narrative in Culture*, London, New York: Routledge, 1990, p. 38 ff.

著法院的判決。至於所謂的民刑庭總會決議是最高法院為統一適用法律、並統一各級法院對法令的見解，所召開的會議，其性質與判例不同，充其量只是在事實上也擁有程度不同的拘束力罷了。因為就司法實務而言，當有訴訟案件在最高法院進行，而最高法院的法官對某些條文之解釋有疑義時，固會參考民刑庭總會的決議；而下級法院為判決時，事實上同樣也會參考該等決議，所以說民刑庭總會的決議在事實上也有相當程度的拘束力。然而儘管民刑庭總會的決議，在事實上有其拘束力，但就其本質而言，卻只是一種具權威性的學說，亦即其與普通學者的學說不同者，乃在於其係由最高法院即國家有權威的機關所作成而已。

三、學說的援用

㈠學說的效力

學說的效力與判例的效力相類似，雖然學說沒有形式上的拘束力，但在實質上也具有很大的影響力。又學說所能發揮的影響力或其影響所及的程度與範圍，按各國法律制度、法律文化的不同而有不同。

在古代羅馬，法學者的學說擁有很大的權威性。事實上羅馬法不但不是一部完整的法典，邏輯上也未見周延。乃至於歷任及當任皇帝所頒布的敕令、過去法院判決的先例以及學者的學說所構成。而羅馬法之所以有體系，乃是從五、六世紀，一直到十九世紀經過千餘年來學者對其加以刪減、整理而形成。特別是在七至十二世紀這段期間，羅馬法學者的貢獻例如註釋法學派、後期註釋法學派的學者，都有其不可漠視的地位。

古代羅馬法學者的學說很有權威，因為在當時法令並不很齊備，法院在適用法律有困難時，往往都請教於法學者，而皇帝也特別授權給法學者，可為法令的解釋。學者對法令的解釋，是依皇帝賦予之解答權 (jus respondendi)，其所為的法律上見解、解釋，有其特別的、形式上的拘束力，其內容就代表著有權威的形式上法律。因此法學者的地位在當時至為崇高。羅馬法的研究，在中世紀是以義大利為中心；中世紀以後，特別是近代初期，

由於歐洲各國有許多法學者至義大利研究羅馬法，學成歸國後就在本國介紹羅馬法的思想。例如德國就在此種情形下，使固有的日耳曼法在很多領域逐漸被羅馬法所取代。並且，因為日耳曼法是德國各地方性的習慣法，各地不同，而羅馬法由於其具有普遍性，乃成為德國全國一體適用的法律。故羅馬法於十九世紀藉由學說的助力演變成德國通用的法律，而日耳曼法則反退居於習慣法的地位。1887 年德國民法典公布，並在 1900 年施行，這部法典其實就是過去一世紀以來德國對羅馬法研究成果成文化，並取得形式上的法律地位。此後，由於有此成文法典的制定，學說已非法律的一部分，其重要性自大不如前。但是否學者的學說於此即變成不重要？事實上亦不盡然，法典公布以後，同樣的會有新的社會問題發生，原有的法典須經過新的解釋才能適用，所以在法典公布後，學說的地位仍然十分重要。

十九世紀末期，社會劇烈變遷，如何使現有的法律符合社會的需要，如何透過法律的解釋，促成法律的社會化，此不僅在學理上有討論的價值，在司法實務上也有其重要性，而由此亦可見學說在當今社會仍然占有很重要的地位。在英美法的情形，學說不一定可以當作法源，但其地位仍然相當重要。特別是判例法本身欠缺體系，由學者對判例加以分類、整理，甚至條文化，成為所謂的「重申」(restatement)，對法律實務有很大的助益。至於在我國，以目前的情形而論，學說也占有相當重要的地位。我國現行法多繼受西洋近代的法律制度，學者對法律的解釋，特別是透過比較法的研究，對被繼受國法院的判決加以介紹，對我國法院的判決事務也產生相當大的影響力。不過，目前我國的判決，對學說的探討仍然很少，不如外國學說的討論在判決中占有相當重要的地位，此或由於我國法院的判決在說理的過程上保守的態度所致。法院的判決不僅在事實的認定方面要求盡量詳細，對如何達到判決結論的論理過程，也應該明白敘述。對於與應適用的法律條文有關的學說或法律見解有多數時，法官應該在判決中判斷、衡量各種見解的利弊得失，如此所獲得的判決才具有說服力。

學說在法學上，除了有上述的影響力以外，最重要的任務乃在為法院的判決提供裁判的資料。特別是法律社會學的研究、比較法的研究等，由

於法官能用於法律研究的時間甚少，此時由學說適時的提供此等資料，對司法實務將有極大的助益。

㈡學說的種類

法學上的學說與經驗科學（亦稱經驗分析科學 empirical-analytical science）上的學說相比較，經驗科學上的學說多為有關事實研究的學說，而法學上固亦有此類學說，但從經驗科學的觀點來看，究竟多為詮釋學 (hermeneutics) 上的學說。不過經驗科學性的法學學說，有其獨特的重要性，日後有強化對其研究的必要性。

1. 經驗科學性學說

以法律社會學上的許多調查研究為基礎，所提出的學說例如：為何少年犯增多？為何票據案件增加？為何竊盜犯增加？為何離婚案件增多？其主要原因為何？或一部法律頒布施行後，有關社會上所引起的結果，乃至於社會上有何新習慣法的形成等理論上的研究，或由事實上的研究所提出的學說，皆為科學性的學說。此等學說，若在學者間有見解不同的情況時，可以透過科學對事實的調查以及對邏輯的分析客觀的加以解決。

2. 詮釋學上的學說

詮釋學上的學說，係涉及到法條的文義，當有二個以上的解釋可能性時，所涉及的學說，多為此類性質的學說。例如民法第七條規定，胎兒以將來非死產者為限，關於其個人利益之保護，視為既已出生，關於此一條文的解釋，在法學上有二說，即有二種不同的法律解釋。一說認為所謂以將來非死產者為限，係屬解除條件，另一說則認為，所謂以將來非死產者為限，係屬停止條件。關於此二學說（解釋）何者為妥，涉及政策性的考量及法律目的、社會目的的選擇問題，此涉及解釋者個人政治上立場的傾向、乃至於涉及個人的價值判斷、倫理判斷等等。

關於詮釋學在法律上的學說，在法律目的相當明確時，就多種詮釋學上的學說中，關於選擇何種學說較為妥適的判斷，仍有相當程度的客觀性。亦即為實現一定的法律目的，採取何種學說最為有效。此乃屬於對於一定

的法律目的，判斷其手段（學說）的有效性問題，自然可以「客觀」[20]的加以解決。但是，倘若法律的目的不很明確，特別是在社會劇烈變遷之時，法律目的與社會目的已有相當差距，則會產生目的選擇的問題，此時已非純粹涉及認識的作用，而是有待於解釋者個人的態度、價值判斷加以決定。

　　由以上的說明，可知經驗科學性學說與詮釋學上學說不同。對於經驗科學性學說，可以探究其是否與事實相符，其真假如何，可以經由事實的調查與理論的分析加以客觀的判斷。至於詮釋學上的學說，係以一定的目的（法律目的或社會目的）為前提，倘若目的本身發生歧異則必須有所選擇，因此詮釋學上的學說並非重在真假如何，而是重在其學說是否具備妥當性[21]。例如有關胎兒利益的保護，學說上見仁見智，主張解除條件與停止條件者各有理由，但是如將法律的目的定於胎兒利益的保護，則民法第七條關於將來以非死產者為限一點，似以採解除條件說較為妥當。但停止條件說在法律解釋上亦非無可能，在將法律目的定於交易安全之保護時，停止條件說就有其說服力。而欲就此二學說間作一抉擇，其關鍵乃在於目的的選擇，並非由理論分析即可作成判斷。又例如民法上父母對子女特有財產處分的法律效果，是得撤銷還是無效的問題，亦屬同一情形。具體言之，關於詮釋學上的學說，由於其間之爭執涉及目的衝突、價值判斷的問題，所以論爭者只能羅列更多的事實來說服他方，而非論述學說的真假性

---

[20]　此處之客觀非屬前文之客觀，而僅屬一種相對的互為主體 (intersubjective) 的客觀；至於經驗科學上的客觀是否屬純然客觀 (objective)，從當代科學哲學的觀點而言，亦不盡然。例如費爾阿本德 (Paul Feyerabend, 1924–1994) 並不廣泛討論科學之客觀性問題；然而，當其書中出現「客觀性」一詞，則該詞大部分具有一種負面的意涵，例如該詞之出現表示有人想簡化科學史及現象之多元性而進行「洗腦」(Gehirnwäsche)；參看 Feyerabend, P., *Wider den Methodenzwang*, Frankfurt/M.: Suhrkamp, 1986, S. 16.

[21]　關於此點，參看黃茂榮，《法學方法與現代民法》，臺北：臺大法學叢書，增訂再版，民國 86 年 9 月，頁 270 以下。其次，另可多加參考德國哲學家葛達姆 (Hans Georg Gadamer, 1900–2002) 及德國法學家艾薩 (Josef Esser, 1910–1995) 等人有關詮釋學之文章。

質。但在現行司法實務上，司法者對經驗科學上的學說及詮釋學上的學說的區別，並無明白的認識，是其對詮釋學上的學說是以何種理由加以採取一點，多無充足之理由說明。而在法學教科書上，關於條文文義有疑義時，固羅列出許多學說加以解釋，並在最後列出通說的見解，但此等說明方式，未詳盡說明各種學說的優劣，及其作此等學說選擇的目的考量，顯有未盡完備的遺憾。

事實上，關於詮釋學上的學說的選擇，是一種解釋者個人的價值判斷，此種判斷無法訴諸於通說加以決定。並且要判斷詮釋學上的學說的優劣，除了法律目的的考量之外，尚須考慮到該學說是否符合整個法律秩序的體系性，此即法律秩序安定性的考慮因素，而在考慮其目的，作出合目的性選擇的同時，也要兼顧具體的妥當性，即正義問題。換言之，法秩序的合目的性、安定性及具體的妥當性，此三因素在選擇詮釋學上的學說之時，均應顧及，由法官個人憑其良知，對法律秩序所抱持的態度、對社會未來秩序所抱持的理想而妥為決定，此非是訴諸權威學說，即可交差了事。

(三)學說與判例

判例的本質也可以說是「學說」的一種，學者的學說與判例在「本質」上並無不同，只是判例為有權威的國家機關所作成之解釋，而學說則否。不過學說與判例二者的關係仍然十分密切，學說一旦經法院此等有權機關所採用，即轉而成為判例。是以學說之重要性，並不亞於判例，甚至透過學說還可以促進判例的變更，使整個法律秩序進步，如此益見學說的重要性。

判例須有具體的事件發生，透過法院的判決方可形成，而與此不同的，學說也可以在事實未發生時，即對其預先加以考慮、討論，而後提出看法。在外國，由學說轉變成法律的情形亦非無先例，例如現代美國的證據法，就多歸功於學者——如威格墨 (John Henry Wigmore, 1863–1943)——對證據法則的研究。而由此亦可見學說不但對司法判決有影響，對於立法往往亦有很大的作用，可見學說具有相當的重要性。

就民事案件而言，學說固然可以被作為一種法源而直接援用，即使在法源限定最嚴格的刑事案件方面，學說雖然不可以作為直接適用的依據，但學說對刑法的解釋，仍然有很大的影響力。例如關於共犯的認定，究採行為共同說或犯罪共同說即有很大的差異。而由此亦可見，學說除了在民事法領域討論其法源的地位有其意義之外，學說在一定程度上亦影響著其他法律的適用，在法學上有其獨特的重要地位。

㈣學說的濫用

學說在司法實務上固然有其重要性，但如受到濫用，則往往適得其反的對判決活動造成反效果。例如有關法人的學說有許多，這些學說如果是針對於如何辨別法人及非法人，即將其當作一種定義來了解，或有價值。但如果依照一般人的態度，過分地相信學說，認為先有學說，方可以據此具體的加以判斷以作成判決，則不免過分偏激。法院為判決，其考慮的因素，應為十分實際的問題如社會問題、經濟問題等等，因此如何運用、解釋法律以解決具體問題，應由實踐的角度即目的之考量妥為判斷。是以在有些教科書上，雖然臚列了許多學說，但對學說與具體判斷間的邏輯關係卻沒有詳盡說明。此是假借學說之名，簡單獲致結論而了事，不但呆板，而且易使思考混淆不清，應盡力避免。

許多法學上的實踐問題，本不是單由抽象的學說而即可以獲得解答，如陷於此等誤會，則將陷入概念法學的思考模式，對法學之發展只有妨礙，而無助益。

又學說的地位固然非常重要，但仍須審慎研判以辨別經驗科學上的學說及詮釋學上的學說的不同。經驗科學上的學說係屬經驗科學的範疇，可由邏輯分析及經驗事實予以驗證。而詮釋學上的學說之重點則在於法律目的的考量，須有明確的價值判斷及其所欲實現的法律目的之考量，是以對詮釋學上的學說，非在爭論其真假而是爭論其妥當性。因此，在以詮釋學上的學說作為判決依據之場合，必須將法律目的及其所依據之法學上的價值，明確地在判決書中加以表達清楚，不可模稜兩可。

學說與法律體系性的維持，也有相當密切的關係。在以成文法的法條為基礎，可以依學說而建立一般的法律原理。透過學說對法律原理的闡揚，使司法的整個法律判斷，可以在最大的限度內維持法律體系的完整性與和諧性。因為學說通常具抽象性質及高度的一般性，可以適用到範圍廣泛之問題，使眾多問題的解決不至於發生衝突，避免法律體系內的矛盾。

學說可歸類為經驗科學上的學說與詮釋學上的學說已如上述。經驗科學上的學說可以借助於邏輯的分析與經驗的判斷以斷定其真假，而詮釋學上的學說則應明確的說明其價值觀點與目的的考量。因此如果無法由邏輯分析或經驗的判斷以斷定學說的真假，並且學說的背後又無明確的法律目的與價值判斷，則該等學說將淪為無意義的學說，其對實際法學之判斷了無幫助，只能稱為一種文字遊戲而已。

四、法　理

法理在民事領域，亦為形成判決大前提的主要法源之一。

㈠法理的涵義

法理的涵義，學者間尚無定論。通常認為法理為法律一般的原理。日本民法，不曰法理而稱「條理」；德國民法上亦無所謂法理之字眼，但法學上，學者則常提及法律的一般原理和事物的本質等。

①倘若將法理當作法律的一般原理來解釋，是指一般人所承認的共同生活的原理，例如正義、衡平等一般性的法律原理。則此所謂的法理在進行體系解釋、社會法學的解釋時，即為應斟酌考慮的因素之一，亦即此一般性的法律原理，應已吸收在法律秩序的成文法中。法理如作此等理解，則在對成文法作解釋時，即應加以斟酌，而非我國民法第一條所謂的「法理」。

②倘將法理理解為條理、情理、事物的道理，亦即我們可以憑藉理性加以判斷、認知的事物的道理，則法理往往可以直接作為法官裁判的依據。

所謂事物的道理，就德國人而言，常稱為 "Natur der Sache" 即依事物的本質而為解釋。㉒ 一切成文法，乃至於習慣法，皆莫不以此一意義下之法理作為基礎。亦即成文法、習慣法已將法理的大部分加以吸收，但此不意味所有的法理都已為成文法或習慣法所吸收。在成文法、習慣法之外，還有一些未包含於其內的法理，所以法官在遇有成文法未為規定的事件，而又無習慣法可以援用之時，尚可以此未為實定法所吸收的法理作為判決的依據。

持此說者，多為自然法論者，渠等認為法律不外理性。據此，法理當然是可依理性加以判斷、認知之事物的道理，而可作為裁判之依據。如採取法實證主義者之觀點，即不免對法理的存在產生許多疑問，因此「理性」者也，一般而言，只是判斷是非的能力，尚非現成的法理規範，其直接作為判決的依據似嫌薄弱。㉓

③然而，傾向利益法學的學者例如黑克 (Philipp Heck, 1858–1943) 則認為實定法秩序已包含在法理之內，所以法理不但可作為實定法秩序的基礎，並且其可作為實定法秩序基礎之價值體系、利益衡量之標準。亦即立法者對於各種問題或利害衝突，表現在法律秩序上所可獲得立法者之價值判斷。因此，當成文法就具體事件未為規定，而又無習慣法可以援用時，法官應盡可能地發現立法者究竟對當前的利害衝突，會作如何之價值判斷與利益衡量，再把此等立法者利益衡量的標準及價值判斷援用到本案。不過所謂立法者的利益衡量與價值判斷，和所謂法律的一般原理，名稱雖然不同，但意義卻相近。假使由現有的法律制度無從判斷立法者所預設之價值標準，則依此說該案件即失卻裁判

㉒ 有關事物的本質，請詳看本章的附論。

㉓ 在此應注意，基於歷史經驗及成文法被納粹濫用的事實，德國法學在二次大戰後，廣泛肯定此種成文法外所存在的「法理」；當年相關著作之多，使學者稱之「自然法浪潮」(Naturrechtswelle)。若想理解其主要論述以及其與法實證主義的對話，則不妨參看 Maihofer, W. (Hrsg.), *Naturrecht oder Rechtspositivismus?* Darmstadt: Wissenschaftliche Buchgesellschaft, 1972.

之依據。

從上面有關法理定義之討論，可以幫助我們進一步理解我國民法第一條所謂「法理」的意義。民法第一條所謂「依法理」有幾點是很清楚的：

①在民事法領域，當無成文法規定，亦無習慣法可以援用時，可依法理來裁判，所謂法理，可理解為法律的一般性準則與規範。

②此等法律的一般性準則，是現有的法律秩序，包括成文法、習慣法，所未涵蓋者。

③依法理裁判當然有所限制，法理必須與整個法律秩序相調和，方可作為裁判之基礎。

依如上所述三點認識，法理似可作如下之了解：法理為實定法外與法律秩序互相調和之一般性法律準則，而可作為裁判之依據者。

㈡法理之法源性

關於法理，一般學者在討論時，往往會提及法理是否為法源的問題。對此問題，自然法論者與實證主義論者的見解有極大的差異。

①自然法論者認為法律不外乎理性，而法理即是法律的理性。理性是法律的淵源，不論成文法、習慣法都由理性而生。法理既是法律根本的淵源，故當成文法未有規定，亦無習慣法可資適用時，法官當然可依法理審判，因此法理當然是法源。

②法實證主義論者，在認定法源時，著重於可以實定的法律淵源，例如成文法、習慣法、判例等具體的法律，認為此等具有實定性質者才是法源。而法理不具備此等實定性質，因此法理非法源。

上述爭論，涉及法源的定義。若將法源定義為可作為判決依據的現成規範，則法理因為其非為現成規範，當然不是法源；但若將法源的定義放寬，不限於現有的法律的一般規範，包含法官將來因應各種案件而即將創設的一般性規範，則法理又可以被認為是法源。因此，上述之爭論，只是對法源定義的不同，並沒有實質爭論的必要。

至於法理是否為法源的問題，之所以爭論不休，是因為在具體個案若

無成文法明文規定，又無習慣法可資適用時，法官是否可以依據個案的性質，乃至於依據法律的目的考量，自由地創設一般性的準則加以裁判？這個問題的答案，會因對法理是否為法源問題解答的不同而異。不過，在我國民事案件而言，其回答當屬肯定，因為民法第一條已對此問題明白的加以肯認。

是以在我國問題的重心乃轉而為允許法官自由地創造一般性的規範之際，法官的司法立法與立法者的立法意旨間究竟有何關聯？關於此一問題，參考瑞士民法第一條之規定❷，法官在法律未規定，又無習慣法時，應自居於立法者的地位，自己創造法律的準則，亦即自居於立法者的地位，想像其對當前案例將會訂立之準則，而基於此進行裁判。可見我國民法第一條之原意，是授權法官可以自己創造法律準則對個案加以裁判。但為了防止法官恣意創造法律，瑞士民法第一條同時規定，法官於創造法律時，須遵守已經確立的學說、判例。因為法律秩序不可以因為允許法官依法理裁判，而失去其體系性，更不可因此而影響於法律秩序的安定性。

瑞士民法第一條，可以說是將當時自由法論者之主張成文化的結果。自由法論者肯認法律必有漏洞，無論法律如何完善，在社會變遷的情況，時過境遷，法律漏洞即難以避免。遇此情形，法官可以自由發現活的法律，填補該漏洞。習慣法亦屬活的法律，但倘若在個案中亦無習慣法可以適用，法官則可依據目的之考量及個案利益之衡量，自己創造準則填補法律的漏洞。此即所謂的司法立法（法官造法）。

瑞士民法制定之時（西元 1910 年），一方面是自由法論高漲之時，但他方面自然法論亦引起不少批評。批評者謂自由法論為感情法學，法官若可自由創設準則時，則法官之感情，法官之喜、怒、哀、樂均將滲入法律之中。為了避免此等批評，瑞士民法起草人（如胡柏 (Eugen Huber, 1849–1923))，在擬草瑞士民法第一條時，花費了相當苦心。瑞士民法第一條使用 Regel 一字，在德文裡，此字代表一般性的準則，亦即此一準則，應具有一般性，以便日後苟遇有同樣的事件，x 再度發生時，仍可以依照該準

---

❷ 我民法第一條規定乃繼受瑞士民法第一條之規定。

則裁判。所以依照瑞士民法第一條的規定，法官雖然可以自由創造法律，依法理審判，但法理仍須達到一般性準則的程度，方可作為裁判的大前提。換言之，法官此時雖可自由地發現法律，亦可據自己的分析加以裁判，但法官仍應明白的確立判決一般性之大前提（即法理），而後再將該已確立的大前提適用於本案，以求得具體的結論。亦即法官依法理裁判，判決的形式仍然不可變更，維持三段論的形式，才可以防範法官的裁判流於恣意，避免感情法學之譏。

至於援用法理的時機，在具體的個案，最好是能經過以下程序的考量：首先對於任何案件，在有成文法可以適用時，應適用成文法。次而考慮是否可以進行類推適用，再次考慮是否有反對解釋的可能性。在經過上述考量而仍無法得到判決依據時，則進一步考慮是否有習慣法可以援用，在無習慣法可以援用的情況下，才能依法理而裁判。

相對於變遷中的社會情勢，法律必然有欠缺，法國民法第四條規定：法官不得以無法律規定為由而拒絕裁判，即明白承認此一事實。而德國民法第一草案亦云：法律未設規定，類推適用其他規定；無其他規定時，適用來自法律精神之原則，亦同斯旨。而類推適用之考慮所以優先於法理的援用，其理由無非是顧及法律適用的公平性。換言之，相似的案件應該相同的加以處理，特別是在有成文法對相似的案件加以規範的時候，類推適用該成文法，不但符合於公平的原則，亦能符合民法第一條將成文法列於優先順位的立法本旨。

法理援用的時機，可以用民國 42 年之前民用航空法立法之前飛機失事撞傷地面上行人，致被害人起訴請求損害賠償的例子作說明。上述案例依法院一般之見解，乃歸屬於民法第一百八十四條之侵權行為損害賠償事件。依一般之舉證責任分配原則，應由被害人負舉證責任，證明加害人有故意過失，才可獲得損害賠償。但於空難之際，被害人多無足夠的專業知識與能力證明航空公司或飛機駕駛人在飛航上有過失。而舉證困難的結果等於否定其損害賠償請求權，如此與正義、衡平的觀念不符合，有違社會具體的妥當性，法官依其正義感與法學素養，認為要使被害人獲得損害賠償方

為正當。因此法官在此類案件中乃排除一般的舉證責任分配原則之適用，進一步的考慮是否有類推適用的條件。按民法第一百九十條，關於動物占有人所應負之無過失責任，可以使被害人較易於獲得損害賠償。故將飛機比喻成動物，航空公司老闆比喻成動物占有人，即可以類推適用民法第一百九十條的規定。但是此種類推適用，由法律目的加以觀察，固然有其妥當性及合目的性，但由案件的類似性來看，恐怕有疑問，所以在空難求償的案件中類推適用民法第一百九十條的基礎難以建立。

在成文法沒有明文規定此類案例的舉證責任分配，並且亦缺乏類推適用民法相關規定的基礎之時，法官乃開始考慮法理的援用問題。亦即依照衡平並且符合一般人的正義觀感，航空公司的老板在此等案例中並不會因為負無過失責任而有過鉅的損失。並且利用保險制度，航空公司即可將該危險分擔於社會大眾。因此使其負無過失責任，較能衡平當事人間之利害衝突。是此時法官應依照立法者對此類案件的價值判斷、法律目的乃至於社會目的之考量，引據事實、理由，而創設一法律之一般原則，確立無過失責任的法理以適用於本案，而求得一妥當之結果。（按現行民用航空法第六十七條以下，對此情形已有明文規定採用無過失責任主義。）

㈢援用法理裁判的客觀性

就一般情形而論，假使法律的目的相當明確，法官縱然自己創造法理加以裁判，因為須要考慮到法律的目的性問題，所以此時依法理而裁判，仍有相當的客觀性。但假使法律的目的不很明確，或法律目的與社會目的、一般的衡平觀念有所出入時，依法理來裁判，就比較難有客觀性可言。因為此時個別法官的價值判斷對於個案之影響很大，例如上述關於飛機失事的案例，法官依照一般的舉證責任分配加以裁判，亦不可謂其為違法判決，可見此時是否援用法理，如何依個人的正義觀念引用法理，都將因法官個人的價值判斷不同而有異，所以此時援用法理裁判是否具有客觀性，容易產生許多疑慮。

然而，若以論證理論 (argumentation theory) 討論法理之客觀性與否，則

該問題的特質與概括條款 (Generalklausel)、補充性構成要件 (Auffangtatbestand) 等情形似乎完全一樣。法官在審判活動當中認為,如果單以一般成文法的條文適用於本案,將無法提供一個合乎正義感的判決理由。因此以成文法內的「概括條款」(如德國民法「公序良俗」)、「承受構成要件」(一般用之於公法或甚至於刑法),或以成文法外的「法理」為由,寫一個具有充足理由的判決書。若這樣的判決書在說理上無法得到當事人、上級法院、甚至審查合憲性法院(如德國的聯邦憲法法院、美國的最高法院或我國的司法院大法官會議)等的認同,則該判決將被推翻。可是,若其理由既完整、又具有足夠的說服力,能得到當事人的認同(不再上訴)或上級法院的確認(維持原判或給予原判一個基本上相同的,但更為充分的理由),或經憲法解釋後認為該判決的合憲性沒有問題,則可認為該判決的說理已經具有相當的說服力,其所說服的聽眾在整個司法體系而言,已達到相當的普遍性。若評論該判決的學說之多數意見亦贊同相關的理由,則該說理所發揮的說服功能已十分充足;此時,該判決的理由在互為主體的基礎上即具備相當高度的「客觀性」。

第五章
法解釋學的性格與任務
jurisprudence

本章探討重點在於法律解釋有無客觀性可言？如有，究應如何提高法律解釋的客觀性？更基本的問題則在於探討法解釋學是否一門學問？倘為一門學問，究竟是何種性質的學問？

第一節　序　說

　　法解釋學在德文直接相應的名詞為 Juristische Auslegungslehre❶，意指有關法律如何解釋的學說上見解，而且所強調的是學說上各家之言，亦即某一特定學者對於法律如何解釋的特定見解。比較傳統的用語是 Rechts-dogmatik，Dogmatik❷ 係教義、教學之意。因此，Rechtsdogmatik 可以是一門如何透過教育、教學以解決許多法律上問題的學問。例如大學一般而言，在法律學系開設各種法律課程，透過教學的過程闡明各個法律部門，諸如民總、債總、刑總、刑分的內容等，一般習慣上總稱之為法學。唯此乃為狹義之法學，仍與包括法哲學、法律社會學、法制史、法律人類學乃至法律心理學等等在內的廣義法學（或稱法律科學）有別。

---

❶　過去，臺灣不少文獻認為德文的 Jurisprudenz 亦應翻譯為「法解釋學」，唯參考德文相關著作時找不到此說法的依據；參看例如 Tilch, H., *Deutsches Rechtslexikon*, Band 2, G–Q, 2. Aufl., München: Beck, 1992, S. 596. 英文的 jurisprudence 原則上亦同，無論是臺灣發行出版的英漢辭典、英國發行的牛津簡明辭典、美國出版的專門法律辭典，都找不到直接可翻成「法解釋學」的依據，僅在間接的意涵上可以主張 jurisprudence 在功能上必須解決例如法律運用及法律競合等問題。因此 jurisprudence，即「法學」或「法理學」，當然可以具有法解釋學的色彩或包含法解釋學在內，但此並不意謂 jurisprudence 就是「法解釋學」；參看例如《最新英漢大辭典》，顏元叔總校訂，臺北：狀元出版社，民國 77 年元月，頁 781。*The Concise Oxford Dictionary of Current English*, 7th ed., 1982, Taiwan reprint, 1986, p. 545; *Black's Law Dictionary*, 5th ed., 1979, Taiwan reprint, 1989, p. 767.

❷　法教義學 (Rechtsdogmatik) 一詞，亦有人翻之為「法論理學」；在他處，教義 (dog-ma) 亦被稱為不得不信之「教條」。

　　法解釋學或狹義之法學，擁有非常古老的傳統。尤其就私法學而言（公
法學發展較晚），因為古代羅馬法多屬私法領域，在羅馬共和制的末期，已
有所謂法學者的社會階層存在，當時稱之為 "juris consultus"。這些法學者
的主要任務在為負有審判任務的政務官——即審判官 (praetor)——或當事
人提供有關法律問題之見解。此法律問題之解答，稱為 "responsum"，可為
政務官辦案，或當事人間打官司的參考。法學者們則藉此以維持生活，亦
成為一門職業，而其法律知識，即被稱為 "juris prudentia"。"Jurisprudenz" 即
由此字而來，是為今日法學的濫觴。由斯時起，法學即成為一具有實務性
之學問傳統，與神學、醫學並列西洋學問傳統三個最主要、最基本的支柱 ❸。
此一法學傳統究竟如何形成，具體而言，可溯及公元六世紀前後東羅馬帝
國優斯丁尼安大帝編纂《羅馬法大全》之際。在此之前，羅馬法只是一堆
材料而已，包括歷任和當任皇帝的敕令、學者之學說、著作等，相當散亂
無章。優斯丁尼安大帝為使法律能更具安定性、明確性，乃下令召集許多
法學者把過去的羅馬法加以整理、編纂而成《羅馬法大全》（嚴格地說來，
應稱之為《私法大全》），由四部分構成："codex"（正式頒布的敕令）、"novel-
la"（新頒布的令）、"institutio"（法學者的著作）、"digesta"（學說彙編），
總稱為「corpus juris civilis」（私法大全），其主要內容以私法居多 ❹。

　　自此以後，學者對羅馬法加以整理，而大學裡也逐漸開授法理學課程，
甚或有以專門教授法學而成立大學者。約在十二世紀初，有一法學者義納
利烏斯 (Irnerius, 1055–1130)，首先在義大利北部城市波洛尼亞 (Bologna)
之波洛尼亞大學（為歐洲古老大學之一）教授羅馬法，除了整理研究羅馬
法外，並替羅馬法註釋，由各地而來的學生人數很多，羅馬法的研究一時

---

❸ 彼時註釋法學派創始人物義納利烏斯在波洛尼亞大學創立的註釋法學所引帶起
　法學研究風氣，與巴黎的神學、薩勃諾 (Salerno) 的醫學並稱顯學。見柴田光藏，
　《法基礎知識》，昭和 52 年，頁 45。

❹ 所謂《羅馬法大全》係東羅馬帝國優斯丁尼安 (Justinian, 483–565) 大帝命法學家
　特利伯尼安奴斯 (Tribonianus, ?–545) 負責主編，可謂集歷代法典之大成，又稱優
　斯丁尼安法典。

成為風氣，並以波洛尼亞大學為中心，逐漸發展成註釋學派 (Glossatoren)❺。此一學派一方面整理過去的法令、敕令，另同時也對照其意思加以註釋一番，此係前期的法學者。至十二世紀後期、十三世紀時，研究風氣漸漸轉變，已不限於法律文字的註釋而已，甚至在具體案件中應如何解釋法律較為合適、較能符合法律正義亦加以探討，其研究重點與早期以註釋為主之 Glossatoren 有別，稱為 Post-Glossatoren 或 Kommentatoren（後註釋學派）❻。自此時期開始，羅馬法逐漸成為法學傳統，而法學者或在大學修習法律的畢業生，也都能得到很好的職業，諸如顧問、行政官、法院審判官等等，法學者形成一門很吃香的行業❼。尤其至十五世紀時，歐洲各國有許多留學生到義大利留學，歸國時將羅馬法帶回國內，而當時德國尚未有一部統一的法典，各地日耳曼之習慣法不同，但漸因政治上的變動及版圖擴大，有必要把法律予以統一，這些歸國學人所具備有關羅馬法的知識乃派上用場。德國繼受羅馬法系最初是透過行政官個別地向法學者們請求提供法學知識，後來逐漸擴及法院由法官在判決具體案件中亦適用羅馬法。一直到十九世紀，法學者的社會地位愈為崇高，習法乃蔚為風潮，羅馬法的繼受也愈來愈快。這些逐漸透過研究羅馬法的法學者所提供出來的法律意見經過整理，在法學上，持續扮演了相當重要的地位。在十九世紀的德國被稱為「學說匯纂」(Pandekten)，主要即在顯示此時的法學是根據羅馬法的材料、學者的見解加以整理而成❽。

　　西洋法學發展到十九世紀亦面臨相當大的挑戰，斯時資本主義發達，自然科學突飛猛進，以法律註解為中心的羅馬法學（私法學）在十九世紀亦遭受許多批評。其主要的批評是認為如此的法學，特別是羅馬法學是否

❺　同❸，前揭書，頁 45。

❻　是為後期註釋法學派，又稱疏證法學派。係以實務解釋方法註釋羅馬法，而非純原典的理論註釋。詳見戴東雄，《中世紀義大利法學與德國的繼受羅馬法》，1981年，初版，頁 72 以下。

❼　同❸，前揭書，頁 72 以下。

❽　關於德國之繼受羅馬法，詳見 Zweigert, K. und Kotz, H., *Einführung in die Rechtsvergleichung*, Kapitel XI, Geschichte des deutschen Rechts.

成為一門學問？因為，根據當時剛剛興起的自然科學之科學觀念，這個問題的答案顯然大有疑問。如果學者的理想、主張不脫個人主觀的色彩，則其是否絕對正確、是否具普遍之客觀性、有無「科學」上之根據等，一時之間，都成為了問題。這些問題於十九世紀中葉爆發，基希曼 (Julius von Kirchmann, 1802–1884) 於 1848 年發表一篇演講詞〈法學無學問價值論〉(Die Wertlosigkeit der Jurisprudenz als Wissenschaft) ❾。這篇〈法學無學問價值論〉中常被引用的一句話「只要立法者更動三個字，則整個法學圖書館中的文獻全要變成廢紙堆了」，此觀念在當時無異晴天霹靂。當時法學者把羅馬法當作金科玉律、天經地義，絕對不可變動，學者任務是只要將它解釋清楚即可，對此風氣，由身為法官的基希曼口中提出法學無學問價值的說法，當然令人驚異。該演講辭因此被列為禁書，他也被免職。在該書中，他主要提及法學與自然科學不同，雖其研究的對象皆為法則，但自然科學的法則受因果律支配，帶有必然性；法學研究的對象雖亦稱為法則，但與自然科學的法則不同，係應然的，由人的意志力所創造的，非帶有必然性的實然法則。學習法學不可如自然科學家那般的學習，自然科學家只要大腦即可，法學者光靠大腦是不夠的，還要用心、胸懷來學習，人為法則是可變，故應強調法律之可塑性、人為性，主張學習法律不應停留在概念分析的階段，應著眼於促成法學改變之民情風俗上，雖其未強調當年尚未成立為一獨立學門之社會學的研究，但多少包含此意味。

法學者所為之活動，特別是法律的解釋，有無客觀性可言？學者就法學的解釋發生爭執，皆稱自己所為之法律解釋為正確的，此種爭論有無客觀的標準來判斷何者正確？由這些問題連帶衍生而來的，乃是法學可否算是一門學問？此問題自十九世紀中葉，一直到本世紀，皆被反覆地討論。

法學與其他的科學同，有許多學說、理論對立乃至於爭執，法學上的學說可分類為科學性學說及解釋性學說，二者性質不同，須加區別，問題在其間是否有某種關聯，或係彼此孤立，此須加以探討，尤其是如何提高

---

❾ Kirchmann, J., *Die Wertlosigkeit der Jurisprudenz als Wissenschaft*, Berlin: Springer 1848 (Nachdr. Freiburg/Br., Berlin: Haufe, 1990).

法律解釋的客觀性，為其主要的問題點。法律解釋的對立、爭執，約有下列情形：

①對法律見解、結論一致，但對如何導致結論的理論方面可能有許多爭論。

②對結論本身的爭執，則究係如何由現行法律規定得如此不同結論，即涉及法律解釋的問題。

　　法律解釋有文義解釋、體系解釋、社會學的解釋等等，當有數個不同的法律解釋併存且互相對立時，應如何由不同的法律解釋中去選擇一個認為正確的解釋作為基礎來加以判決，則學說爭論更多❿。法律解釋客觀性的問題，有謂有客觀性的標準可對不同的法律解釋來作一客觀的選擇。亦即只要符合該客觀的標準所為之法律解釋即為客觀的法律解釋，此問題透過社會學的研究或是歷史學的研究，是由抽象的原理原則或是由普通的原理原則來作選擇，只要符合社會事實或歷史潮流乃至於自然法的原理原則所為的法律解釋，即為客觀的法律解釋。此方法涉及一個問題，其所謂社會事實、歷史事實乃至於自然法的原理原則，可作為前提而當然演繹出應如何解釋的實踐上之判斷，涉及哲學上一元論的立場或自然主義演繹的關係。

　　另有一不同的看法，認為法律解釋最後的判斷皆取決於主觀的價值判斷，至少是由利益衡量的因素來作最後的判斷。此說多少採取二元論的立場，認為任何法律解釋無所謂絕對客觀的法律解釋，一切法律解釋，特別是解釋性的學說，多少是主觀價值判斷的結果。對此二說，孰是孰非，不必遽作判斷，但至少有一點，此二說皆必須承認法律解釋須求某種程度的客觀性，法律解釋既稱之為「學」，則必須維持某種程度的客觀性，否則各說其是，即不成為一門學問，法解釋學當然為一門學問，以追求客觀性為其使命，尤其是法律解釋的客觀性還涉及許多問題，不得不予以重視。

　　法解釋學的客觀性直接間接涉及法律安定性、公平性的問題。特別是在法治國家，法律並非全是國家統治人民的工具，更重要的在保障人民的

❿　關於文義、體系、社會學解釋，詳見碧海純一，前揭書，頁148–154。

基本權利，約束國家活動的基本範圍。基於此種立場，代表國家行使主權的法官之法律判決，即應維持相當程度的客觀性。特別自二十世紀以來，各種法律的經驗科學之許多研究成果，如何被廣泛的容納，使法解釋學能提高其客觀性，擺脫過去概念法學的影響，接受社會科學的影響而求得一穩固的基礎，已成為法解釋學非常基本的課題。

第二節　法解釋學上認識的客觀性

一、客觀性的涵義

在哲學上「客觀性」的名詞非常重要，且是許多人爭論的基本名詞，此名詞包含何種涵義，卻很少人予以回顧、分析，於此就客觀的涵義問題提出來探討。

實踐上有無客觀性，是法價值論的問題，於此處不論。此處所要談的是認識的客觀性（即理論的客觀性）。一般而言，認識的客觀性之名詞，可由二角度來加以了解，一是由認識主體之屬性、客觀性來加以了解，二是由認識結果之屬性、客觀性來加以了解。

至於主、客觀二元對立的基本思考模式，於二十世紀的科學哲學上時常被加以批評，甚至有許多主張想進而克服之，諸如詮釋學、結構主義、系統理論等皆是。然而，由於相關的理論仍在後續發展之中，其對法學上的影響仍無定論，因此在本節不深入討論之。

(一)認識主體的客觀性的角度

由主體的角度來了解之，則所謂認識的客觀性，係指認識主體很客觀，無絲毫偏見，其見解不為一些謬誤所矇惑。但如此見解有其困難，且有疑問的是，是否有可以主張此種資格的人存在，事實上主張自己是公正的、毫無偏見的人，往往是充滿偏見的人；而由心理學的角度來看，一個人的

偏見往往是根深柢固的，甚至埋藏在心底深處，連自己也覺察不出。而自知識社會學的角度來看，人的知識，不可避免的受其所處環境、背景的影響，很難客觀。把認識的客觀性求諸於認識主體的客觀性，此客觀性幾乎無法存在，沒有什麼實益。

㈡認識結果的客觀性的角度

由此角度來了解，認識的客觀性即等於認識結果的真理性，只有真理是大家共同一致的，於此涵義下，認識的客觀性才能討論。但把認識的客觀性當作認識結果的真理性來了解時，仍有困難。何謂「真理」? 關於真理二字即有許多不同的見解：

①或謂真理是忠實的反映現實，有若一面鏡子般的顯示事實、描寫事實，但如何知是忠實的反映現實，個人的見解又有不同。

②或謂真理是與過去的知識可以協調一致者，此謂真理的整合說，但若過去已存著不正確的知識或偏見，則連帶的真理亦不很正確。

③或謂真理是依命題去認識結果之行為是否獲令人滿足之成功的結果，此為實用主義的真理觀，如此言認識的客觀性即等於認識結果的真理性，無異以問答問，客觀性的意義仍不很清楚。

上述認識主體，結果來看客觀性既有不妥，則不妨把認識的客觀性，由另一角度來觀察，一般具有客觀性的命題為何?

①幾何學上的定理：例如三角形三內角等於一百八十度，此具有高度的客觀性，如有問題，可運用證明的方法（邏輯分析的方法）予以證明。

②臺灣最高的山為玉山，高度約三、九九七公尺。此一般亦無爭論，如有爭執，可以用三角測量之方法實測一番。

③物理學上許多經驗科學的命題：例如電流的強度與兩端的電位差成正比，此亦可用電壓計測量出來。

上述皆代表一般認為係具有高度客觀性的命題，其所以具有高度的客觀性，不外是因其發生爭執時，可透過合理的（間主觀的，inter-subjective，即主觀與主觀間可憑某一標準來溝通）的方法來予以解決，此方法不外是

邏輯分析的方法或經驗事實驗證的方法 **⑪** 。

　　總之，所謂認識的客觀性，並不在於認識主體的客觀性，亦不在於認識結果的真理性，而是在於理論認識結果的合理討論的可能性 (discussibility) 及批判可能性 (criticibility) 上。

　　如此可透過此方法來解決許多爭論。但何種方法為合理解決的方法而具有客觀性？不外乎為邏輯分析的方法及經驗事實的驗證之方法。

　　⑴邏輯分析的方法

　　只要由同樣依據推論的前提為出發點，使用相同的推論規則，則任何人可以得到相同的結論，例如數學、幾何學、形式科學皆屬此類問題。

　　⑵經驗事實驗證的方法

　　經驗科學皆依此方法維持其客觀性，但何謂經驗？長於世故的人的經驗之談或卜卦的預言皆非經驗，前者固包含人的經驗在內，但以個人的體驗成分較多，而且為整個人格參與所得之體驗。經驗主要透過人的感官加以觀察認知而來，與感覺器官分不開，在許多感覺中，較為可靠的是視覺，其餘冷、暖、嗅、味覺等皆無一定的標準。而視覺亦有多種，其中顏色之感覺，即無一定的標準；有空間的感覺，例如長短，則具有高度的一致性。物理學上把許多質的感覺變成量的感覺，例如冷、暖覺可以溫度計來測量，而顏色以可以光譜（波長）來決定，使變成空間的感覺，即可合理的討論、批判，較不會引起無謂的爭論。因此，在經驗科學多訴諸於量的觀察方法，以提高其認識的客觀性。

　　法學既稱之為學問，亦不外透過此二途徑來提高法律解釋的客觀性。但有一基本疑問：法學、社會科學有無如自然科學般的客觀性？二者之客觀性可否為同義的解釋？此應為肯定的答覆，因社會科學與自然科學無絕對可以劃分的界線存在，皆在追求學問的客觀性，在談如何維持學問的客觀性皆是靠著學問的公開性格來維持之，學問園地是公開的，大家可公開地批評、討論，無所謂權威、特權存在，如此的學問方可維持其客觀性。於此，自然科學與社會科學、法學有程度之差，前者較後者來得容易，自

---

⑪ 碧海純一，前揭書，頁 179。

然科學的對象為自然現象，許多作為其研究考察的對象皆可在有計畫的控制條件下加以觀察、發現，如此其結果的客觀性較易達到。社會科學雖亦以追求客觀性為其基本任務，但其條件較差，很難在有計畫的控制條件下依邏輯體系的發展而展現。判例法即係透過判例的研究去追求法律發展的一般原理，但因其涉及人的心理因素等，且其觀察的結果往往會和觀察的對象發生互相干擾的情形，不易追求到絕對的客觀性。例如預言股票市場之行情，有專家預測股票會上漲，結果股票真上漲，是因其預言直接影響到股票市場或者預言的事實純是因其知識累積而發生，並不甚清楚，二者間易互相干擾不易求得客觀性 **⑫**。

　　社會科學的客觀性雖不如自然科學的客觀性那般的容易追求，但並不意味著社會科學可放棄客觀性的追求。法學亦同。特別是在解釋中的學說，雖很難追求到絕對客觀的解釋，但不意味著法律解釋可放棄客觀性的追求。法律解釋客觀性的追求，不僅是基於實踐上的理由，更因其作為一門學問，本身即應追求客觀性使然。如何增進學問的批判可能性及合理討論可能性，過去著眼於嚴格禁止自己的喜怒愛好，區別自己的價值判斷及理論認識，例如韋伯謂理論與實踐有別：要提高客觀性，應盡量控制自身的偏見。但單靠此種努力是不夠的，人非聖賢，難免會把自己的偏見不知不覺地加入，因此學問的客觀性主要是靠學問上公開的性格，在學問上並無絕對的權威，無不可批評者，否則即為教條，而不為學問。既稱之為學問，則任何主張、任何見解，皆容許公開的討論、批評，藉著此種互相討論、批評，逐漸提高學問上之認識，使之漸趨近於真理而提高其客觀性 **⑬**。

二、如何提高法解釋學上認識的客觀性？

　　由邏輯分析來看，法學是具有教義學的性格；而由經驗事實的經驗來看，法解釋學則帶有經驗科學的性格。

---

⑫　詳見 Popper, K., *The Poverty of Historicism.*, p. 137.

⑬　按科學性的意義異於客觀性。所謂科學性，理論上包含邏輯、經驗科學兩方面。邏輯上的演繹有客觀性，而經驗上的客觀性則須藉事實的驗證而得。

㈠形式邏輯的面向

　　法解釋學上如透過邏輯的方法來討論，則此討論亦具客觀性可言。法解釋學為何具有教義學的性格？法解釋學在這點而言，與神學很類似，神學一切皆以《聖經》為基礎來研究如何透過《聖經》之解釋來對人說道理，對具體問題皆以《聖經》為出發點來獲得解決、指引。法解釋學亦同，以法律或實定法為出發點，法學者為獲得法學上的認識，並非在批評實定法的錯對，而是把法律當作一可為判決基礎的、有權威的命題來接受，解決許多問題❶。此與其他的經驗科學不同，如自然科學是觀察實際的自然現象，由其中發現支配自然現象的法則，經濟學家要由許多經濟現象中去發現支配經濟現象的經濟法則，社會學家亦同，其並未把這許多法則當作金科玉律，而把觀察所得的法則命題當作一假設，並試圖藉著新發現的現象去修正它。

　　法學者的工作則非如此，法律在法學者的眼光來看，是有權威、有拘束性、不可任意修改者，其對許多社會問題的解決，往往是把法律規定當作前提，再由前提導引出解決實際問題的判決，如是法解釋學的工作是在如何使法律見解、法律知識體系化，使成為一有體系的知識。至於如何自此一體系中的法律命題導出法律判決？即應盡量使法律見解、判決不與法律命題牴觸，或不與其他的法律見解牴觸，使之在體系上不矛盾。於此，學者多以邏輯分析之方法為之，亦即以邏輯演繹的方法確保其體系性。對某一有權威之法律命題有數種不同的法律見解時，要探討何說正確，可透過邏輯分析的方法為之。看看何種法律見解與既有（之權威）法律命題相調合，即知何種法律見解可站得住腳，此主要視其與該有權威的法律命題有無矛盾而定。

　　邏輯分析的方法因此可提高法解釋學的客觀性，即對不同的法律見解之優劣可提供某種標準，但此亦不可過分強調，否則法律之邏輯一貫性或法律秩序的體系性即變成整個法學唯一追求的目標，會因為維持法律之邏

❶　關於法學與神學間類似性的探討，見碧海純一譯，《法學入門》，1961 年，第 12 章。

輯一貫性、體系性而忽略了妥當的解決實際問題的必要性，甚至不顧及社
會上許多事實，社會上許多人的願望、目的考量等因素。如此一來即走上
概念法學的歧路。

　　法學有許多任務，其主要任務在透過法律的適用來實現法律的目的、
社會統治的目的，此為法學至為基本的任務，倘過分強調法律之邏輯一貫
性，以追求法律解釋的客觀性，則易陷入十九世紀概念法學的覆轍，變成
機械法學。至於概念法學，事實上在歐洲，特別是德、法，在十九世紀前
半，為法學的主要傾向，如德國的薩維尼的歷史法學強調羅馬法研究的重
要性，其本人雖非概念法學，但其學生普赫塔試圖把羅馬法整理成一很有
體系而層次分明的規範，將羅馬法分為數層次，最上層為法律理念所支配，
即整個法律秩序受同一的法律倫理觀念所支配，並在此構想下去分析各種
法律概念間有何關係，上層次的概念與下層次的規範間有何關係，完全循
著邏輯演繹的方法研究法學，演變到最後，即發展成為概念法學。

　　概念法學的致命傷，即在罔顧社會事實，不反省實際生活的環境與社
會的需要，忽略了社會目的，單純為追求法律秩序的體系性而犧牲一切。
所以，邏輯分析固可提高客觀性，但為完全維持客觀性，而全部使用邏輯
分析的方法，忽視了其他方法，則此客觀性，非今天法學所要追求的目標，
亦非吾人所言之客觀性。

　　邏輯分析的分析方法非法學上唯一認識的方法，且亦非唯一提高法學
客觀性的方法。若過分強調，則會陷入概念法學，百年前的概念法學曾遭
受自由法論者的嚴厲批評，因而要走回概念法學的途徑，是不適當的。

㈡經驗科學的面向

　　經驗事實具有驗證性❶，法學上有許多命題事實上是包含經驗命題在
其中，可透過經驗事實的觀察或驗證的方法來提高其客觀性，且由此提高
法律解釋的客觀性。當今所謂社會法學，即是把所謂社會學的研究納入法
學之中，利用法律社會學的研究成果作為基礎來進行之法律解釋，已成為

❶　大內義一・森博譯，《科學的發見倫理》（上），1971 年，頁 150 以下。

二十世紀法學研究的主要潮流之一。經驗事實如何驗證？法學上何種命題屬於經驗命題？法律社會學研究的成果，如何與法解釋學相結合？如何將之容納進來以解決法律解釋的問題？一切經驗命題，皆先就社會現象加以觀察，透過歸納的方法，得出一般性的命題，即所謂之假設；再透過演繹的方法，將一般性命題導出各種命題，一一與經驗事實相驗證，與之相符者，即為正確之命題，不相符則修正之。如此經過不斷的觀察、驗證，可提高經驗命題的客觀性，將此方法應用到法解釋學上，對法律解釋的客觀性有很大的幫助。這可以從美國法學者布蘭帝斯在 Brandeis'es Brief Case (Muller vs. Oregon) 中的意見為例來說明。

　　布蘭帝斯於1930年代曾任美國聯邦最高法院的推事，為進步派的法官，於 1908 年，為進步派的律師，以專門為勞工案件辯護而出名，當時俄勒岡州通過一限制婦女工作最高時數的法案，其中有一名為穆勒 (Muller) 的老板雇用許多女子工作時數超過法定限制，違反了此法案，被檢察官起訴。穆勒不服，認為該法案違憲，應為無效，即違背憲法第十四修正條款（人民的自由權利非依正當的法律程序 due process of law，不得加以剝奪）之規定。穆勒認為，該法案由州議會通過，是片面限制婦女締約自由的權利，並未經過正當的法律程序，因而無效。當時過去有許多判例，皆對類似的州立法不利，俄勒岡州怕遭違憲的判決，就請布蘭帝斯擔任州的辯護人。布蘭帝斯的訴訟方法與常人不同，在一百多頁的答辯狀中，幾乎皆為社會事實的調查，法律見解不到二頁。他首先就婦女與男子的體力為一般比較，謂婦女的智慧並不輸於男子，但在體力、生理方面的條件差些，不能長時間勞動，且婦女更負有養育後代的天職，如果長時間勞動，不僅會影響其健康，且影響其情緒，對後代的教育與公共福祉皆有影響，故限制婦女最高的工作時數，是符合社會利益、公共福祉的。結果該法案被判合憲，通過了違憲審查。

　　美國自 1890 年代至 1930 年代是保守派法官最得勢的時期。1908 年老羅斯福總統於國會咨文中感嘆言及「何人在統治這個國家，非總統，亦非國會諸公，而係最高法院的九位大法官基於憲法維護者的地位在決定國家

的政策，其社會哲學成為這個國家政策的最高指導原則」。此情勢一直至小羅斯福總統執政時才有所轉變，提出聯邦司法改革方案，迫使最高法院的大法官妥協，但在這段時期中，已有許多先進的立法被宣告違憲，只有 1908 年之 Muller vs. Oregon 例外。由此可見許多法律見解固為政策的問題，但此政策、價值判斷的決定，往往涉及許多事實認識的部分，倘事實認識的部分敘述的很清楚，社會後果的調查很清楚，則可改變法院的態度。不但可以對政策的取捨發揮決定性的力量，同時亦可提高法律見解的客觀性。

　　總而言之，如何提高法律解釋的客觀性，不外乎兩個途徑，一是由邏輯分析的方法來著眼，其主要是將作為演繹的前提盡量明白的敘述出來，亦唯有在作為推論的前提是明白地被敘述出來之條件下，方可應用邏輯分析的方法來檢證之。此時，如能將法律所要實現的目的明白的敘說出來，對於法律解釋的客觀性會有幫助，因為如此才可檢驗達成目的之手段的有效性。

　　二是循經驗科學的研究方法，充分吸收法社會學、法心理學、法制史學等種種法律經驗科學的研究成果，唯有提高事實部分的因素，方可提高法律解釋的客觀性。法學包含有許多的經驗命題，例如少年犯罪的問題，如何適當的應用、解釋法律規定，此須對少年犯罪的現象加以調查研究。又例如養女問題，民法第一千零八十八條有關子女的特有財產之處分的問題，均涉及複雜的事實認識部分，倘對事實不去調查研究，則不能為深入的解釋；反之，倘能詳細地調查研究，則法律解釋的客觀性可提高。

　　社會學的解釋，大部分以社會事實的觀察為基礎，自有相當的客觀性可言，但若最後涉及社會目的、法律目的本身，則對此各種不同的法律解釋可能產生的社會效果，必須由目的之觀點加以評估。倘社會目的一致，則有相當的客觀性。但目的很難明確，產生目的本身的選擇問題，乃高度政策性、價值判斷的問題，解釋者的主觀之價值判斷難免會混入法律解釋中，故社會學的解釋亦無絕對的客觀性。如法學包括理論認識，但除此之外尚有實踐因素的考慮，二者不可分開，法學非純粹理論認識的學問，乃一門理論與實踐的混合的科學，兼具實踐性格在內的學問，此實踐的性格

是由法學所具有的任務，即須透過法律之應用來實踐吾人之社會目的，滿足人類在社會生活上各種需求的基本任務而來，故法學非理論科學，乃應用科學，兼具有實踐性格的科學，此亦為法學與其他科學性格不同之處，亦使之成為一門很獨特的學問。

在法律條文中有許多不確定的法律概念，多為立法者當初即要賦予法官較大的裁量權限者，其客觀性如何追求之？

⑴於邏輯分析方面

至少不能與上位規範相牴觸，此要參考過去的判例，使其不會與過去的解釋或現有的法律體系相衝突，倘判例相衝突，於目前不易召開判例變更會議的情況下，法官應視各判例所要達到的目的為何，擇其所贊同者適用。

⑵於經驗事實的驗證方面

倘過去判例不很清楚，而對當前的案件亦見仁見智，則須視社會一般通念為何，且對採何見解所發生的社會後果加以預測來決定。例如民法第一千零五十二條列有數款得請求裁判離婚之事由，現夫妻二人時常爭吵，協議離婚不成，以個性不合為由主張裁判權，法院則應可考慮到婚姻的生活目的為何，倘以當事人共同生活的幸福為著眼點，則或可離婚；但若由另一角度來看，認為婚姻制度為社會制度最基本者，如許輕易離婚，則會為社會制度的存續導致不良的後果，使其不穩固，如此當事人之事由是否可構成離婚的原因，應依社會通念（亦可由社會學的研究得知），最後即由法律目的、婚姻目的來妥為判斷，涉及目的及選擇問題，此固是見仁見智，但法官在為判決時，應將其目的明白表示出來，書於判決書上，如此亦可提高客觀性，因可依據合理的方法來對其加以討論、批評其目的與判決的有效性如何等問題。

第三節 法解釋學上的認識與實踐

法學因兼具有理論認識及實踐的價值判斷二方面的因素在內，係一種兼具實踐性質的認識活動。此在今日固無疑問，但在十九世紀歐洲大陸上的法學界而言，學者還普遍相信法律的解釋或適用是純粹理論認識的作用，且此種認識的活動，不但無須借助評價的態度，甚且嚴格禁止法律解釋滲入任何嚴格的評價的因素在內，此趨勢演變到十九世紀中葉，在德、法均發生概念法學的傾向，以下分別說明德、法兩國一般法學界於十九世紀前半葉的情形。

一、法國法學中的法解釋學

法國所以會造成此種概念法學的傾向，至少有二個因素，(1)啟蒙思想以及(2)自然法學思想。兩者如何在十九世紀促成法國的概念法學之興起及發展，以下分別討論。

㈠啟蒙思想對於十九世紀法國法學的影響

雖然法國大革命表面上反對「舊制」，但在思想方面，當年的概念絕大部分來自革命所反對的「舊時代」。法國的法學界直至十九世紀前半葉也不例外，特別受到孟德斯鳩 (Charles de Secondat Montesquieu, 1689–1755) 以及貝卡利亞 (Cesare Beccaria, 1738–1794) 等啟蒙時期法學思想家之見解的影響。

特別是孟德斯鳩基於三權分立的理論，嚴格反對法官創造法律，認為創造法律是立法者的問題，而法官的任務只是在確認或發現所謂的「法」，並將之適用於具體的案件上。依此見解，法官變成一自動適用法律的機器，如同自動販賣機般，而其判決，不過嚴格的複寫法律而已，在為判決時法官不可加入任何個人的利益衡量、價值判斷。孟德斯鳩主張，法官在裁判

時只須靠眼睛來仔細觀察，聽聽雙方當事人的意見，不可帶有感情，甚至認為法官只是一張宣告、說明「何者是法律」的嘴巴，但法官並不具任何能力或以個人意思來改變、左右法律的效力，故法官是嚴格受法律拘束的動物。

此種思想對法國大革命後之法學，乃至於法典編纂的事業，有很深遠的影響。法國大革命成功當時，盛行成文法優越主義，立法活動甚為活絡，於 1790 年廢止原有的最高法院 (parlement)，另行設立一統一的裁判制度。如此一來，法院的任務只是在適用法律，法院的判決不應創設一般性的規範，創設一般性的規範是專屬於立法機關的權限，法院不得假借法律的解釋或判例來變更之。當時法國政府執政集團中的領袖羅伯斯比 (Maximilian M. I. de Robbespierre, 1758–1794) 在國民議會上的演說詞中，亦強調應嚴格禁止以法院判例來創設法律。亦即在一個立憲國家中，法院所作成之判決或判例絕不能超越法律規定，其判決只不過是法律嚴格的複寫 (répétition)，不可創造新的法律規範。法國於 1790 年創設新的法院制度，其新設的法院稱 "tribunal de casassion"（廢棄法院，相當於高等法院或最高法院），其主要目的在對下級法院所為之違法判決加以廢棄，使國家頒布的成文法之統一性、尊嚴不致受到破壞，亦即透過審級制度來維持法律的統一性，防止下級法院的誤解。

㈡自然法論對於十九世紀法國法學的影響

事實上，法國大革命成功後，熱烈展開法典編纂運動。支持該運動的基本思想，即為自然法的思想，雖然法國民法多半是根據當時的習慣法或是傳統的法律制度來訂定新的法典，只是將其中不合理的現象加以整理、去除，但整個法典編纂運動的思想或是參與法典編纂的法學者的思想，多半是受到自然法的影響。其編纂法典的主要目的是在使這部法典成為人人可憑自己的理性去了解、認知的法律典籍，且可透過個別的法律規定推斷出支配整個法律的原理，維持整個法典的統一性，此為自然法論的思想。在當時，支配實定法者即為此一自然法的原理，認為不但可由個別的實定

法規定去推斷到抽象的自然法原理，且可由高層次的自然法原理演繹到各個實定法規定，成為一很有秩序、簡單、法律措詞明白的法典，如此方能防範國家權力機關上下其手、濫用權力，並保障人權。此思想出現在 1804 年法國民法典之第一章草案中第一條：

> Il existe un droit universal, immuable, source de toutes les positives. Il n'est que la raison naturelle en tant quelle gouverne tous les peuples de la terre.

此段文義乃謂一切實定法皆淵源於普遍、不可改變的法 (droit)，此種法不外乎是一種支配著地球上全體人類之自然的理性。實定法或法律，即以自然的理性為根源，此自然的理性有普遍性，法國民法典即在此信念下制定而成。在十九世紀的法國私法學界的領域內，有許多古典學派或詮釋學派（l'école d'exégèse）亦深受自然法思想的影響，認為法律不外乎是透過人類的理性所認識之法的體現，將該理性具體化的文化，且這種法一經制定為法律後，即永遠的存在固定於法典之內，是可以客觀的加以觀察、認知的。法律解釋的任務，即在以法典為唯一的法源，透過嚴密的邏輯演繹的應用，顯現出法律中所包含的法，且在必要時，即在不能直接認知時，對於立法者的意思加以探究而已。至於政治、經濟、社會、道德等因素，皆嚴格排除在法律之外；因所有這些因素都被吸收到法典內部了，所以法官不須再加以考慮。依此見解，民法典即是被書寫下來的理性 (la raison écrite)，如此可謂把法律之解釋適用，變成機械式的法律邏輯操作而已。

但當初參與法典編纂之法學者所抱持的自然法思想以及憑藉著人的理性可創造出一完美無缺、永垂不朽法典的理想，不久即因許多註釋書的陸續出現而幻滅。而詮釋學派的邏輯崇拜主義，亦因十九世紀後半葉資本主義的迅速發達所引起之社會、經濟的劇烈變遷而動搖。本來認為法典完美無缺，且每個人皆可自法典很清楚地明瞭自己的權利義務，任何問題皆可從法典中找到解答。然而，法律公布不久，就有許多學者著書立說，各為詮釋，此乃因法律的規定並不明確，或是有新問題出現，尚未納入法典使然。有一名舒葉 (Joullier) 之學者 1811 年寫成法國民法典的詮釋書「自然法

典公布後之法國民法」，並將之呈現給拿破崙。拿破崙很難過地言道「我的法典完了！」(Mon code est perdu!)。因拿破崙本來認為法國民法不須任何的詮釋書，現在居然有學者專家的詮釋書出現，即不能避免法典將來或許因而被改頭換面。可見法國在制定民法典時，有一普遍的傾向，即相信人類的理性可以制定出一部非常完美的、永恆不變的法典。法國民法典即在此成文法萬能思想下而被制定出來；該法典中有一條文謂：「從此以後，法官不可以法無明文為理由而拒絕裁判」，即意味任何法律問題皆可從法典中找到答案，而不須考慮到其他法源。當然，在現實上亦因此條文的規定，造成案件來者不拒，使法官於法無明文時，只好東拼西湊，作成判例。

法國民法典沿襲至今，大多數法條皆未經修正；然而，要研究法國民法，卻不能光由法典來了解。因為現實所生的情況，特別是十九世紀中葉以來新的社會趨勢，造成法官須以現有的法律為基礎，創造出新的判例，也構成了法國民法的重要部分。至於當年法國法學者之所以形成邏輯崇拜主義，乃係因為過度強調成文法萬能主義的結果。換言之，一切問題既已規定在法典之內，則不須再有其他的法源；法官所需者，不外為透過嚴格的邏輯演繹，把法典中的法律演繹出來 ❶。十九世紀中葉以後，此種法學思潮自其核心主張內部發生動搖，民法典因為不能不迎合十九世紀新的社會需要而加以調整，所以形成了判例的發展。因此，1848 年以後，法國法學對過去法典崇拜主義之思想開始提出批評，並強調判例與研究的重要性。此不但有助於法國民法典的成長，且對其後法國的科學學派、自由法思想的形成均有深遠的影響。

二、德國法學中的法解釋學

十九世紀的德國，仍非一統一的國家，雖然各邦或有各邦的法典，例如 1794 年即有《普魯士一般邦法》(Allgemeines Preußisches Landrecht) ❷，

---

❶　碧海純一，《法哲學概論》，頁 193。

❷　雖然普魯士一般邦法之通稱如上，但其全名謂 Allgemeines Landrecht für die Preußischen Staaten。

但卻無全國統一之民法典可與《拿破崙法典》相提並論。**⓲**

　　十九世紀的德國法學創始於薩維尼、普赫塔及後者的弟子溫德灑德 (Bernhard Windscheid, 1817–1892)。此三人的學說形成德國的古典法學，或稱彙纂法學（Pandektenjurisprudenz，亦稱普通法學），多以古代羅馬法的學說彙編為主要的基本材料來研究，在法解釋學上亦採用類似於法國的解釋方法，把法學當作純粹認識活動的作用。

　　1814 年在政治方面，德國當時雖脫離拿破崙的鐵騎統治；但在一般國民受到長期的挫折之後，有一學者替柏 (Anton F. J. Thibaut, 1772–1840) 主張若要振興德國民族，增強德國國力，首先應統一德國國民的生活方式，即須先要有一部統一的民法典，因而提倡以法國民法典為藍本來起草德國民法。薩維尼對此主張予以猛烈的反擊，於 1814 年發表一篇〈論當代立法與法學之任務〉(Vom Beruf unserer Zeit für Gesetzgebung und Rechtswissenschaft)**⓳** 的文章，激烈的反對替柏之提議，且主張法律是民族精神的表露，民族精神為法律的確信，非可由人為的方式來任意地加以制定，而必須隨時間漫長經過而逐漸演變、逐漸成長，作為一種有生命的、有機的發展**⓴**。薩維尼並認為當時德國人民對法律名詞仍不熟悉，許多法律概念仍非十分清楚，而羅馬法在近代的使用之結果**㉑**，使原來的概念因而發生演

⓲ 在拿破崙侵略德國之前，德國實質上分為一千六百多個、主權獨立的國家，在拿破崙的領導之下，大部分小國被併吞，使得德國地區只剩下三十餘個國家。這些國家的習俗及主政理念皆不同；有立成文法者，也有一貫用習慣法者，甚至在刑法領域有部分國家使用習慣法。直至德國在普魯士的領導下統一為止，才出現一全國統一的刑事法典，不久後又出現統一的民事法典以及相關的訴訟法。

⓳ Savigny, F. C. von, "Vom Beruf unsrer Zeit für Gesetzgebung und Rechtswissenschaft," 1814.

⓴ 有關兩人及當年德國法學界之論戰，參看 Stern, J., *Thibaut und Savigny*. Berlin: Franz Vahlen, 1914.

㉑ 所謂近代羅馬法的慣用，意指羅馬法成為十九世紀德國普通法的事實。按日耳曼民族原有日耳曼法，但非統一法典，充其量只是德意志各邦的習慣法而已，至十二、十三世紀時，德國逐漸繼受羅馬法，尤其至十五世紀時大規模的自義大利繼

變，與古典羅馬法的距離愈益遙遠。因此，在基本立場上，薩維尼並不反對制定一統一的法典，只是認為當時制定法典的時機尚未成熟。換言之，在許多概念混淆不清的情形下，應先將之釐清。薩維尼認為只有拋棄羅馬法在近代慣用的結果，返回到原始的羅馬法上去，才能達此目標，以回復原始的羅馬法概念的價值體系。

法典的編纂，因薩維尼的主張而暫時受到挫折。然而，民法學者開始對羅馬法加以研究，薩維尼本人於此亦有貢獻，著成《近代羅馬法體系》❷一書，把羅馬法整理成一體系，並加以分類，為現代法學奠定基礎。

薩維尼主張法律是成長的，非固定不變的，固不容忽視，但其學生普赫塔則有不同的主張。普赫塔認為法律，特別是羅馬法是非常有體系的，有其邏輯的一貫性，並試圖把羅馬法分析成許多法律概念、法律準則，或

受羅馬法。當時有許多留學生，到義大利讀書，修習羅馬法，回國後，即在政府機關擔任行政官，甚至法院的法官。十七世紀末，德國有一些邦公布一命令，即法院之法官，至少要有一半以上讀過羅馬法，此更加鼓舞許多有志當法官的年輕人到義大利學習羅馬法。他們回國時帶回了許多羅馬法的材料，實際加以應用，逐漸成為各邦普遍適用的法。當時的德國名義上為德意志民族的神聖羅馬帝國 (Heiliges Römisches Reich Deutscher Nation) 的一部分，而神聖羅馬帝國皇帝容易認同自西元六世紀以來在東羅馬帝國逐漸建立的羅馬法為皇帝之法，亦應為神聖羅馬帝國統治之地所適用，因而德國就更積極的繼受羅馬法。然而，德國適用羅馬法的情況與東羅馬帝國管轄區內的義大利有所不同。因此，義大利的學風只是對羅馬法加以註釋而已，而德國之地方民情與羅馬既不盡相同，留學生自不能將羅馬法原封不動搬回，而必須加以部分的修正，使其能適合德國當地的情況，因而產生「羅馬法的近代慣用」，即如何把羅馬法透過法學者的解釋修正，使其能迎合當時當地的需要。如此逐漸形成與羅馬法不盡相同的法律，為一種由學者創造出來的法律，稱學者法。此傾向在十七、十八世紀，因政治動盪、經濟低迷與啟蒙思想所帶來的自然法理論之興起而暫時受挫，直至十九世紀才急速恢復羅馬法的近代慣用，使羅馬法逐漸成為各邦適用的普通法。影響所及，對過去自然法論的思想漸漸有批評的風氣；於開始歷史研究的風氣之先，當時法學家胡格 (Gustav Hugo, 1764–1844) 一再強調歷史研究的重要性，而薩維尼即係承襲其精神，建立所謂的歷史法學派。

❷ Savigny, F. C. von, *System des heutigen Römischen Rechts*, 8 (9) Bde., 1840–1851.

較一般性的規定而成為有體系的法律秩序。普氏完全用邏輯分析的方法，認為法律秩序只是受到少數法律理念的支配，在此法律理念之下，有法律的一般原理、一般準則，及許多法律具體的規定，由此組成一法律體系。

如此架構有何好處？法律分析成許多法律概念後，法學就如同化學，有任何問題，把其中有關的法律概念提出，調和一番，即可得到正確的解答。如是法學與數學、化學的性質相類似，就變成很機械的東西。溫德瀰德集合羅馬法（普通法學）的大成，更進一步地把整個法律體系根據羅馬法的編排形式加以架構，認為原始的羅馬法至為完整無缺，自成體系，且其中有許多法律規定是相對稱的，很合乎公平原則。

羅馬法普通法學的發展，特別是自普赫塔以後，逐漸造成概念法學的傾向。然而，概念法學的形成，薩維尼亦不能辭其咎，因其強調羅馬法研究的重要性，認為羅馬法的概念很精密，任何問題皆可依概念來計算 (das Rechnen mit Begriffen) 以求得解答。法學成為精密的科學，完全是靠邏輯分析的方法，自既定、現有的法律規範演繹出一切問題的正確答案，概念法學於焉形成。

但法學帶有實踐的任務，過分強調概念分析的重要性及邏輯演繹在法學上的應用，會使法學在解決實際問題時，忽視社會上許多現實條件。社會、經濟條件的變遷，使法學不能合乎社會的需要，此為概念法學的重大缺陷。在歐洲方面，概念法學的思想傾向，一直到十九世紀後半葉受到廣泛的批評，而開啟批評先端的是十九世紀中葉的基希曼。如前所述，其於 1847 年發表《法學無學問價值論》(*Die Wertlosigkeit der Jurisprudenz als Wissenschaft*) 的演講辭即是其一❷❸，至 1870 至 80 年代，耶林的目的法學對傳統的概念法學提出激烈的批評，在其影響之下，在十九世紀之末、二十世紀初，法學才有轉變成自由法論的趨勢。

按照溫德瀰德的說法，法律的任務無非在探求立法者的意思，特別是立法者明白表示出來的意思。雖然如此，法律的解釋並不只是停留在立法

---

❷❸　本篇演講，詳見田中耕太郎，《法律學概論》，1953 年，頁 497–504。田村五郎編譯，《概念法學挑戰》，1958 年。

者所表示出來的表面意思而已，他認為立法者所沒有想到的某些問題，法律的解釋者亦應徹底地一併予以考慮，只要探究的結果並不違背原來立法者的意思，也算是法律的解釋。解釋之際，當然還是以邏輯演繹作為主要的手段，但亦非全無一點創造性。溫德瀨德亦承認法律在某種情況下會有漏洞存在，法官或法律解釋者發現法律無明文規定時，應如何予以填補？他認為，例如當 A 法律事件發生時，恰好法律無針對 A 事實之法律規定，而法官經過考慮的結果，認為 A 這種事實最好採取 B 這種法律解釋或見解來解決最為適當，則這部分為利益衡量。但此衡量僅存於法官的思維裡，表面上，法律的理論構成不能將此利益衡量明白的宣示出來。此時該如何解釋？倘 A 包含著 (a、b、c、d) 等因素，另外關於 B 這種法學判斷，剛好有 B 事實，法律上針對 B 事實有明文規定，B 事實之構成要件分析，得有 (a、b、p、q、r⋯) 等因素，法官此時可說 B 事實之可以作成 B 之法律判斷或效果，乃因 B 事實中有 a、b 二要素，而 A 事實中亦包含有 a、b 之因素在內，故亦可採取 B 之法律判斷或效果，對 A 事實，法律雖無明文規定，但依然可以採 B 之見解來處理。故於法律有漏洞時，可以如此的方法來予以彌補，此方法表面上還是不超出法律規定原來的範圍，且其使用的方法仍是邏輯演繹的方法，不過可透過理論構成的方法以達到其心目中所認為妥當的解決方法，於此點上，法官雖是作了利益衡量，但還是在想如何解決當前的案件較為妥善及符合目的。故此種利益衡量是隱藏在邏輯的外衣裡。因而，這種法律的理論構成還是具創造性的，但表面上還需要否認法官是在創造法律，仍認為是依立法者的原意來裁判的。

　　如此的法律傾向在耶林早期的思想裡也存在著。耶林早期也是受普赫塔的思想引導，但至其晚期，就激烈地批判概念法學。溫德瀨德認為法官必須嚴格地遵循立法者的原意來加以裁判，把法律當作一固定不變，有完整體系的東西來了解。雖然耶林亦是羅馬法學者，但於其早期著作中對此即有一些不同的看法，認為法律多少帶有一點目的存在。早期的耶林仍把法學的方法，比擬成一種博物學的方法，認為法學對於過去的法律，應如博物學家以嚴謹之自然科學的方法，觀察生物的進化過程，但至其晚年，

看法則大幅度朝目的法學轉向❷。

　　薩維尼認為法律是一種有機的發展，是由法律內部的某種力量，如民族精神的力量來促成法律的發展，即冥冥中有種看不見的力量來促成法律的演變。而晚期的耶林，尤其於 1850、60 年代以後，認為法律的發展，其背後多少有種目的存在，法律不過是種機械，或為了達到某種目的之手段而已，並將此看法進一步地延伸成目的法學。

　　十九世紀的法學傾向，到了後半，尤其是二十世紀初期以後，不論德、法都有很大的改變。德國於 1847 年時，基希曼發表〈法學無學問價值論〉，攻擊當時的概念法學，他雖是頭一個，但後來引起廣泛地攻擊概念法學的風氣。至於 1870 年代以後、80 年代前後，耶林山來提倡目的法學，且對概念法學展開激烈的批評，影響所及，形成所謂的自由法論，其主要批評之點在於認為法學這門學科並非純粹理論認識的活動，法學也帶有實踐的性格，或有實踐的價值評斷在內❷，特別是自由法論強調法學必然有許多漏洞，不認同過去之獨崇法典的思想，而認為法官在遇法律有漏洞時，可自由地根據科學的方法來探求活的法律，以予以填補。

第四節　概念法學與自由法論

　　耶林的思想，可分為前後兩期，其早期在歷史法學的影響之下，對羅馬法有若干的研究，代表作為《近代羅馬法精神》(*Der Geist des heutigen römischen Rechts*)❷。在該書序言中，耶林強調若干基本看法，例如何為權利？依過去歷史法學者的見解，多採意思說，而耶林採取利益說，認為權利不是權利主體者的意思，權利乃是受到法律保護的利益。此外其研究羅

---

❷　參看 Jhering, R. von, *Der Zweck im Recht,* 2 Bde., 1904/1905.

❷　Kantorowicz, H., *Rechtswissenschaft und Soziologie.*, 1911, S. 28.

❷　Jhering, R. von, *Der Geist des heutigen römischen Rechts*, Leipzig: Breitkopf & Härtel, 1852–1865.

馬法的態度亦與過去對羅馬法作概念分析之純粹的理論認識不同，而強調
研究羅馬法的目的，主要是要超越羅馬法，即經由羅馬法而超越羅馬法，
不以靜態的研究為滿足，希望能透過歷史的發展來觀察羅馬法，瞭解羅馬
法在每一歷史發展的過程中發生何種作用，扮演何種角色。1860 年以後，
耶林陸續匿名發表一些小品雜文，諷刺當時的法學傾向，後在 1884 年收集
編為《法學戲論》(Scherz und Ernst in der Jurisprudenz) ❷ 。

　　耶林在 70 年代後半開始對過去的治學方式加以反省，轉向於目的法學
的架構，於 1877 年出版《法律上的目的》(*Der Zweck im Recht*，英譯版 *Law
as a Means to an End*) ❷ ，認為自然法則與法律不同之處，前者以因果律為
基礎，係必然的；而法律是人類意志的產物，有一定的目的。因為一切生
物的行為皆出於意志，為達成一定的目的，才採取行動，人亦如此。一切
文化，事實上都是為了實踐一定的目的而創造出來的，法律屬於目的之支
配，包括法律在內的一切文物制度，無非是目的的產物，皆是人類為了一
定的目的而有意識地去加以創造出來的。目的實為法律的創造者，故解釋
法律先要從法律究竟欲實現何種目的之點出發，自目的來解釋法律，目的
亦然是解釋法律的最高準則、原理。耶林因而提倡所謂的目的法學。

　　目的法學的觀點與歷史法學有很大的出入，從薩維尼的歷史觀點來說，
法律係民族精神的表露，或謂民族對法律的確信，是在漫長的歷史演變過
程中凝積或逐漸潛移默化而形成的。法律的發展是冥冥中有種看不見的精
神力量來促使其發展，是在無意識中發展的，故法律不可能由人有意識地
去以創造，或以一定的目的來加以改變。薩維尼並且將法律和語言相提並
論，認為一個民族的語言，特別是自然的語言，是無法有意地加以創造法
律，正如同語言是民族精神的表露，隨著習慣的演變而形成的。

　　耶林則認為法律是目的之產物，因此在《法學戲論》中的頭一篇文章，
即以充滿嘲笑的口吻，批評當時的法學者皆生活在概念的天國中，對實際
的社會生活完全不加以顧及。他強調法律是社會的產物，法律的解釋適用

---

❷　Jhering, R. von, *Scherz und Ernst in der Jurisprudenz*, Breitkopf & Härtel, 1884.

❷　Jhering, R. von, *Der Zweck im Recht*, Breitkopf & Härtel, 1877.

必須配合實際的社會生活，對社會生活負有一定的使命，法學因此只能走一種目的理解。因為耶林早期即是在概念法學的風氣中蘊育的，故其對概念法學的批評特別具有說服力，對當時的法學界或以後的法學者而言，都有相當深遠的影響。許多年輕的學者跟隨他對傳統的法學或概念法學提出批評，形成了所謂自由法論。

在法國，一般稱為科學學派，或自由法論的創始者有二人，薩雷 (Raymond Salleilles, 1855–1912) 及傑尼 (François Gény, 1861–1956)，兩者皆在耶林的思想刺激下對傳統的概念法學提出批評，並提出獨到的法學理論。後者數本著作皆為自由法論的經典之作，例如《實定私法學上的解釋方法及法源》(*Méthodes d'interprétation et sources du droit privé positif*) ㉙ 及《實定私法學上的科學與技術》(*Science et technique en droit privé positif*) ㉚ ，由此展開自由法論的思想，尤其是在前書中開啟了自由法論運動的先河，其主要宗旨在認為實定私法必有許多的法律漏洞，法官遇有漏洞時應如何去填補？概念法學全循著邏輯演繹的方法勉強的補補釘釘，然而法律既然已有漏洞，則法學者可大膽地從法律以外去發現活生生的法律，自由地去探求活的法律，以彌補法律的漏洞，而法解釋學即是以科學為基礎的技術 (un art fondé sur la science)，其以由社會生活中自由地去探求活的法律來加以填補。

約與此同時，奧國法學者埃爾利希對於自由法論的理論亦有卓著的貢獻，其主要著作為《自由的法律發現及自由法學》(*Freie Rechtsfindung und freie Rechtswissenschaft*) ㉛ ，強調因社會的變遷，不可避免法律會有許多漏洞，有許多立法者未考慮的問題，此時法官可自由地去探求活的法律 (lebendes Recht)。埃爾利希於 1913 年發表了《法律社會學導論》(*Grundle-*

㉙ Gény, F., *Méthodes d'interprétation et sources du droit privé positif*, Paris: F. Pichon et Durand-Auzias, 1899.

㉚ Gény, F., *Science et technique en droit privé positif*, Paris: L. Tenin, 1915–1924.

㉛ Ehrlich, E., *Freie Rechtsfindung und freie Rechtswissenschaft*, Leipzig: C. L. Hirschfeld, 1903.

gung der Soziologie des Rechts) 一書 ❷ ，奠定了法律社會學的基礎。其於緒論中開宗明義謂法律的發展應非依靠司法，亦非依靠立法，而是靠社會本身來充實的。

耶林著作中有《為法學而奮鬥》(*Der Kampf um die Rechtswissens-chaft*) ❸ 一書，提倡自由法論的許多重要理論，以及《為權利而奮鬥》(*Der Kampf ums Recht*) ❹ 一書，謂法律家須有為權利而奮鬥的精神，皆為自由法論的代表作。此外，如德國利益法學的代表人物黑克、伊塞 (H. Isay)、綠美林 (Max Rümelin, 1865–1931) 與穆勒‧兒茲巴哈 (Rudolf Müller-Erzbach, 1874–1959) 等人，一方面依循著自由法論的路線對傳統的概念法學予以猛烈的批評，另方面則對於自由法論亦有若干批評，認為自由法論陷入所謂的感情法學，離開立法者原意太遠，利益法學者認為法律固有漏洞，但法官於此時仍然不能隨便自由地發現活的法律來填補，而應先由現存的實定法中去研究立法者的利益衡量，以此作成判斷，決定具體的案件，此點對於自由法論過度地自由創造法律予以若干限制，雖有意思傾向的不同，但利益法學還是依循著自由法論的路線發展 ❺ 。

與目的法學和利益法學立場相類似的，還有美國的霍姆斯的法學思想和龐德的社會法學思想。霍姆斯基本上是個法實證主義者，但與一般所謂的法律實證主義者又不完全相同，且對傳統的概念法學提出批評。在他所著《普通法》(*Common Law*) ❻ 一書中曾謂「法律的生命不是邏輯，而是經

---

❷ Ehrlich, E.,*Grundlegung der Soziologie des Rechts*, München, Leipzig: Duncker & Humblot, 1913.

❸ Jhering, R. von, *Der Kampf um die Rechtswissenschaft*, 雖然部分成為本法理學講義基礎之共同筆記指出該著作，然編著無法尋到此文之出處，至少德國學者蘭德斯貝格 (Ernst Landsberg, 1860–1927) 沒有將該文列入 Jhering 之作品目錄，編著在他處也未獲得任何線索；有關耶林之作品，參看 Landsberg, E., *Geschichte der deutschen Rechtswissenschaft*, Dritte Abt., 2. Halbb., München, Berlin: Oldenbourg, 1910, S. 336 ff.

❹ Jhering, R. von, *Der Kampf ums Recht*, Wien: Maunz, 1872.

❺ 利益法學的論據，詳見小林直樹，《利益法學》，（法哲學講座4卷）。

驗」，此實際上是針對蘭代爾 (Christopher Columbus Langdell, 1826–1906) 的法學方法提出批評 ❸，霍姆斯於《普通法》中又謂「時代的使命或法官與其同僚所共同抱懷的偏見，對於法院具體的判決，甚至比數學上或邏輯上的三段論要來得有力的多」。

霍姆斯之後有龐德提倡社會法學，於 1908 年發表〈機械法學〉(Mechanical Jurisprudence) ❸一文，批評過去的傳統法學事實上即概念法學。其後有一些被稱為美國現實主義的法學者 (American legal realism)，同樣對於傳統的概念法學提出批評，例如法蘭克即嚴厲的批判傳統法學的邏輯崇拜主義，認為傳統法學以為法律的發展皆為邏輯的發展，法律是固定的、安定等說法是一種神話。法學者相信神話，就如同精神分析告訴我們的，小孩子在未成人前，皆相信父親，認為父親的權威是至高無上的。

回顧二十世紀初葉法學的發展趨勢，主要的可以說是從概念法學轉向自由法論的方向，而這二者的區別大致如下：

概念法學在法源上是獨尊國家的成文法典，認為國家的實定法為唯一的法源。其次，強調法律體系之邏輯的完足性，不須依賴其他法源來補充，其本身至少在法律觀點而言是完美無缺的。在方法上而言，於法律的解釋、適用之際，著重邏輯的演繹，而排除法官對法律案件的目的考量或利益衡量，法學因此成為一門純粹理論認識的學術活動，法官在判決之際不須為價值判斷。

反之，自由法論強調法的經驗科學探求，不認為法典為唯一的法源，除法典外，實際社會生活上有許多發生規範作用者，即活的法 (lebendes Recht)，亦為法的淵源，並強調活的法律才是真正的法源，國家的成文法，不過是將早已存在的活的法律加以成文化而已。其次，相對於概念法學所強調的法律在邏輯上的完足性，自由法論認為法律體系必有許多漏洞存在，

---

❸　Holmes, O. W., *The Common Law*, Boston: Little, Brown & Co., 1881.

❸　按美國有所謂的批判實證主義，首創者為蘭代爾。渠認為判例是循著邏輯體系的發展而展現，判例法即係透過判例的研究去追求法律發展的一般原理。

❸　Pound, R., "Mechanical Jurisprudence," *8 Columbia Law Review* (1908), 605.

強調法律漏洞 (Rechtslücke) 的必然性。就方法上而言，自由法論強調司法活動帶有創造作用，肯認司法造法 (judicial legislation) 的作用。最後，自由法論強調法學兼具有實踐的性格，法官不可避免實踐的價值判斷，故亦無法避免目的或利益衡量。

一、概念法學與自由法論的區別

概念法學認為，成文法是國家的唯一法源，故進一步強調成文法至少在邏輯的觀點上是完美無缺的，強調法律體系邏輯的完足性、完備性，此思想多少與中古世紀的註釋學派 (Glossatoren) 的註釋方法有點關係。註釋學派之解釋方法完全採取解釋《聖經》的解釋方法，教士們認為《聖經》是完美的，一切世上可能發生的事，都可以在《聖經》中找到答案，同樣的解釋方法也可以應用於羅馬法上，把《羅馬法大全》(*corpus juris civilis*)當作是一本完美無缺的《聖經》來加以解釋，即一切可能發生的法律案件都可以在其中找到正確的答案，於此假設下解釋法律，該思想下的法律即無所謂有漏洞，或有欠缺的情況存在。如此的解釋方法隨羅馬法的繼受一併傳到德國，且保留在十九世紀德國之普通法學中。

該思想亦存在於法國，一則法國於十九世紀編纂了許多法典，認為國家的實定法秩序是完備的，係經過人的理性考量，將所有可能發生的問題皆考慮進去了，而且法國民法典有禁止拒絕裁判的規定，故法國法學界亦盛行此種解釋方法。

自由法論者則認為國家的成文法典並非唯一的法源，尚有活的法律存在，此才為真正的法源。埃爾利希於其《法律社會學導論》的著作中主張法律發展的重心，並非立法，亦非法學，更非司法，而是在於社會本身。該書分三部分，一是關於法律的形成、構造、發展方面的理論；二是法律學上的分析，特別是對法學上演繹邏輯方法的批評；三是關於法律社會學的方法。

於其第一部分中，其將法規範分為裁判規範及行為規範，裁判規範當然是指國家的成文法規；行為規範 (Regel des Handelns) 亦稱為活的規範，

國家的成文法尤以此行為規範作為基礎，經由法學者塑造形成的法規不外乎將行為規範具體的成文化而已。因為法規只是在當事人間偶而發生法律糾紛時適用的規範，所以是一種裁判的規範，只有裁判時才用得到的。至於一般民眾的日常生活大部分都是受到許多行為規範的支配，行為規範係支配著民眾的日常行為，使維持著一定的生活秩序的規範，是較為基本的、原始的規範，因而法學的主要任務之一，即在探求著此種規律現實生活秩序的行為規範（活的生活規範，活的法規範），且以此作為基礎來分析法規範的涵義，或分析各種法規。這種說法，無非在使法解釋學自法規的束縛中解放出來，促使法學將眼光取向於在社會上實際發生作用之行為規範。他提及法律規範的形成時，指出有許多的法律規範在國家尚未制定法典，或將之成文化以前，在社會中早已存在了，例如婚姻、買賣等制度，不待國家的法律強制，在國家有成文法加以規範之前，早已以社會制度的形態存在了。既然是個制度，其本身就有一定的秩序規範存在，法學者主要的任務即在探求此種社會制度所包含的生活的法規範或社會團體的內部秩序，將之發現出來，且在國家的成文法規定不足時，以此社會團體的內部秩序為基礎來填補或為判決。

依埃爾利希的觀點，社會團體要形成，總是要有一定秩序、規範來加以約束，國家的成文法不過是將這樣的活的規範（社會團體的內部秩序）加以整理，使之成文化作為裁判的規範而已。然事實上，人的日常生活行為非受此種裁判規範的規律，而是藉著許多的行為規範來加以規律。當時有許多的自由法論者亦採相同的見解，例如傑尼，認為國家的成文法不是唯一的法源，社會上有許多活的規範存在，支配著現實的生活，法學者的任務應在於用科學的方法自由地去探求該法的法規範，故提倡活的法律之自由的科學的探求。

至於概念法學和自由法學在實務上導致的差異，可以從下述的例子看出來。關於法律的完足性，例如民法第一百八十四條侵權行為之規定，訂立之初，決定採取過失責任主義，認為以此主義即可將社會上的一切侵權行為予以解決，而其他的危險責任，或許當時的立法者認為無須規定。然

而今天的危險責任，如礦坑災變、汽車事故、飛機失事、核能災害等等層出不窮，已非過去責任主義之規定所能應付，此時應循著無過失責任主義的原則來加以解決。目前並非所有的危險活動皆採無過失責任之規定，於此情況下，若此危險事故的活動引起侵權行為時，應如何解決？依概念法學而言，此乃民法第一百八十四條之問題，除非其他特別法另有規定，仍須以過失責任來處理。而自由法論者則以為此是立法當初未考慮的問題，法律本身有漏洞，應採取不同的原理來解決，亦即不須依民法第一百八十四條之規定來處理，自由法論者強調法典不可避免漏洞存在的必然性，不論是當初未顧及或因社會的變遷所造成，均須將之填補，且此種填補應是基於活的法的探求或活的法的科學認識或自由的科學的探求為之。

概念法學非常偏重邏輯演繹，認為法律的解釋在於探求立法者的原意，此探求只能循著嚴密的邏輯演繹方式去加以確定，對一切法律問題不能有任何目的上的考量或利益衡量，甚至於認為在法典完整性的前提下，對社會上可能發生的各種法律問題，只需將各種法律概念演算一番，即可導出正確的法律解決途徑。自由法論者反對此種方式，例如埃爾利希於《法律的邏輯》(*Juristische Logik*) ❸一書中認為法律的邏輯係指一切法律問題皆必須從現有的實定法或法規範中，透過嚴密的邏輯操作以獲得判決或結論，此種思考方式或邏輯的應用即稱為法律的邏輯。埃氏並認為，歐陸法學上偏重於法律的邏輯，主要是由三個因素促成：

①由於法官作判決時，須受到法規範的拘束。

②因一切法律皆由國家制定，國家制定的法律是唯一的法源。

③因國家的法律秩序，必須彼此不相矛盾，具有體系性或統一性。

此三因素不僅非理論上之必然，亦非歷史上就全然如此，而係十九世紀德國普通法學，特別是薩維尼、普赫塔、溫德灑德等人的法學理論促成的，因而產生法律的邏輯、法律的拘束，但偏重法律的邏輯並非必然。例如在英式判例法國家，一方面肯定法官受到法律之拘束，另一方面卻承認法官可以造法，即法律仍是透過判例的形成發展自成一法律的系統，法官

---

❸　Ehrlich, E., *Juristische Logik*, Tübingen: J.C.B. Mohr 1918.

的一切見解不見得非要從一切現成的法律規範演繹出來不可，還可以利用過去的法律材料創造出新的法律，亦非完全係循著邏輯演繹的功夫來獲得判決。

埃爾利希另外對國家的法律作了指述，認為近代主權國家形成後，於政治上採取絕對的主義的統治方式，使權力高度集中。在近代主權國家形成前，無所謂國家法律，事實上不見得一切法律都要完全由國家制定才可以。而法律體系性的問題，亦是國家法律觀下的產物；因此，國家法律觀下代表國家意志的為立法機關，立法機關是否有統一的意志，將很有疑問。現實上，國家法律的統一性、體系性係為迎合資本主義的要求，並不見得歷史上所有的法律規範，都是出於立法者的統一意志。

由於歐陸法學具有上述法規範拘束判決制定法作為唯一法源和國家法律秩序的、在體系上的統一性等三個特色，故產生偏重邏輯演繹的結果，而這三個特色，實際上是由十九世紀德國的普通法學所造成的。如此一來，一切現實生活的法律案件皆須從國家的制定法依嚴密的邏輯去獲得正確的判決，法律的發現方法（即裁判的方法）只限於實體法的解釋一途而已，法律（國家成文法）亦只有透過這種解釋才能加以確定。法律規範的解釋倘嚴格地限定在現有的成文法規範的解釋的話，則類推已明白的超出了解釋的範圍了。一方面反對類推適用，另一方面在法有漏洞時又不得不尋找解決問題的根據，故只得把類推看成一種解釋❹，主張立法者於現在的法律文字未明白表示者，可以照整個法律體系來看，將立法者未明白表示出來的意思加以探求。因其將類推當作解釋來加以看待，故不認為其在創造新的立法，只是去發現立法者未明白表示出來的意思，作為裁判的依據。換言之，十九世紀之概念法學為著重法律的邏輯，認為一切法律的判斷必須透過邏輯的運用，從制定法本身去引導出來，這種教條牢牢地支配拘束著當時的法學界，但已引起自由法論者的批評。

---

❹　近幾年持有類似觀點之學者，參看例如 Hassemer, W., "Richtiges Recht durch richtiges Sprechen? Zum Analogieverbot im Strafrecht," in: Grewendorf, G. (Hrsg.), *Rechtskultur als Sprachkultur.*, 1992, S. 88.

　　根據自由法論的看法，概念法學思想下支配的法學者只能透過邏輯演繹的方法去獲得判決結論，只強調邏輯演繹的嚴密性，甚至犧牲了判決不可少的利益衡量或目的考量。埃爾利希認為這種法律邏輯的推理雖在初學者整理法律的體系時，發生了極為重要的機能，不但可以使所繼受之羅馬法不致紛歧，也可以符合法律的安定性要求。但十九世紀後半社會經濟發生激烈的變遷單純仰賴法律的邏輯已不能迎合現代化法律生活的要求。因此有必要法解釋學將其基礎建立在科學的經驗研究之上，以促成法學的科學化，建立科學的法學。基於這個論點，現代的法解釋學主要的目的在促進吾人的社會生活，因此必須將目的之思考方式帶到法學領域裡去，即法律的解釋必須容納目的論的思考方法，法律的判決必須從對法律能實現的有效性的程度來重新檢討。過去的概念法學往往為了邏輯的嚴密性而犧牲了目的之考量，但自由法論強調法律的邏輯只是手段，而非目的。然而，自由法論亦非主張把法律的邏輯完全排除在法學之外，更不是主張法官可以完全不要邏輯而自由的發現法律。因為這無異完全排除了制定法對法官的約束，嚴重的話會導致感情法學而與自由法論無關。

　　因此，自由法論雖批評法律的邏輯，但主要是針對傳統的概念法學把邏輯演繹當成目的本身的傾向，並非排斥法律邏輯的本身；就自由法論的觀點而言，法學上的邏輯只是一種發現的工具而已，並非目的本身，通常法官欲下判決，皆須先有一具體的結論，而欲使其判決有法律上之依據，須再透過邏輯演繹的方法去發現作為判決前提的法律來支持其判決。邏輯所扮演的角色，只是一種發現的工具，可稱為「探問之邏輯」(logic of inquiry)，只是去發現何者為合乎判決之法律前提的工具手段而已。亦即一切法律案件的判決或解釋方法在事實過程上都不是先從法律的前提循著邏輯演繹的方法去獲得，而是通常都先有判決，再利用邏輯去發現何種法律前提最適合此一判決結果，這點與杜威的實用主義作為一種工具主義 (instrumentalism) 的觀點很相似。

　　概念法學否定司法活動的造法功能，因其認為法律是完美無缺的，法學者所使用的方法為嚴格的邏輯演繹，不能有任何的目的思考、利益衡量，

故法官的判決只不過是法律嚴格的複寫而已，談不上司法造法或創造法律的功能。然自由法論者卻強調法官的司法造法的功能，法官是無時無刻不斷地創造新的法律，因原則上沒有任何案件是完全一樣的，皆有新的成分包含在內，法官對包含有新成分的案子所作成的判決，多少是在創造新的法律。特別是英美法，非常強調此種觀念，司法造法在英美法頗為發達，邊沁 (Jeremy Bentham, 1748–1832) 就將英美法普通法的傳統稱之

圖 5–1　邊沁 (Jeremy Bentham, 1748–1832)

為「法官所造的法」(judge made law)。法律的主要法源即為判例法，即法官就具體案件一方面依據過去的判例看待，另方面由過去的判例推陳出新，迎合新的問題而不斷思考，將其睿智融合到法律裡而創造出的新法律。

　　但十九世紀歐陸的普通法學卻嚴格的否認了法官的司法造法的機能，直到自由法論出現以後，此點方被重視。法官如何造法？就此，自由法論者亦非漫無限制的認為法官可任意的造法，僅設有成文法規（制定法）存在時，法官依然是要依成文法的規定去判決，於此範圍內，法官造法的機能或機會就很少了，但自由法論很強調法律絕不可能是完美無缺的，法律的漏洞是不可避免的，不僅由於立法者的疏忽，一時考慮的欠缺周詳，同時亦因新的社會經濟的變遷會帶來一些立法者未曾想到過的新問題。於此情況下，法律必然會產生漏洞或欠缺，於此範圍內，法官可以自由去造法。至於如何造法，法官當然是根據活的法律規範的探求來加以填補，而非可任意地去創造。

　　概念法學之所以否認法官可以造法，一方面是基於三權分立的理論，以為法官若可造法，則必濫用權力，造成對人民自由權利的侵害，故法官須牢牢地受法律的拘束，他方面亦因當時一致認為法典、法體系是完美無缺的、無漏洞可言，所以視法官為法律的奴隸，以保障人民的自由權利，且欲以此維持法律秩序的安定性❹。根據自由法論，此乃一種迷思，他們

---

❹　德國法學者拉倫茲以如此的觀點不僅批評概念法學，依拉倫茲的觀點，甚至利益

強調以此方法來抑制法官的恣意是辦不到的，因為法律必然有漏洞，法官必然要對社會上的許多利益加以衡量，明明出於法官的價值判斷或政策性的衡量，卻一定要以法律的邏輯的外表去包裝起來，以隱藏法官的造法的功能，此對法律秩序的安定性沒有好處反而有害處。而造法的時機，在自由法論亦有其界線，第一個是必須透過科學的探求去發現活的法律，即必須受到活的法律規範的限制，若活的法律規範很多，則法官必須進一步考慮到整個法律秩序的體系性，亦即法官必須要考慮到法律的傳統，根據過去歷史的發展，將之作為一衡量的標準，而非漫無限制的造法。

二、 自由法論的貢獻

十九世紀後半以來，因社會經濟的劇烈變遷，產生了許多社會問題，不是原來民法體系所能因應的，故原有的市民法，乃發生了根本性動搖。以民法來說，例如契約自由的理念、過失責任等，到了二十世紀以後就很難加以適應，此時於法學上就產生了一種需要，即如何對這些新發生的問題尋求一種法律原理原則來加以解決。於此要求下，自由法論者提倡可以自由的、科學的方法來探求活的法律，或自由的去創造法律的學說理論，自然很容易地被接受，對思想運動的展開也是很有幫助的。自由法論在法學上的貢獻，具體來說，如在法律制度上，我國民法第一條的規定，即完全是自由法論的基本思想。民法第一條明白規定「民事，法律所未規定者，依習慣；無習慣者，依法理」。此習慣即相當於自由法論所提倡之「活的法律」。而無習慣時，還可「依法理」，即為法律的自由創造。因我國民法第一條係源於 1911 年的瑞士民法，瑞士民法的起草者胡柏本身即為自由法論者，故將自由法論的基本思想引進作為瑞士民法第一條之規定。於今此種思想漸被各國法律於事務上認為是當然之理了，日本民法雖無類似條文的規定，但戰前卻以政府頒布政令的方式，規定可依條理來裁判，戰後修改民法時，即將之納入民法的規定之中，此以為一般的趨勢，認為成文法並

法學者（尤其黑客）的相關基本立場都是如此；參看 Larenz, K., *Methodenlehre der Rechtswissenschaft*, Berlin, Göttingen, Heidelberg: Springer, 1960, S. 190 f.

非唯一的法源，成文法之外，還有許多的補充法源。此即自由法論的具體成果。在刑法上，雖因罪刑法定原則的限制，而禁止法官自由的創造刑法條文，但刑法理論上例如教育刑理論以及目的刑理論，則明顯受到彼時自由法論者所影響。

自由法論明白承認目的考量或利益衡量在判決上的地位，可以使法官判決思維的理論架構明晰化，不必將目的或利益的觀點借用邏輯的外衣加以包裝。因此，判決可以更理性化。

其次，由於自由法論公開承認法官可作目的論之思考，則如何法官在作目的考量的實質理由於判決書中即可寫出，其結論和考量間之邏輯關係如何，推論過程如何，皆可表面化，而不必隱藏在邏輯的外衣之中，便於事後上級審及法學者的審查及批評。倘目的（結論）皆同，剩下的只是採取何種推論途徑更有效，此推論即具有客觀性；倘於目的考量，對法官的目的選擇有不同的意見，亦可由另一角度提出不同的目的選擇，來加以批判，從倫理的觀點來加以批評，使判例的批評更具說服力，或使法學的討論更趨於理性。

自由法論的第三個貢獻是引起人們對法律社會學的重視。法律社會學與自由法論事實上是不可分的，許多自由法論者同時是法律社會學家，此種關係並非偶然。因自由法論者強調法律有漏洞，必須尋找活的法律來加以填補，而欲發現活的法律，必須透過經驗的科學研究，尤其是法律社會學的研究。於此點上，自由法論一方面批評傳統的概念法學，一方面欲填補傳統法學的缺陷，故以法律社會學作為法解釋學的方法基礎，即法律社會學乃是為促進法解釋學科學化而被提出的方法。

自由法論者埃爾利希，於其 1912 年所發表之《法社會學基礎理論》中，使世人對法律社會學有一粗淺的了解。於此之前，雖已有社會學的研究，但將之應用到法學上，使成為法社會學，最早為自由法論者，而法社會學名稱的確亦自彼始。其目的在避免自由法論被批評為感情法學（若法官可自由地創法，則非憑理性，而是憑感情來作成裁判了），故為維護其理論基礎，主張法官並非無限度地在創造法律，而係有科學依據。因此，自由法

論者乃提出法律社會學體系提供創造法律的科學方法，以使法官的判決合理化。

法社會學的構想，對埃爾利希來說，至少包含著三個部分：第一部分，為對法律史的研究，特別是法律發達的社會史、制度史的研究，此為對法律形成與發展過程的研究，涉及社會經濟的現象；第二部分，為對實用法學成果的研究，或法解釋學的成果，或現實司法過程的研究，歐洲法學對此比較側重在判決所引起的社會效果的研究，對於司法過程本身的研究較少，而美國的一批年輕學者，則對司法過程的研究較多，例如現實主義學派的學者即是，尤其對法官的人格、心理學方面亦多研究；第三部分，為活的法的探求，包括社會習慣或習慣法的研究，這些習慣或社會規範係實際在社會生活中發生規律人們行為之作用，是為制定法的法源（制定法不過是將這些行為規範成文化），若成文法有缺陷，則可由這些行為規範加以填補。

然而事實上這些自由法論者所專注的，是為了批評傳統的概念法學，故提倡自由法學，以及如何架構自由法學的理論體系，故而強調法律社會學的必要性。然事實上對法律社會學實證的調查研究，則委由以後的人去從事。

從法學方法論的觀點而言，自由法論者在理論上有其交待不清之處。從方法二元論來說，某種社會規範的存在，或某種活的法規範在社會現實中規律著人們的行為中，只是一種事實而已，並不當然就應該採作判決的依據，事實的存在 (sein; is) 和應該 (sollen; ought to be) 之間並無必然的邏輯關係。

於此點討論較多者為新康德學派的康托羅維茲 (Hermann Kantorowicz, 1877–1940)。其對存在的事實並不能當然演繹出當為規範的二元論問題討論甚多。亦即社會中所發現的活的法規範，並非可當然地應用到判決之中，尚須有一番目的上之考量或政策上的衡量方可。此衡量係國家有權的立法機關所作之衡量。法治原理為憲法原則，然自由法論者卻主張法官的意思可不必受到法律牢牢的限制，特別是在法律有漏洞時，可自由地創造法律，

而其自由地創造法律固然須依法律社會學的研究成果或政策的目的來考量，但若活的法律有很多，或依法理來裁判有許多途徑可選擇，則須依何者為準？此在自由法論始終提不出一個具體明確的標準。故自由法論後又產生所謂利益法學派，繼續對傳統概念法學提出批評，此點和自由法論同，但另一方面又不同意法官有無限制造法的自由，因此其強調法官於法律有漏洞，欲自由造法時，須受到立法者利益衡量意思的拘束，即須衡量立法者傾向於保護何種利益，並於立法者利益衡量拘束範圍內去填補法的欠缺。然而所謂立法者利益的衡量亦多少有點含糊，雖有時多少可看出立法者的大概傾向保護弱者，但有時立法者的利益衡量卻見仁見智，仍然欠缺絕對客觀的標準。

　　針對自由法論、利益法學派均無法提出一確切標準，因此戰後以拉倫茲為首，提出客觀價值的探討，提倡價值法學 (Wertjurisprudenz)。

第五節　裁判的準立法功能

　　司法造法為自由法論的核心問題之一，其有關法官於法律有欠缺、漏洞時可自由創造法律之見解，無異承認法官於某一程度的範圍內亦有準於立法者的造法功能。另除自由法論外，現有許多法理論亦支持此見解，例如凱爾生的純粹法學，此向來被誤為概念法學，然凱爾生 (Hans Kelsen, 1881–1973) 於《法的純粹理論》(*Pure Theory of Law*) 中明言反對概念法學，一般人所以易犯錯誤，乃因純粹法學一般被視為法實證主義的典型理論，而法實證主義又被視為概念法學，故一般認為純粹法學有流於概念法學的傾向。一般的法律規範及行政命令、行政處分、判決、私人間的契約，此階層構造，由靜態來看，等於法律的妥當性或效力依據的關係，即判決何以有效，以其係根據法律來作成判決，法律之所以有效，以其係根據憲法而制定；他方面由動態來看，是一種創法的過程，立法者主要的任務是依據憲法來制定法律，亦是在造法，二者任務上或工作的性質上，原理上並

無二致，完全皆具有造法的功能，唯一的差異是立法者立法時所擁有的裁量權比法官依法作成判決時之裁量權要廣泛些，此乃因憲法上的文字較籠統、抽象而不特定，故於憲法下，立法者立法的可能性，裁量的餘地較寬，法官是依法律來裁判，法律的規定自然比憲法具體，裁量的餘地必然較窄。

　　德國戰後評價法學 (Wertungsjurisprudenz，亦有人翻之為「價值法學」) 同樣持著類似的觀點。拉倫茲為該學派重要代表之一，他在其《正確的法》(Richtiges Recht) 一書 ❷ 中主張，立法者不可能在實證之法律中規範一切現實生活中的情況。雖然法律明顯規範許多構成要件，也明顯不規範許多其他的構成要件，但無可避免地留下些許情況，法官無法直接依法律條文來決定相關情形該怎麼裁判。因此，法官不可如十九世紀概念法學所主張，單純地運用法律之涵攝 (Subsumption)，即將條文以一種機械式的邏輯套用在特定事實上而依此得出一種必然的法律效果。法官反而必須在具體個案中行使其個人之評價 (Beurteilung)，即行使某程度的裁量空間，拉倫茲稱之評價空間 (Beurteilungsspielraum)。然而，拉倫茲強調如此的評價並不是一種毫無根據的、高度主觀的活動，反而必須考慮到⑴相關法律條文之文義（即狹義之法律解釋）、⑵規範目的、⑶立法意旨、⑷整體規範之基本原則及⑸立法者的相關價值判斷等等。依拉倫茲之觀點，法官甚至不得任意運用前述評價標準，反而必須考慮到，何種標準與相關個案之爭議點的內在關聯 (innerer Zusammenhang) 最為密切。

　　依此，法官依法審判之依據必然含蓋兩個層次，其一為法律 (Gesetz)，其二為法 (Recht)；前者較為狹窄，且為後者所包含。當法官法 (Richterrecht) 無法依據法律找到具體個案之合理的答案，則必須依據相關法律之評價標準找出一個合乎正義的、正確的答案。

　　戰後的德國法相當重視相關問題，並且在拉倫茲所描述的限制以內也確實允許法官法，即法官造法。其實，在一般印象中之德國法為歐陸成文法體系與傳統之重要代表之一，因而不可能給予法官相當大的「裁量空間」。

---

❷　參看 Larenz, K., *Richtiges Recht—Grundzüge einer Rechtsethik*, München: C. H. Beck, 1979, S. 152 ff.

然而，在概念法學失敗以及德國實證法學派亦承認絕對價值（即人權）存在之基礎上，德國法允許法官在特定限制以內予以造法，即法官直接擔任立法者的角色。在此，法官法的實質界限有二：憲法訴訟中之法官不得將憲法條文本身予以審核，僅可以對於憲法以下之普通法等規範提出其合憲性與否的意見，因此受到層次上之拘束；在另一種情況，法官在法規範低度發展之領域必須解決法所未規範的現象，經由一序列的先例，法官不僅解決許多個案中之紛爭，同時也創造整體社會的相應制度。

就違憲審查而言，法官可以經由憲法解釋宣告普通法違憲；為了保護當事人之利益，憲法法院之判決此時可以直接得到立法之普遍效力。除非立法者在此之後將相關事項重新以一種合憲的方式予以修正，不然相關爭議必須以憲法訴訟之判決主文為法律依據。雖然聯邦憲法法院如此的判決在社會輿論中曾經引起過爭議，但眾說紛紜的乃係相關議題是否應該如此解釋與解決，即憲法法院之價值判斷是否合乎一般社會的觀點。可是，憲法法院之判決本身是否破壞三權分立之基本體制一問題，並不引起熱烈討論，也沒有人因而要求設立解釋憲法之新限制。就德國聯邦憲法法院例外所扮演的立法功能，可舉下列具體案例：雖然德國刑法第一條明定罪刑法定主義，即對於法源之正當性提出相當高的要求，但戰後德國刑事法典之修法案件中，仍有兩個案件直接以憲法法院之判決為修法依據。這些判決具有實質立法的功能，因而登載於專門公布新立法律之《聯邦立法公報》(*Bundesgesetzblatt*) 第一冊中❸。由此得知，憲法法院之判決可以直接具有立法功能，即構成所謂法官法的具體案例。

法官法第二個重要的類型出現在立法者尚未規範或未充分規範的領域。舉例言之，德國在十九世紀末擬定民事法典 (Bürgerliches Gesetzbuch)；當年的德國社會才工業化沒多久，且還有將近二分之一的人口從農。因此，民事法典的草擬者較為熟悉的是農業社會中的質權，所以將相關制度於民事法典中規範得相當完整。然而，此種制度在工商社會快速發展時，無法

---

❸　參看 Entscheidung des Bundesverfassungsgerichts — 2 BvR 27/60, BGBl I 455; Entscheidung des Bundesverfassungsgerichts—1 BvF 1/74, BGBl I 625.

滿足企業之融資需求。因此,企業發展出其他融資模式,即現今之動產讓與擔保制度。因為相關制度在民事法典中缺乏一個完善的規範,所以法院不得已必須經由判決中之說理來解決相關糾紛。如此所形成的先例 (Prä-judiz)❹逐漸創造一個相當複雜的動產讓與擔保制度。雖然立法者後來多次著手於相關立法,甚至已擬妥立法草案,但由於沒人能夠準確地預估新立法一旦實施將對經濟運作的衝擊究竟多大,所以德國國會迄今尚未通過相關立法。因此,企業及金融機構兩者始終仰賴法院之一系列的判決先例。因為此制度相當完整,但未得到立法者之認同,所以甚至有德國學者比喻相關制度係司法之私生子❺。可見,法官經由一序列的個案而創造制度。因為此制度創新不斷地思考具體的爭議問題該怎麼解決,使得相關個案及其背後制度才合乎市場需求與社會有關公平之理念,所以所創造的制度就具有非常大的實效性。因為立法者無法得到更多有關社會事實之有效知識,所以寧可接受法官造法的事實,也不要因堅持自身的角色而很可能犧牲廣大的經濟利益。

---

❹　參看 Larenz, K., *Methodenlehre der Rechtswissenschaft*, 6. Aufl., Berlin: Springer, 1991, S. 429 ff.

❺　引自吳光明著,《動產讓與擔保制度之研究——美德兩國與我國現行制度之檢討》,博士論文,臺大法律研究所,81 年 9 月,頁 204。

第六章
法價值論

jurisprudence

第一節　社會科學上的理論與實踐❶

一、科學理論與實踐問題

在法解釋上而言，法學之理論認識因素及實踐評價作用是錯綜複雜地交錯著，於此，法解釋學固是一門應用科學，為其基礎者當然是法律社會學、法律史學等，此皆可稱之為法經驗科學。至於理論科學，循著邏輯演繹之方式而為者，而經驗科學是以理論認識為主要的基礎，著重於經驗事實的調查研究，是以經驗事實的理論認識為其基礎，嚴格禁止評價的態度，如涉及價值判斷，則已超過理論認識的範圍。

在科學上嚴格區別理論認識及實踐評價，當然會引起許多爭議，持此主張者，多基於新康德學派方法二元論的基礎，謂理論認識不可與實踐評價混淆，二者要加以嚴格的區別。對此一基於二元論的立場在科學上嚴格的區分理論及實踐評價的說法，有許多不同立場的人，提出反對的看法❷。

理論與實踐為何要劃分，其劃分是否有何涵義？劃分二者，並非意味其間無一點關聯，至於理論最後的目的仍是在實踐，為增進人類生活上許多目的之達成，才為理論認識之目的。❸

---

❶　本章一節為原稿中之第六章「法經驗科學」；然而，由於此節之內容在原稿之章節安排中一方面作為第七章「法價值論」之科學哲學基礎作準備，且另一方面卻未能充分探討有關法與當代經驗科學間相關的議題，故由編者斟酌將該節納入法價值論一章為第一節。唯原第七章之「現代經驗主義與民主主義」一節，因對於整本書而言有總結之地位，故將之單獨列為本書之第七章。

❷　碧海純一，《法哲學概論》，頁 231。

❸　若想了解此兩種基本態度的差異，則不妨反省中國傳統社會對於「天」的理解：西方人有征服自然，改造自然來適應人的思想，此非東方人思想的特免，東方人強調天人合一，與宇宙協調以求得幸福，較消極，天熱時，西方人會發明電扇，而東方人謂「心靜自然涼」，即是一例。

　　科學理論不論如何專門、複雜，嚴格言之，皆係增進人類適應環境能力之措施，可見得理論本為實踐而存在，一般自然科學家可不討論實踐的問題，但其所提出之理論，歸根結底，皆可應用到實踐之上。可見，即便最尖端的科學研究與人類在歷史上初期所為者,皆同是為適應環境而研究；換言之，為學問而學問是片面的，一切學問都是為了實踐，因此，理論及實踐是不可分的，如謂二者可截然劃分，是不可能。

　　如理論與實踐終究是相互關聯而不可分，為何又要強調理論與實踐要加以區別？假使理論認識及實踐評價混淆在一起，事實上會使理論認識發生歪曲的情形，影響理論的正確性，倘理論不正確，則對於最後要達成之實踐的目的亦有不良的影響，故二者雖不可分，但最後為了實踐的目的，仍須加以區別（而非分開），此亦為了實踐目的，使在實踐上獲得之成功率大，須理論認識正確才有可能。為求理論認識的正確性，應使之不與實踐上許多要求、好惡、慾望、人的期待、感情等相混淆，要求人在認識的過程中，將上述因素嚴格加以隔離。此事實上很難，因為人總是人，為感情的動物，在心理上有許多的限制，特別是從事社會科學研究之社會學者，一方面了解人有許多實踐上的慾望，他方面要想法約制之，自覺的加以隔離，此為從事學問研究的第一步驟，亦為其義務。於此單靠上述努力還不夠，人有許多喜怒好惡、期待，有時藏於人的心層底下，自己亦不知道，不太能加以約制，故一方面要努力的保持冷靜的態度，他方面須靠學問公開批判、自由討論的性格。

　　東方人亦有征服自然的思想，如荀子是，其於〈天論篇〉中，以破除迷信為其自然的看法，過去的天是帶有神格，而可賞罰善惡的，〈天論篇〉中則強調天完全是受因果律之支配，是物質性的天，並無任何思想，而謂不要把天當作至高無上的天來崇拜它，應與其他物同，當作物來畜養之，研究其道理，且控制之，不要從天而公頌之，而應制天命而因之，勿因物多而讚賞它，應利用許多物理原則、化學原則來改變它，凡此皆為了不起的思想，此不頌揚天，要理解萬物的許多道理之思想，即是較積極的去改造適應自然環境的思想，亦為征服自然的思想。有謂荀子說「聖人示求知天」之句，是不科學的，而對其思想加以排斥，此實是不了解其含義，不求知天，是不求知道天的意思，天意是形而上的，應努力盡人事。

圖 6-1　韋伯 (Max Weber, 1864-1920)

理論與實踐的關係，雖理論終究為實踐而存，但正因如此，才有理論自實踐的支配下解放出來的必要性。理論及實踐的區別在自然科學上從不發生很大的爭議，視為當然，但在社會科學的領域中，此要求引起很大的爭議，其爭論的中心點，在於社會科學與價值判斷之關係如何，可否完全隔離，價值判斷對於科學研究，到底有多少貢獻。此問題的產生，事實上是由韋伯所寫的一篇文章中所引起的。韋伯，1886 年通過司法官考試，1889 年，一方面當實務推事，一方面至柏林大學唸書，跟隨當時羅馬法的教授孟森專攻羅馬法制史，其學位論文為《中世紀公司之發達史》(Die Entwicklung der Gesellschaft im Mittelalter)，1891 年升任講師，升等論文為《羅馬農耕史》(Die Geschichte des römischen Ackerbaus) 涉及許多社會、經濟的層面，1892 年正式擔任柏林大學的講師，教授羅馬法、德國法、商法，最後在柏林大學升至教授之職，其主要著作甚多，特別是對於宗教社會學、經濟學、社會學的理論或方法，有許多著作，貢獻很大。韋伯於 1904 年在社會科學及社會政策雜誌所發表的〈社會科學及社會政策認識的客觀性〉(Die Objektivität der sozialwissenschaftlichen Lehre und sozialpolitischen Erkenntis) 一文中❹，強調理論認識及實踐區分的重要性，說明經驗科學的任務在經驗事實的調查研究及理論認識，並不在為實踐提供直接的指南，也不是在社會政策上以科學之名發表任何政策主張。

社會政策上有許多問題涉及實踐的評價，此為價值判斷的問題，無法以科學的方法來求得解決，社會科學是透過因果律的方法，來觀察社會上許多的現象及其變化，並探查其間的關係，至於提供政策以任何建議是另一個層面的問題，社會科學的認識要保持客觀性，須將理論及實踐加以嚴格的區別。社會科學與自然科學不同，自然科學考察的對象為無意志、無生命之物，其間並不涉及價值判斷，而社會科學則以社會現象為其文化現

❹　M. Weber, *Gesammelte Aufsätze zur Wissenschaftslehre*, 3. Aufl., 1968, S. 146-214.

象考察對象，此不外乎是人的行為，人是有感情的、有慾望，亦有需求，即會涉及價值判斷的問題，對社會現象中所包含之價值判斷，如何觀察，如何保持社會科學的客觀性，難免會發生許多爭議。

韋伯上文受到許多批評，故於 1917 年發表〈社會學及經濟學價值中性的意義〉(Der Sinn der Wertfreiheit der soziologischen und ökonomischen Wissenchaften)❺一文來回答許多問題。為何韋伯要撰文來說明社會科學的方法？其直接動機，主要是在本世紀初，德國學界普遍流行有如下的看法，即對當時正在發展中的德國社會，特別是社會、經濟政策方面，提出一理想的社會藍圖，且對各種社會問題提出解決之方案，此被認為是社會學家、經濟學家責無旁貸的任務。至於為何當時社會學家、經濟學家有如此看法之爭論，會使韋伯寫成該文，此涉及當時德國的政治情況，德國自十九世紀後期以來，尤其自俾斯麥執政以來，積極推行國家主義的社會政策，一方面設立關稅制度，以保護國內企業、農業之發展，他方面對支持企業的勞工採取安撫之措施，當時德國資本主義的發展較落後，為迎合英美資本主義的潮流，採鐵血政策，有許多推行國家主義的立法及保護措施，此措施雖受到若干經濟學家的支持，特別是施墨勒 (G. Schmoller)、華格納 (A. Wagner) 於理論上支持之，但亦引起許多學派的反對，以為此政策的推行，對舊有之封建貴族等資產家階級不利，此主張者之自由國際主義色彩較濃厚，提倡自由貿易政策，多為經濟學家。當時經濟學界對於國家政策有許多意見的對立，此不外乎有三個方面：

⑴施墨勒派

一般稱之為講壇社會主義 (Kathedersozialismus)，施墨勒以歷史研究為中心，或稱之為歷史學派。施墨勒基於自然史學、社會、經濟的研究，主張社會政策、經濟政策應以滿足國民的福利為最高的指針。

⑵古典之經濟學派特別是以邊際效用之理論為中心者

代表人孟爾 (C. Menger)，主張要增進生產，以解決社會經濟問題。

⑶馬克思派

---

❺　同❷，頁 485—540。

主張打倒資本家，要階級鬥爭，使勞工根本上受益。

以上三學派，由各種不同的觀點，為社會的遠景提出不同的口號及政策，韋伯對馬克思之立場加以反對，馬克思雖支持俾斯麥的政策，而韋伯的父親亦支持之，但韋伯認為俾斯麥的政策只對新興的資本家有利，而忽略了其他人。對馬克思之立場，韋伯認為馬克思對許多經濟上之新現象不能加以解釋，只講求概念，而不了解當時社會經濟的狀況，故不能把握到流動性很大的經濟現象。韋伯對馬克思支持者之立場，固加以同情，但因其本身為虔誠的基督徒，使其偏向自由主義的立場，對馬克思亦加以批評。韋伯更強調，在社會、經濟上有許多理想、藍圖被提出，且對這些理想、藍圖產生出許多爭論，但爭論是否可以科學原理來加以解決則為一根本問題。韋伯寫此篇文章的直接導火線，是 1901 年左右，社會學會年會中，施墨勒首先發表一篇論文，韋伯針對該文加以猛烈的批評及攻擊，自此以後韋伯對於社會科學對社會政策可以有多少貢獻，可否以科學的名義來主張何種社會政策，支持何種理想藍圖等問題，皆自基本的方法論來加以反省，因此在 1904 年發表該篇文章。韋伯認為任何的理想藍圖皆高度涉及實踐評價的因素在內，此意見的互相對立，是無法以科學的方法來加以合理的解決，如將此爭論帶進科學領域，是徒增理論認識的困擾，會損害到社會科學的客觀性。

許多社會政策的主張所訂立的目標，例如人類的物質幸福、國民福利、財物的重新分配等等，畢竟是由來於主張之個人的世界觀，其本身並無任何可合理加以探討的途徑，以解決何者具妥當性的問題，有關此問題之探討或政策目標之制定應與科學認識嚴格地加以分離，科學與價值判斷不應加以混淆。因此，韋伯在該文中認為科學對實踐政策上的關係如何，是否有貢獻，在何範圍內可貢獻，是其文章的重點。韋伯於其文中提及理論及實踐要區分，並由此導出了價值在科學研究中的地位問題。

社會科學家在從事科學研究中應嚴格遵守價值自由 (Wertfreiheit)（所謂價值中性）的要求，對價值要保持中性的態度，謂自價值中解放出來（或稱免於價值判斷，即價值自由）。

社會科學之考察對象，皆為社會現象、價值現象，科學家如何在價值自由的要求上進行社會科學的研究？馬克思認為二者根本不可分，如何可能達到價值自由，因而對價值自由之意義引起許多爭議。韋伯對此許多爭議，於 1917 年再撰文澄清之，說明價值自由的涵意，其事實上的涵意，於此借助賴特布魯赫之見解來說明，賴特布魯赫與韋伯同屬新康德學派，其認為人對外界之事物可採取的態度，總略可分為四種：

①價值盲目的態度 (wertblinde Haltung)——自然科學家的態度。

②價值關係的態度 (wertbeziehende Haltung)——社會科學家的態度。

③評價的態度 (bewertende Haltung)——哲學家、美學家的態度。

④價值超（越）的態度 (wertüberwindende Haltung)——宗教家的態度 ❻。

社會科學的認識頂多涉及前三種態度，而對所謂價值超越的態度，即對現世界、俗世中，認為是高尚的、可讚美的、好的價值，或是令人厭惡的、應反對的、不好的價值，一律加以超越，即一律採取兼容並蓄、包容的態度，認為現世界的一切價值，皆非真正的價值，真正的價值不在現世界，而在彼岸的天國之內。此種態度在社會科學的認識中，大概牽涉不到。

其中價值超越的態度與社會科學之方法的關聯較疏遠，而韋伯所謂之價值自由究竟相當於何種態度，在此進一步來加以分析。

⑴價值盲目的態度

人在觀察一事物、社會現象或文化現象時，往往帶有價值的因素在內，價值盲目的態度，即觀察者有意識的捨棄掉附著在觀察對象上之許多價值因素的態度，此態度在社會科學中是否可能，另外再談；此價值盲目態度主要為自然科學家所採的態度。在未開發的人類或幼兒時期，其思想較質樸、幼稚，因而對於許多的自然現象，往往以價值關係的態度或評價的態度來加以解釋，新康德學派之學者卡希爾 (E. Cassirer) 在提到人類時，曾有一篇有名的文章，其中指出對一個未開化的人或較幼兒時期的人而言，其所處的世界，是充滿價值因素的世界，社會與自然渾然成為一體，並無所謂社會與自然之分，其所見的現象，包含宇宙、自然的現象，都是充滿生

❻　G. Radbruch 等著，田中耕太郎譯，《法哲學》，1961 年，頁 105—110。

命的，其視天災地變，乃至宇宙的生眾萬象，為神力鬼怪感情的表現，在他們而言，自然世界中，有冥冥之中肉眼看不見的主宰存在著，其可賞罰善惡，天災地變即是此主宰喜怒哀樂的表現，人們對於自然現象的解釋，往往以人世間賞罰善惡的原理為之，特別是如打雷、饑荒、水災等種種自然現象，都是此一主宰者對某些人或是統治者懲罰的表示，此類情事在《尚書》、《左傳》等書中記載頗多，由其中可知此思想的特色。而且不問在東西方，都有可以找到類似思維的實具。在此情況下，自然現象科學的認識，特別是自因果律的角度來解釋自然現象的態度即無由產生，因其往往以賞罰善惡、因果報應的原理來解釋周圍的自然現象。

　　自然現象之科學的認識，唯有除去此種較幼稚、質樸的宇宙觀、物活論（animism，任何事物都是活的）的解釋才有可能。自然科學的建立，第一步即須把何為社會科學的知識，何為物活論的幼稚見解加以區別，至少要把社會與自然加以區分，不可把自然現象以社會的許多原理來加以解釋，否則即成為物活論的見解或擬人化的宇宙觀（視萬物為宇宙所主宰，一切變化皆其意志的表現），此在古代的中國，天人感應說（謂人事與自然可以互相感應）相當普遍，以迷信來加以看待。荀子的〈天論篇〉為古代較富科學精神的篇章，謂「星墜木鳴，國人皆恐，曰是何耶」曰無何耶，是大地之變，陰陽之化」提倡「明乎天人之分，真可謂聖人也。」以古代人類認為任何的宇宙現象皆象徵吉凶，而荀子認為宇宙自然的現象，是受因果律的支配，並無賞罰善惡的意義在內，在人事間，亦盡人事，是受禮義所規範，與宇宙因果律的規範不同，謂支配社會的原理與自然的原理不同，此相當於今日的二元論，荀子又謂「唯聖人不求知天」，有謂「知天」係指了解自然而言，而稱荀子是違反科學精神的，但所謂「不求知天」，應作不求知曉天意之解，較能與其意思一貫。

　　自然科學認識的態度，不問在東西方，能夠將之加以區分，以價值盲目的態度來研究，亦不過是近代的事情。在西方，一直到十九世紀，還有人主張宇宙具目的之進化，例如拉馬爾克 (Jean-Baptiste-Pierre-Henri de Monet Cavaliere di Lamark)，亦謂宇宙的發展是朝向一定的目的而來，此非

完全價值盲目的態度，多少仍帶有價值關係的態度來關察自然。十九世紀中葉以前，或明言達爾文發表《物種起源論》(1860) 以前，認為人種是神的造化，神開天闢地，創造人類，而達爾文之《物種起源論》則由生物演化之觀點來解釋人，是由較底等的動物逐漸進化而來，雖受到懷疑，以為為何有些動物會進化，有些則不會，但達爾文的方法論至少排除神的造化等價值關係的態度，而完全以價值盲目的態度來觀察生物現象，把生存競爭、自然淘汰等原理應用在生物學上，以解釋生物進化的現象。自然科學的方法，其特徵即為價值盲目。人見到許多現象，多有自己的感情評價，若未經嚴格之自我分析、反省的過程，而把本屬於自己的感情評價看成對象本身的性質來觀察，此種以己身認定之自然現象所含的意義，將之灌入自然現象之中，認為此係自然本身性質的態度，並非研究自然科學應有的態度。自然科學不盡然全是價值盲目的態度，例如動物心理學，對其觀察不可以價值盲目的態度為之，而須採取價值關係的態度來加以觀察解釋，如現有一猩猩連接兩棒以鈎取香蕉，此行為若單以價值盲目的態度來觀察，則不可了解其行為，非採價值關係的態度來加以觀察不可，須把猩猩的目的在吾人的思維過程中加以考慮，一併觀察，再據其目的來解釋其行為，其目的是為了要吃香蕉，若不加以考慮則無法解釋其連接棒子鈎取香蕉的行為。

價值盲目固然是自然科學家所採的態度，但自然科學的方法，不限於價值盲目的態度，有時亦要採取價值關係的態度，可見自然科學與社會科學的界線，並非截然可以劃分的，價值關係的態度是社會科學家所採的態度，但自然科學家有時亦須採取價值關係的態度。

(2)價值關係的態度

價值關係的態度是一個觀察者在觀察或研究對象時，把對象與觀察者自己思維的目的或價值，使之發生關聯來加以考慮的態度，觀察者在此時並非價值盲目或是把與對象有關聯的價值因素完全加以去除，而是將其納入視野裡面，而把具體可見的事實及其目的，使之與價值發生關聯 (auf Werte beziehend)，在此關聯上來了解、認識該對象。於此有一點不易說明，

人的社會行為多半具有目的，為實踐某一目的，才採取某種行動，要了解人的社會行為，至少須考慮其目的，透過目的來了解其行為。

但問題是目的本身是在人的主觀意識中，此目的倘不明白說出，則如何觀察行為者之主觀意識？結果行為者之目的變成觀察者所了解之行為者的目的，而不可謂行為者的目的必是如此。因此，倘觀察者所設想的目的發生錯誤，則該目的不能解釋行為者之行為，須另行假設。

評價因素乃至於某種價值，事實上並非由對象本身可觀察而得，而是觀察者在其主觀意識中，試圖設想的目的，使之與所觀察之行為發生關聯，以解釋對象之行為，此為價值關係的態度，屬於社會科學研究不可不採的態度，否則社會科學的研究即成為不可能。例如法官或檢察官在調查一嫌犯的犯罪行為，為何犯罪，亦為一價值概念，在其心中已有一定的評價，以此觀察嫌犯的行為，是否與犯罪行為之構成要件相符合，否則即無法了解其行為為何。日常的社會現象、文化現象，皆與所謂的價值密不可分，因而在社會科學內要觀察社會現象或文化現象，須將觀察的對象與特定之社會價值、文化價值配合在一起，使之發生關聯，方可觀察之，否則無法考察對象，即便可以考察，亦無任何意義，不能知道該對象間究竟有何關聯。

1958 年，美哲學家教授傅勒 (L. Fuller) 與法律系教授納格爾 (E. Nagel) 就社會科學的研究方法與自然法論發生爭執。傅勒於其中舉了一個例子，傅勒之主要立場為新自然法論，在法哲學內存在與當為是不可分的，法律與道德亦不可分，以此為基礎來建立新自然法論，主張價值與事實的融合，傅勒所舉的例子，為一孩童在沙灘上散步，看見一蚌殼，玩了半天，猛地往地下一摔，又由口袋中掏出一把小刀，試圖剝開蚌殼，其後又升起一把火，把蚌置於其上烤，最後很滿意的走開，此一連串的行為，如不把其目的考察在其中，簡直無法加以解釋，其目的就是在撥開蚌殼，故事實的了解與目的之評價，是不可劃分的，傅勒欲以此例來說明之，以建立其自然法論，此例子可謂一價值關係的態度，如不把其目的容納進來加以考察，則無法了解其行為。❼ 由上所述，可知社會科學研究之態度，不可單純以

價值盲目的態度來觀察，而須採價值關係的態度為之。

(3)評價的態度

評價的態度即觀察者本身放棄局外者或旁觀者的立場，進一步對於其所考察的對象為一評價或為一評價的認同。例如上法理學的課，以評價的態度來聽講，如進一步認為其講得是好是壞，則已失去旁觀者的立場，而直接對於法理學的課程為進一步的評價，此與事實是不同層次的問題，此評價的態度如以文章來表達，即為價值文章或價值命題，即另一種價值判斷。

自然科學家於實驗室中作實驗，當然不會涉及評價的問題。好壞必然涉及某一種道德觀念，此態度在自然科學中，通常不會引起爭執。但在社會科學中，究為價值關係的事實認識還是對此事實的評價，有時不易加以區別，因不問事實認識或評價命題，二者在文章的結構都是相同的，皆由主詞與述詞兩部分來構成，很難區別其為價值判斷的文章或只是事實的陳述而已。

例如「孫中山先生是一個偉大的人物」受到許多人的尊重景仰，此為事實的陳述，是價值關係結果的敘述，為社會科學上常見的文章。如其含義為進一步敘述到觀察者個人的情感反應或評價態度，謂我很景仰之，即為評價文章，是有價值判斷的文章。

在社會科學上有許多文章，其在文章結構上相同，但各人了解的層次不同，往往會產生許多誤會，故在社會科學，首先須區別敘述性文章及表達個人態度的文章，前者可以考察，而後者無法以合理的方法加以辯論，此涉及個人態度決定的問題。

綜合比較之，價值盲目、價值關係的主要區別在前者把附著於對象上的價值有意識地加以排除在吾人考察範圍之外，而後者是把價值因素容納在考察範圍內，但就觀察的對象而言，此二種態度皆係立於冷靜的局外人的立場或旁觀者的態度來加以觀察，而評價則是以放棄旁觀者或局外人的

---

❼ 至於基於此了解之行為，是否可以此為基礎來建立自然法論，另有爭點，納格爾即與此點與之展開辯論，於此不述。

立場，甚至進而自己參與進去，對觀察現象而言，是以行為人的立場，直接加以維護或反對。價值盲目、價值關係為理論認識的態度，是靜思的、冷靜的，評價為實踐的、行動的態度。價值盲目、價值關係是一人在決定其行動前，先就對象加以細密的觀察的態度，而評價是以行動者的態度，直接接近對象，加以維護或反對。一方面對強調理論認識及實踐評價之區分的韋伯而言，價值中性當然不可能指評價的態度；但另一方面，亦不可解為價值盲目的態度，因採取價值盲目的態度在社會科學是無法成立的，等於否定社會科學成立的可能性。所以，韋伯所謂的價值中性，應是相當於價值關係的態度。

　　韋伯為何強調社會科學非要採取價值中性的態度來研究不可？韋伯最主要是在強調理論認識與實踐須加以區分，社會科學既為經驗科學，則以事實的理論認識為其最主要的任務。至於對於實踐的價值判斷，乃至於政策的妥當性，則非屬社會科學的任務。韋伯學說引起的爭論，通常有下列數點：

　　有認為韋伯此主張是禁止學問上一切的評價，不可在學問上作任何價值的判斷。但韋伯並非主張學術的文章，乃至於大學的講壇，應將一切政策性的問題，乃至於評價，全面加以禁絕。反之，韋伯進一步承認、明白主張在一定的條件上，應容許學者對某一政策或實踐上的問題作一評價，但強調此條件應嚴格加以限制，不可浮濫：

①學者在作評價時，應清楚地意識到其所依據之價值判斷的標準為何。

②學者在作評價時，應誠實、明白的表示出在其言論中或許多論點中，究竟何言論、何論點是屬於理論認識的成果，何者屬個人的價值判斷，因理論認識與實踐評價不同，前者屬於人的理性判斷；後者則是人的感情範圍，最後涉及的是感情因素。韋伯強調二者不可加以混淆。

　　歸納言之，韋伯即是在主張學者對其所追求的知識應保持一種誠實的態度，即此知識的正直性 (intellektuelle Rechtschaffenheit)，即對知識保持著一種忠實，知之為知之，不知為不知的態度。此至少對一學者而言，是最起碼的義務。其甚至認為學者為了盡此義務，亦即區別理論與實踐，有時

即使犧牲其說服力，亦在所不辭。倘有人對政策有不同的見解，而假借理論之名來主張其見解正確，固會增加其說服力，但欠缺了誠實。韋伯認為，學者為了要嚴格區別理論與實踐，即使其政策性主張或評價失去若干的說服力，仍不可假借理論或科學之名來加以主張。有認為韋伯以此態度來維護社會科學的客觀性，是不可能成立的，主張者多半著眼於在社會科學研究之對象多為人類的行為，而人的行為多帶有評價、目的，如主張價值中性的態度，豈非對人之行為的評價、目的皆加以排斥，如此一來社會科學即無法成立。但此事實上為對韋伯的誤解。韋伯雖主張社會科學研究者不可採取評價的態度，但亦不能以價值盲目的態度為之，相反的，韋伯所採取的價值關係態度並未否認人的行為雖然涉及價值關係，但仍可作為一社會事實來加以研究。帶有價值關係的人的行為亦為某一種社會事實、社會現象，亦可作為社會科學考察的對象來加以探討、考察和了解。韋伯之社會學有一特殊的稱呼，稱為「理解社會學」(verstehende Soziologie)，以為社會學主要對社會上許多現象，有待科學家透過價值關係的態度來加以了解，並客觀的說明這些現象間究竟有何因果關係存在。

韋伯雖主張理論與實踐要嚴格區分，但不否認，對於一社會科學的研究者至少在決定研究的方向或提起問題來加以研究時，或在獲取研究材料時，實踐仍具有決定力，二者是不可分的，理論認識的研究方向，皆由一些實踐的因素來加以決定。韋伯僅謂二者在理論認識的過程應加以區分而已。

理論與實踐的區分是否輕而易舉？韋伯不否認二者難以區分，因人是有感情的動物，人的感情在不知不覺中會滲到理論認識中，有時個人亦很難察覺，正因為如此，韋伯格外強調二者的區分。批評韋伯的人，謂在社會科學中，理論認識與實踐評價既不易劃分，為何非要主張價值中性的態度不可，此主張是否易被認為是把實踐假託為理論成果的結果，即反而是對於假借理論之名來行實踐之實之人提供一藉口，因社會科學一定要涉及價值判斷，何必一定要主張價值中性，反而使一些人可假理論之名，行實踐之實。韋伯正是要批評這種假借理論之名，行實踐之實的態度，才提倡

此價值中性的口號，其重點在批評主張可以從某一事實之觀察導引出實踐的評價，或主張對於一實踐的評價可以經由主事實來加以證明之一元論者。以韋伯之方法二元論的基本立場，主要是由新康德學派而來。新康德學派所以要區別實踐與理論，特別是西南德意志學派多認為價值判斷多少是相對的，不同於事實可以客觀地加以觀察，故乃趨向二元論的立場，以為社會科學家對實踐評價不應置喙，韋伯據以主張社會科學不能為實踐開處方箋。此基本論點最後都可以還原到其為人的態度，以為人應誠實，特別是科學家對其所追求的知識，應保持誠實的態度來追求真實，故理論認識與實踐評價應加以區別，把此一立場應用於社會科學的範圍來加以探討者，韋伯是第一人，亦即認清實踐規範的妥當性與經驗事實認定的正確性，係截然不同的兩回事，實踐評價是否妥當與事實的真假截然不同，特別是在區別存在或當為、事實或規範時。此亦意味著學者應採較客觀的態度來認識事實，事實有時對於認識的人是不利的，則對於此事實亦不應加以迴避。韋伯所要批評的主要對象為自然主義一元論的立場。自然主義一元論主要是完全以事實的認識為根據來導引出某一政策性的判斷。韋伯一方面強調社會科學不能對實踐的問題直接開出處方箋，但認為在某些條件下，社會科學對於實踐之價值判斷仍可為相當之貢獻。首先，社會科學對於某特定的價值判斷可加以論證的分析，可指出的價值判斷的內容有無矛盾存在，或可明白表示出來評價者本身未察覺到之更高一層次的公理，此價值判斷所依據的人生觀，凡此皆可透過論證、邏輯分析的方法來加以判斷，使自己的判斷更趨於理智。

　　某一定之價值判斷的內容已被明白的表示出來，則究以何種方法來實現此價值判斷為最有效，如其實踐上的政策、價值判斷之內容已很明確，則對手段之有效性問題，為一社會事實，在社會科學中可以經驗科學之方法、實驗之方法，客觀地、充分地加以探求。社會科學還可對此手段將來所可能產生的後果，特別是對其附帶引起的負面效果，或至少對於「正」的實現而言有妨害的效果（即對於不希望其發生之效果）加以探討，如此可使價值判斷人、決策者更加審慎地去決定價值判斷。

縱上所述，韋伯雖不認為社會科學對價值判斷是完全無能為力的，應認為社會科學對於某一價值判斷、政策，不能直接告知「該」如何。因此，多少涉及科學認識外之個人態度之決定，或許多文化因素的考量，不能以理論認識的方法為之。亦即韋伯對價值判斷採相對立場，如目的清楚，則可以社會科學的方法來加以探討、論證，此在社會科學中是可以加以客觀的討論。經驗科學的最終目的即在發現此一般性的法則，由各個觀察命題去獲得某種法則性的知識，據此一般性的法則方可預測將來發生的事實，而增進人類對環境的適應性。但經驗科學固然大部分是在發現此一般性的法則，但非全然如此，亦有部分的科學是根據一般性的法則來說明個別的科學現象，於此援用西南德意志學派李凱爾特 (H. Rickert) 科學分類法 ❽，其把科學主要分為文化科學及自然科學二大類，再於二類科學中，依學者在從事學術活動時，概念構成的方式來區分，大體上而言，分成一般化的概念構成與個別化的概念構成。

表 6–1

一般化與個別化 與價值之關係	一般化的概念構成	個別化的概念構成
自然科學（價值盲目）	一般化的自然科學 例如：物理學、化學、生物學	個別化的自然科學 例如：地理學、地質學
文化科學（價值關係）	一般化的社會科學 例如：社會學、法社會學、經濟學	個別化的社會科學 例如：歷史學、法史學

一般化的概念構成，其目的在發現法則，而個別化的概念構成，則著重於個別事件的記述或說明，以已經發現的經驗法則加以因果的說明。李凱爾特於其中把科學分為自然科學與文化科學，自然科學以價值盲目的態度來進行，而文化科學以價值關係的態度來觀察。自然科學中概念的構成有一般化的概念構成，即一般化的自然化學，例如物理學、化學、生物學，於此領域內，學者試圖發現一般性的法則，由個別觀察命題中，透過歸納

---

❽ 關於 H. Rickert 理論之介紹，詳見 A. Brecht, *Political Theory*, 1959, pp. 209–212.

的方法去獲得法則性的知識，要求其所獲得的知識為一般化的觀念，例如物理學的法則，孟德爾的遺傳法則。又有個別化的概念構成，即個別化的自然科學，例如地理學、地質學，其發現非由某種地理學上的觀察，綜合而得一般性的法則，往往是利用已知的一般性法則，來說明個別特殊的現象，地質學亦同。

　　文化科學（社會科學）亦可分為一般化的文化科學與個別化的文化科學，前者學者在此學問領域內，是透過經濟現象、社會現象的觀察，試圖獲得某一種社會法則，或經濟法則，例如社會學、經濟學、法社會學者是；而後者，例如歷史學、法史學，在歷史學中，學者並非在發現所謂的歷史法則，有無歷史法則是很值得質疑之問題，但於此可明言無此種歷史法則存在，歷史受經驗法則的支配，只不過是經驗法則的而已，並無所謂可貫穿整個歷史發展或說明整個歷史現象的法則，例如受高壓統制人民為起而反抗等，利用許多經驗法則來說明某特定、個別歷史現象、歷史事件，有時不太容易劃分二者。社會學主要是透過許多社會現象，以發現經驗法則，但社會有時亦要個別地說明各個現象，有時亦有疑問，今天的社會，明天就變成歷史，今天所發生的社會法則，明天會變成歷史法則，但只不過為根據經驗事實而得之經驗法則，而非可指引整個社會發展，貫穿整個歷史的歷史法則。❾

---

❾　於此科學分類法或科學方法，有一點不能十分同意，其把文化科學與自然科學視
　　為二完全不同領域的科學，由前述觀點而言，自然科學與文化科學（社會科學）
　　間並無本質上的差異，特別是由方法論眼光、經驗科學之基本性格來看，二者並
　　無何種區別，皆係透過觀察提出一理論性主張；若將二者以其具體驗證過程予以
　　區別，或甚至以是否在驗證過程中具有價值關係、價值盲目的態度等標準來區分
　　二者，亦不十分可靠：自然科學之領域內，例如動物心理學亦要借助價值關係的
　　態度來加以考察，可見把二者之區分加以絕對化，視為完全不同性格的科學，並
　　非十分可站得住腳的說法。
　　自然科學與社會科學有何差異或根本相同？至少由科學方法上而言，基本上是同
　　一性質，沒有什麼兩樣，有人主張自然科學與社會科學的差異，並試圖劃分二者，
　　但據分析學派的代表者凡・密色斯 (Richard von Mises, 1883–1953) 指出要在自

二、 自然科學的認知目的

一般人經常誤解自然科學之基本性質以及其認知目的。由於相關誤解早已深入影響科學哲學之許多門派，故此亦遭到哲學家之批評。在此特別值得提起巴柏有關歷史主義之批評。自然科學於十九世紀迅速發達之際，歷史主義者面對此成就時大略分為兩個基本態度：反對自然觀者 (anti-naturalism) 與肯定自然觀者 (pro-naturalism)；前者謂社會科學不同於自然科學，即社會科學有其特殊的方法；依此，社會科學領域內不可依自然科學的方法進行研究。後者的基本心態傾向於借用自然科學研究之方法；換言之，此派別基本上認為，社會科學與自然科學無何兩樣。巴柏特就後者加以批評 **❿**。

肯定自然觀者不但肯定社會科學領域內可以完全適用自然科學的方法，其甚至認為社會科學與自然科學相同，兩者皆可發現長期預測的法則，作為預測社會事實、社會演變、歷史演變等現象的歷史法則。其甚至進一步主張，據此歷史法則的發現將可決定吾人在實踐上之行動，同樣地可以依此斷定政策上的價值立場。如此強調自然科學與社會科學具有同等特質者，且認為可以在各自的研究領域發現長期預測的律則者，於十九世紀主

然科學與人文科學中，試圖設立一基本的差別，無論由方法或由觀察的對象來加以區別，皆屬不可能。各種社會科學的分類皆是為研究方便起見，為實用上暫定目的來加以區別，此分類既非有邏輯的必然性，亦非最終的區別，此區別多少是依據社會科學研究以外的各種條件或各個領域當時發展的階段暫時加以設定而已。如真正物理學變成哲學，數學亦同，最後皆成為觀念問題，可見得各個學問的領域最後皆可以相通，就社會科學而言，雖有法律、經濟之分，但事實上，研究至最高程的領域，法學與經濟學已不可劃分，甚至於與自然科學亦非可截然劃分，並無截然可分的界線存在，其基本上是相通的，具有同樣的性格。對上述見解持不同立場者，由各種角度來主張社會科學的特殊性，以區別其與自然科學之不同。有認社會科學的方法與自然科學不同，乃是為更高一層次的學問動機而來，主張社會科學的特殊性者，認為自然科學的方法不能運用於社會科學。

❿ 詳閱氏著, *The Open Society and Its Enemies*, Vol. 2, 4th ed., 1962, p. 93 f.

要分兩個不同派別：社會進化論及馬克思所謂之歷史法則等兩種理論。兩者的主要特色，在於主張社會科學領域內，如自然科學般，亦可發現社會法則，且該社會法則可長期預測社會之演變；乃至於歷史法則，可作為預測社會變遷的依據，甚至作為實踐上價值判斷的標準。惟兩者仍有所不同，社會進化論於社會學領域內尋找相關法則，而馬克思的歷史法則，是透過歷史哲學的觀察發現相關法則。然而，此二種觀點對自然科學的自然法則有許多基本誤會：

⑴長期預測在自然科學中的任務

如上文所述，十九世紀研究社會及歷史等領域的學者，皆相信自然科學的任務在於發現長期預測的法則，故在社會科學之領域內，亦應以發現長期預測的法則，作為社會科學的任務。但即使在自然科學領域內，可作為長期預測的學問領域亦然有限。舉例言之，天文學有關日、月蝕等之預測，確實可以成為長期預測之客體；然而，同樣為天文學領域中之星球滅失一問題，就難以長期預測。影響長期預測之可能性的主要因素在於影響研究客體之要素的多寡以及該研究客體是否屬具有相對封閉系統的特質等問題。依上述案例而言，太陽系中之星體的數目少，影響相關星球間之要素亦少，故此可由天文學提供長期預測的法則；反過來，影響星球可能滅失之要素太多，一般星球所參與的銀河系又相當複雜，使系統之封閉性與否難以估計，所以無法長期預測星球滅失之時機。

在自然科學中，可提供長期預測或較可靠之法則的案例不多，反過來可以甚至看到，一般人堅信長期預測不可靠的案例（如長期氣象預告）。❶雖然如此，不少學者過去仍以為社會科學亦應提供長期預測之法則。此種對於社會科學認知目標的誤會，即產生如下二種不同之見解：其一認為社會科學應可預測社會進化之法則（依此見解，社會進化論 (social darwinism)者❷以為，可以經由社會中之擇優而影響社會發展脈絡），其二認為社會科

---

❶ 對於混沌之研究近幾年顯示，秩序在混沌系統中可隨時出現，同樣可隨時又毀滅；換言之，簡單混沌體系（例如浪紋）中的秩序究竟何時實現或毀滅，是無法預測的，更複雜的混沌體系中的秩序恐亦是如此。

學應可基於過去歷史之研究進而預測未來社會發展的歷史脈絡（依此，歷史並非一限於過去的偶然現象，而是一個規律的、連接未來、現在及過去等時態的秩序性過程）。

英國學者史賓塞將進化論之法則應用於社會科學領域，其認為社會的進步受幾個法則的支配，例如適者生存，優勝劣敗等社會淘汰過程中之法則，社會透過此種法則的支配逐漸演進，並且邁向往幸福、理想的境界去發展。因為如此，所以一切國家的施政，不必干涉此社會進化，反而盡量採取自由放任的政策。基於此，史賓塞提出自由放任的經濟和社會政策等思想，以為國家不應透過社會立法來干涉社會進化。此社會進化論的思想，為一種一元論的思想，以為社會不可避免地朝向更理想的境界發展，因而施政上不應干涉，而應自由放任，即以社會進化之方向為前提，直接導引出有關社會政策及社會實踐的評價。

(2)社會進化論的假設與自然科學中之普遍法則

社會進化論的基本立場隱藏一個重要的問題，即進化論終究僅為一假設或為一普遍的、科學的法則？反對社會進化論者認為，進化論只不過是一個未經證明的假設，而非一普遍的法則。和史賓塞同時似乎還有其他學者在別的科學領域中採取進化論為創造科學體系的基本概念的學者，其中一位係達爾文。十九世紀中有許多人對達爾文的研究至為敬佩，即認為其是利用很豐富的資料，根據非凡的調查，提出生物進化的法則，這些人經常另行肯定達爾文學說中有關進化法則的主張經過科學的驗證。巴柏在二次大戰後就對此說法提出自己的觀點，尤其引起巴柏興趣的問題在於進化法則是否有科學根據？強調進化論的假設乃是將生物學或古代生物學龐大的資料加以觀察的結果，原本僅將生物親進性的形態，按各種生物彼此的親緣性的遠近予以排列，且假定生物有一共同的祖先來加以說明其中的關係。生物學的進化論以此假設和方法為前提，並且依此來說明自己的進化

⓬ 一般而言，史賓塞被視為社會進化論的創始者；史賓塞本身為英國人，但其思想發揮影響力的地方主要為美國。在此，社會進化論與美國十九世紀後半期保守派的思想相加以結合，且延續迄今發揮其影響力。

概念。然而，此假設並不構成一普遍的法則，生物的進化固然受許多法則的支配，例如遺傳法則、突變法則，但進化論的假設本身，謂生物皆為同一祖先，此毋寧是個別的、特殊的，只有一次的歷史事實之命題或敘述。

因科學法則應有其可逆性 (Umkehrbarkeit)、可反覆性 (Wiederholbarkeit)，但生物的進化情形，原則上係多數一次性事實之組合，其中所顯現的獨特性又不可逆轉，即不可反覆；換言之，已經過去的事實，不可反覆為之（要不然，已絕種的動植物必然會重新經由進化而出現）。因此，生物的進化與一般科學法則有很大的差別。巴柏故此認為，進化論僅為一假設而已，而非構成一具有普遍性的科學法則。

雖然如此，社會科學領域內仍有人將之當作一普遍的法則。關於這點，亦有二個不同的見解，其一認為社會科學，特別是歷史學，在此點與自然科學不同，自然科學皆是可反覆的，歷史學則具有一次性事實的特性，即不可反覆；其二認為社會科學應如同自然科學來探求普遍性法則，依此基本認知目的，支持該觀點的學者試圖在社會事實、歷史現象、歷史演變等現象中，同樣去探求社會進化的普遍法則。舉例言之，史賓塞的社會進化論，馬克思的歷史法則，皆試圖預測將來社會的發展或歷史演變之方向，甚至由此預測中導引出實踐的價值判斷。❸

(3)形成對自然科學認知目的之誤解的原因

何為因果關係，各門各派之學者的說法有所不同；一般通俗的看法認為，因果關係間有眼看不見的力量在支配此二件事物，如謂 A 為 B 之原因，粗俗見解認為：為何有 B，往往有 A 之原因，有眼看不見的力量，促使 B 結果的發生。此見解的思想基礎在於一種擬人化的宇宙觀以及由此所導引的因果觀。社會科學中，特別是科學思想中倘有此擬人化的宇宙觀及因果觀，該宇宙觀會使一切科學的研究陷入較幼稚的情況，且依此產生許多的謬誤。擬人化的宇宙觀及因果觀究竟如何產生？此可分許多角度來說明，例如文化人類學、思想史或其他角度，然此處特別著重以人的思想模式來

---

❸ 此二者皆為一元論的立場，是以一定法則為前提，導引出一定價值判斷；巴柏即謂其為「歷史主義」(historicism)，見氏著，上揭書，p. 278 f.

說明。

康德哲學中，把因果關係當作先天的範疇，以為人一生下來，本身即有此因果關係的概念存在，但此說法並不十分妥當。在原始人類或未開化人的思想中，無所謂因果概念或現代人所了解之因果律則的看法，即未開化的人類，對許多現象，往往非透過因果律則來加以解釋，而是以人事間因果報應或賞善罰惡的原理來加以說明，此擬人化宇宙觀的思想，即現代人亦難免。至於為何有此思維方式產生，主要是因為人對於自然現象的知識不足：吾人解釋自然往往以日常生活最熟悉的事物或賞善罰惡的原理來加以解釋。此種宇宙觀可稱之為「社會派的自然解釋」(soziomorphe Weltanschaung)，對自然往往是透過社會上許許多多的模型來加以解釋；一般而言，在粗淺的因果關係之概念下，往往認為在 A 原因與 B 結果間有一種眼睛看不見的力量，使 A 原因引起 B 結果的產生。在科學哲學的領域中，此種看法較屬於實在論 (realism)。

為何科學哲學中同樣可以找到此種看法的蹤影？實在論的立足點何在？其多少與初民擬人化的宇宙觀或謂擬人化的因果觀具有較密切的關係。所謂擬人化——亦即把原因看成某種有意志的、眼看不到的力量促使某結果發生——的意義在於解釋人以外事務變遷之律則等同人類生活變遷之律則，即將與人無關係之事務當成人的事務，甚至當作人來看待。而上述比較一般的、通俗的因果概念多少包含此擬人化宇宙觀的意味。

若換個角度再看擬人化宇宙觀之形成原因，則可以看到初民時代的人類智慧尚不十分發達，因而對自然現象無法加以解釋或了解，往往透過本身較熟悉的社會模型、社會原理，特別是賞善罰惡、因果報應等原理來說明自然現象，於是即構成擬人化的宇宙觀❶。

如此以社會來解釋大自然，在科學哲學經常被稱為「投影」(Projektion)，經此第一次的投影，即產生擬人化的宇宙觀，自然中發生的許多現象，皆被解釋為有全能的神在支配一切，自然現象本與人世間的善惡無關，但透

---

❶　關於擬人化宇宙觀，請參閱 H. Kelsen, *Society and Nature*, 1943 及 E. Jopitsch, *Von Ursprung und Ende der Metaphysik*, 1958.

過此種社會的解釋，即變成上天喜怒哀樂的表現。

依據上述擬人化宇宙觀及人類社會面對大自然之投影效應等現象，則可以理解所謂「自然法」概念的產生。為自然法者，乃係一種經過社會化的自然觀，且該自然觀回過來被利用來解釋許多社會關係及社會規範；換言之，社會許多規範被視為自然的一部分，即自然法。例如為臣者本應對君王盡忠，此種訴求原來屬於人為創設的規範，但後來被解釋成天條或自然法，進而變成一個禁忌。因此，人不可犯忌，即不可違抗天條，否則即會遭到天譴。如此的社會規範被理解為自然秩序的一部分，所以不可經由人的意志加以創造、改變或廢止，即具有絕對的妥當性。可見，自然法的思想與此擬人化的宇宙觀有密切關係。此種擬人化的因果觀皆基於人對自然的認識有所不足，故此無法解釋之；為了避免面對一種無法理解的力量，人就以社會上許許多多的模型或因果報應的思維模式來解釋這些自然現象，且因而感到較安心。

中國古代思想部分亦屬擬人化宇宙觀，即將許多本屬人為的社會規範，解釋為天經地義；換言之，社會規範被理解為自然秩序的一部分，因此不可由人來改變。此種思維方式使得古代中國社會亦曾形成自然法思想。然而，中國思想史上也另有區分社會與自然、天與人等範疇者，尤其荀子思想在這方面的區分十分清楚。在荀子之前，老子部分持著類似二元論的立場，部分持著早期自然法思想的概念。雖然老子多少有些因果律則的思想，但他仍將自然現象從社會中解放出來，謂天地運行，無任何仁義道德可言，此多少接近一種物質性的天觀；唯老子未必能完全擺脫自然法之思想，故在他處又謂人法地、地法天、天法道、道法自然。❶❺

在西方哲學中，此種擬人化宇宙觀何時發生改變，使社會與自然在解釋上變成相互獨立的客體？英國早期經驗論者休謨較清楚地說明所謂因果

---

❶❺　當然，若將人法地、地法天、天法道、道法自然等字言了解為老子對於當年社會的實證觀察，則其中未必包含著一種規範性的應然色彩，只不過是對於眼前事實的敘述，因而與天地運行無仁義等價值因素之主張不必然構成一種內在矛盾的思想體系。

關係，在其關於人之物性的散文中，其對因果關係之概念提出因果關係規則說 (the regulative theory of causation) 來加以說明。據休謨的說法，一般人謂 A 是 B 的原因，或謂 A 引起 B 之發生，事實上 A、B 間並無所謂必然的關聯，一般所謂的因果關係，只不過是 A 與 B 間存有事實上較固定、恆常的結合關係 (consistent conjunction) 而已；換言之，A 與 B 間並無所謂必然之關聯 (necessary connection) 存在❶。

為何一般人總會認為因果法則有絕對必然的關聯存在？有關這點，休謨運用心理學的角度來加以說明：此所謂絕對必然的關聯，不過是一種人連想的產物而已，因在 A 與 B 間經常存有一較恆常的結合關係，見多了，將來看到 A，馬上就會連想到 B，而推定其間有必然的關聯存在。可是，此必然的關聯，由經驗論或由經驗科學的觀點來看，是無法加以證明的；較為極端的經驗論者甚至認為太陽明晨是否自東方升起，亦非屬必然。❷

至於一般人通俗（即非科學）所了解的，原因對結果有某種眼看不到的力量來加以約制，使結果不得不發生，此約制力不存在於客觀之對象上，即自然界中被觀察之對象上，只不過是個人心理的產物而已。康德這方面亦受休謨的影響，他曾經將因果關係理解為一種先天的範疇；康德將範疇或人思維的形成加以分類；依此，康德認為理性思考最主要有幾個核心要素，即量、質、關係、事物的態樣，若進一步來分析此四點，則可進一步作出許多根本的區分：例如量具有單一性、多數性、總體性等三種不同性質，質具有實在性、否定性、限制性等三種不同性質；諸如此類，原有的四種基本範疇可細分為十二個範疇。康德在這些基本範疇中列有因果律則為其一。在康德哲學而言，因果律則被解釋為一種先天的範疇，即人思維時，不得不依此範疇來了解事物；換言之，若沒有此種思維範疇，則無法正確地認識事物。因而因果律則在康德而言，亦具有先驗的妥當性。

吾人認為康德上述的說法未必可靠，假如因果律則為先天範疇，則不

---

❶　碧海純一，上揭書，頁 245—246。

❷　由於如此的觀點最後無法得到任何固定律則，所以在上述極端的情況將陷於懷疑論。

但近代人有之，古代人亦應有之，但古代人事實上並無此因果關係的概念，可見其非必然是先天的思維範疇。故此，因果關係亦不具有先驗性的原理。近代社會成立之前，因果報應之原理，乃至於賞善罰惡之原理取代了因果律則之概念，支配著初民思想，此為凱爾生所極力強調說明者。上述休謨就心理學上對於因果觀之產生的說明，在現代科學哲學中得到進一步的整理與解釋。由現代經驗論的眼光來看，休謨的說法仍有其不精確之處。吾人大體上雖接受休謨之因果關係規則性說，但其說法多少有些不清楚。針對這些疑點，尤其彌勒和羅素繼續提出修正觀點與後續說明。經驗論者對於休謨學說之補充及反省形成二十世紀分析哲學的思想脈絡。此學派對於所謂因果關係的概念，以下簡短地加以解釋。

當我們提及 A 與 B 間有因果關係或 A 為 B 的原因時，事實上 A → B（若 A 則 B）僅意味著 A 類事例與 B 類事例間有較恆常的伴隨關係 $a_1 \rightarrow b_1$ 存在；換言之，在規則性關係中屬於某特定種類的各種事項，$a_2 \rightarrow b_2$ 構成一個較一般性的關係，基於此種一般性的關係，要鑑定 $a_3 \rightarrow b_3$ 其間有無因果關係，即為此鑑定及判斷，須以此較一般性的 $a_n \rightarrow b_n$ 關係——即經常的伴隨關係——為前提。除此之外還必須注意，單一例子尚不可成立因果關係，必須此種事例很多，才可能由其中歸納出因果法則，即建立一個科學的因果關係。

一般而言，要在 A、B 二事項間建立因果關係，至少要具備下二要件之一：

①屬於 A 類之許多事例 a_1、a_2、a_3……，與屬於 B 類之許多事例 b_1、b_2、b_3……間經常有一相伴隨的關係。

② A、B 間之關係，必須以可知之因果法則來加以說明。

要建立因果關係，例如抽菸會否致癌，若事例很多，而於抽菸與癌症間有經常性的、一般性的伴隨關係，則可建立其間之因果關係。可是，若只有一、二次的事例，則須視其間之關係是否可用其他的因果法則來加以證明；如果證明有可能，仍可建立因果關係，例如煤礦爆炸可以使很多人死傷，此事例並不很普通，但只要有一、二次事例發生，則可依其他的經

驗法則來建立其間之因果關係。

以上解釋，不見得推翻了休謨之因果規則說，僅是更具體、更清楚地說明休謨的理論而已。除此之外，應注意功能主義 (functionalism) 的因果觀與現實主義 (realism) 的因果觀，二者有所不同。依功能主義的看法而言，一結果的發生往往有可能提出數種不同原因的說明，例如癌症，若此生理的病變算是一結果，則可引起癌症者，可能有數種不同的原因，抽菸是其中之一，但其是否該結果之唯一原因，則不知；於此只觀察抽菸與癌症有伴隨關係而已，但對是否有其他原因可以致癌，則加以保留，即不予排除。反之，依據傳統現實主義的因果觀，原因結果關係傾向單一因素之思考模式，即唯有此特定（或此類）原因方可引起此特定（或此類）結果，其他原因受考慮的機會就很少。由此可見二者在觀念上的差別何在。

三、因果法則之概念與社會科學

1.因果法則在社會科學之定位與功能

在社會科學上，對於因果關係的說明，事實上不可能只有一個單一的答案，反而隨時都有許多說明的可能性。社會科學因而早就提出方法多元主義 (Methodenpluralismus) 的概念。具體言之，研究者針對同一之結果有許多不同的說明方式，且任何一種說明方式涉及到許多不同的法則。在此數個可能的說明中，有無客觀標準來認定何種說明才是唯一可靠的？何者為主要原因？何者為次要原因？諸如此類的問題事實上難以確定。基於此，社會科學上之因果說明可歸納以下二點：

①不論明示或默示，任何一種對因果關係之說明皆以一定的法則之存在為前提。

②原因與所謂結果之間的關係並不是一種絕對關係，僅具備某種經常性的法則。

社會科學之因果說明中沒有一個絕對的、唯一正確的說明；一般而言，一個事件之發生經常涉及多種複雜的原因法則。依據研究者之分析角度、因果法則之選擇等因素，同一個事件可能得到十分不同的說明。例如，馬

克思的唯物史觀、階級鬥爭、階級專政等觀點皆批評社會過去之進化，同時想指出其未來的演變方向；然而，依據方法多元主義之觀點，相關理論所解釋的事件、其所運用的因果法則等等，都有可能得到不同說明。恩格思晚年已體會社會科學中之多元主義，因而自己承認物質基礎不是唯一影響歷史演變的因素，僅主張該基礎是複數原因中之主要因素。**⑱** 由此觀之，二十世紀教條式馬克思主義者對於社會演變之其他原因的否定，實在令人難以理解。雖然階級鬥爭有可能引起社會進化，但此並不足以否認階級鬥爭以外可能有其他社會進化之原因。若另想還有那些其他社會進化的原因，也可以參考例如三民主義中的民生主義，依此，社會進化的原因不在鬥爭，反而在互助合作，使各個階級利益為之調和。後者的說明方式亦可成立，但此同樣僅係多種說明方式中的一個而已。

2. 說明與預測之關係

說明與預測皆係以一般性之因果法則為前提，方可為之，說明及預測是一體的兩面。兩者的導向剛好是相反的，說明時先有結論，再尋找前提，而預測時先有前提，再演繹出個別命題。例如經濟學上石油漲價，黃金亦會漲價，此兩種現象間若可以建立起一般法則，則當石油現在漲價時，就可預測黃金未來亦會漲價。另可提出一來自經濟學的案例：如國內增加設備投資，則國際收支會轉惡，此為經濟學上可建立起之命題，幾乎可以說是法則；最近對設備之投資增加，在可預見之未來，國際收支會轉惡，此即為一種預測。故社會科學上所提供之預言或說明，不過是相對的，乃以一定的法則為前提，所提供之相對的說明或預言。

在社會科學上，一般法則的精確度固不如自然法則，自然法則是在一定人為控制條件下來進行觀察、實驗而發現之法則。因進行實驗者能夠高度控制週邊因素，故其所驗證之結果的精確度高。社會科學不同，其無法一切皆在人為控制下進行觀察，特別是社會科學上有許多法則，皆受到歷史的限制或制約，有些事情不太可能發生第二次，故其精確度自不若自然

---

⑱ 參看 Marx, K. and Engels, F., *Selected Correspondence 1846–1895*, Torr, D. (trans.), Westport/Conn.: Greenwood Press, 1975, p. 517 f.

法則高。但此不足以說明自然科學與社會科學，在本質上有何差異，或當作社會科學之預測能力不如自然科學之證據。在自然科學中，例如氣象學上有許多法則，其一般性就很低，反不若經濟學上之許多法則。社會科學上有許多法則，多為有關人類之社會行為。雖然人類之社會行為非不可以因果律則來加以了解，但是否可以因果律則來精確地把握該因果律則，則頗具有爭議。於社會科學中要建立社會法則、經驗法則，多多少少僅構成一種概然性的傾向而已，很難稱之為法則。社會科學的主要任務，縱係概然性的傾向，亦須加以認識之，否則無從預知將來的行為的反應將如何預防，此為社會科學之主要任務，不可逃避之。

依此，吾人可以針對科學研究以及科學之認知目的提出下列論點：

①科學研究的目的，在增進吾人對環境正確的認識，提高吾人適應環境之能力。

②為達此目的，科學應盡量探明各事項間之因果關係，或由此間發現支配現象之法則，以便提供較確切的預測。

③科學知識的進步，不問是單純資料的累積，乃至於運用法則來說明現象，皆係由一般性低的法則，漸漸去發現一般性高的法則，一般性高的法則，其預測能力愈高，對人適應環境的幫助愈大。

④科學知識的進步，非在對一般性法則，以個別事項來加以驗證之努力上，反而是在提高一般法則之反證可能性上；反證可能性與經驗內容是成正比的，反證可能性愈高，包含著愈豐富的經驗內容，一般法則的精確度亦隨之而提高。

⑤任何理論不問如何優越，皆只不過是一個假設而已。科學上有許多理論或體系，不要從某一特定立場或觀點而加以盲目的排斥，至少於其形成假設的階段時，皆居於同等之地位。可是，由科學的觀點來看，最重要的仍是在對此假設驗證的本身或對假設的反證之上。

⑥科學之客觀性與從事科學之研究者個人主觀的確信，須嚴格加以區分，客觀的真理與主觀的確信是很不相同的，科學客觀性最主要的保障，是在透過合理、間主觀的討論或批判可能性來達成。換言之，科學客

觀性的保障，與其仰賴個人之約束及限制，毋寧說是透過公開之討論和批評，以提高其反證可能性。

除上述論點以外，從事科學研究者以及利用相關研究成果者皆應注意，要使科學得以進步，至少在科學環境上須具備若干條件：

①學問領域內無特權，學問上一切的主張皆須能容許合理的討論或批判，且此合理討論、批判的自由應予保障，形成傳統，所謂學術自由、言論自由，自此點而言，更見重要。

②經驗科學上之一切主張不能含糊，而應為具有反證可能性的命題，此於刑事證據法上很重要，無證據不能入人於罪。

四、法經驗科學作為社會科學

(一)法社會學

1.法律社會學與社會法學

法律社會學的發達，大致於本世紀初期，由自由法論之提倡而逐漸成為一門獨立的學問，當然法律社會學的研究，非自由法論提倡後才有之，事實上，在自由法論出現以前，已有若干法律社會學方面的研究，例如梅茵的「古代法」、孟德斯鳩的「法的精神」中多少已有若干法律社會學的概念，但從前雖有此方面的研究，並未成為單獨的學科，而為獨立的學問領域，經過自由法論的提倡、研究，法學領域內確立其獨立性，而成為一門獨立的學科。

與法律社會學接近的學科，例如人文類學，其與法律社會學的關係很密切，事實上今日之文化人類學，多少受到梅茵《古代法》的影響，例如人類學者馬利諾斯基 (Malinowski)、何爾貝爾 (Holbel) 等，一方面為法律社會學者或文化人類學者，他方面亦承認受梅茵的影響很深，當然法律社會學與文化人類學的研究重點不同，文化人類學側重於文化層面，而法律社會學固可包含文化人類學的層面，但其重點置於支配人行為、秩序之規範的探求，馬利諾夫斯基以研究南太平洋某些島嶼上土著的生活方式而聞名

於世，認為法律最原本的開始，即在人與人之互相控制、約制上，是對等的交易關係，此在原始的社會中已有此規範存在，可視為法律最原始的形態。

提及法律社會學，即涉及社會學，但社會學自十九世紀孔德以來，亦經過多次的變遷，孔德提倡社會學的研究，曾把人知識發展的階段分三：迷信之階段、形而上之階段及實證階段，氏極力提倡實證主義社會學的研究，對社會學從事實證科學的研究。

孔德開始之社會學，多少受到當時天體力學的影響，以為社會學之主要任務在發現支配社會之必然的社會法則，以了解社會的發展，甚至可預測社會發展的方向，此可謂機械論的社會學，把社會學完全視為自然科學，在發現非常機械的法則。

孔德之後，社會學傳至史賓塞之手中，史賓塞之研究固受孔德實證主義社會學的影響，但其社會學多少可視為生物學的社會學，史賓塞活動於十九世紀的中葉，於 1895 年出版《社會靜態學》(*Social Statics*)，其中提出社會發展的法則，謂社會發展是透過適者生存，不適者淘汰的過程，有所謂社會淘汰，並於其中提及社會進化論的問題，社會發展必把不適合環境之事物逐漸加以淘汰，

圖 6–2　孔德 (August Comte, 1798–1857)

而只有可適合環境的事物才能繼續存在，此種社會淘汰的過程，為支配社會進化的最基本原則，只要社會進化受此原則支配，則社會必會往更美好的境界去發展，故對社會進化不必採干涉態度，社會進展有如一朵花開花結果般的自然，史賓塞把生物學上進化的觀念，移到社會學的領域內，以為生物有進化的現象，社會當然亦有進化的現象，生物進化的現象，達爾文是以自然淘汰來說明之，而史賓塞就將社會淘汰之觀念或適者生存的觀念於社會學領域中加以展開，有謂適者生存的觀念實始於史賓塞，史賓塞此種社會學的研究多少把生物學進化的觀點帶入社會學的領域，故此時期的社會學亦可稱之為生物學的社會學。

　　至於史賓塞為何會先於達爾文有進化之觀念？實際上當時進化、生存競爭，適者生存、不適者淘汰之觀念，多少已成為大家共通的知識，於更早時期馬爾薩斯的人口論中已提及生存競爭的觀念，此多少包含適者生存、不適者淘汰之觀念，達爾文的生物進化論多少是把馬爾薩斯生存競爭的觀念帶入生物學的領域，同樣的史賓塞是將其帶入社會學的領域內。社會思想界多少引起了若干反響，例如馬克思之理論、梅茵之古代法（曾提及法律進化，但不一定是受達爾文進化論之影響）。

　　至十九世紀後半期，社會學的研究，逐漸自機械論的社會學、生物學的社會學，演進到以心理學為基礎的社會學，在此以前的社會學是希望能如同自然科學般，可觀察出一必然的法則，以預測社會發展的傾向，生物學亦同此想法，馬克思之歷史哲學亦同樣想把歷史現象當作一進化現象來觀察，此思想於十九世紀後半期受到反省，有謂社會進化不可光由物質或其他與人心理因素不相干者來發現社會法則，社會終究是人的組織體，不能與人的心理因素分開，故由此開始心理學的研究。

　　史賓塞於 1888 年固著有「心理學原理」，但其理論仍脫不了機械的、生物學之必然法則，此段對心理因素重視之社會學可以沃德 (L. Ward) 之社會學為代表。沃德著有《社會動學》(*Social Dynamics*)，有意與史賓塞之《社會靜學》(*Social Statics*) 相對抗，以為社會進化絕非如史賓塞所謂之靜靜地必然發展，而是受到人的心理因素、目的之影響，其發展是很富彈性的，沃德於此已區分出支配自然現象與支配社會現象有不同的原理，前者受因果律的支配，後者是受到人的目的律的支配。

　　社會學發展至本世紀時，進入一新情況，可謂綜合性的社會學，不問動態、靜態，其研究角度或方法較具有態樣性，只要對社會現象的解釋、說明對研究社會學有幫助，任何方法、研究題材皆包容之，此很難一概而論是何種社會學，但可謂是方法、研究題材的綜合，於此韋伯之社會科學的方法論貢獻頗大，社會學之所以自成為一門客觀的學科，而可與政策學、實踐的學問相區別，多少歸功於韋伯的社會科學方法論。韋伯的社會學，一般稱之為理解的社會學，其於社會科學的方法論中，亦從事實際社會現

象的研究，對政治、法律亦多研究，如對統制社會學之研究，將統治型態分類觀察，分為靠權威、靠神格化、靠合理支配者，此對政治統治行為方面的研究頗有貢獻。

又韋伯提倡新教主義，目的在對抗馬克思之說法，馬克思以為社會或歷史的演變，有一定之法則，韋伯則著重在資本主義為何在東西方發展速度不同的探討上，此點馬克思以為是受經濟因素、物質條件變化之影響，而韋伯則自宗教之角度來分析人的思維，認此與資本主義的發達有關，在西方社會，其宗教有所謂上帝的概念，一切幸福祈求於天國，對於現世看得較淡薄，人們可以為上帝奉獻出一切，自己的財產可以上帝的名義捐出，此對社會資本的累積頗有貢獻，而在東方社會，受儒、道思想之影響，重視現世，對未來天國如何，並無加以思考的習慣，故資本主義發展較落後，此對資本主義的發達，脫離經濟上的原因來予以研究，可謂宗教社會學。

2.法社會學的方法

何謂法社會學？於此大概可為如下的了解，法社會學是以有組織的統制，作為主要研究對象的一門理論科學。

法社會學最主要的研究對象不外是法律現象，此可以有組織的社會統制來加以界說。

又於此可見法社會學不同於法律解釋學，前者屬理論科學，以理論認識為主要任務，至於後者已涉及實踐的價值判斷、目的考量的問題，已屬於應用科學的範圍，二者不同。

謂法社會學是以有組織的社會統制作為主要研究之對象，此範圍或許較廣泛。就較狹窄的範圍而言，司法過程的研究當然包括在內，美國法律現實主義 (American legal realism) 主要即在對司法過程的研究，透過此研究，吾人可預測法官的行為、判決如何，此對律師的業務當然有幫助，比較自職業性、實際的觀點來探討，當然對此研究須區別理論及實踐，何為現實存在的法律，何為應有的法律，須加以區別，關於此方面的研究，現於美國已發展成為計量法學，以電腦統計法官為判決的因素，當有實際的案例發生，即可依此資料加以預測一番，此亦可看出美國特有的法律社會

學❶。

　　歐陸的法社會學，不限於司法過程的研究，其主要著重於社會學，特別是受到法所規範的社會學、法律現象的研究，此點與美國法社會學之重點不同，但其基本方法相同，皆強調法社會學主要是理論認識的學科，不涉及到法律解釋的問題，法社會學為社會科學部門之理論科學，於研究方法須區別理論及實踐，固在從事法社會學研究之前，特別是在制定研究目標、方向時，不免於價值判斷，但目標一旦確立，則須盡量避免個人主觀因素的滲入，否則即會影響理論認識的客觀性。

3.法社會學的任務

　　法社會學的任務一般而言，特別是不限於法現實主義狹義之司法過程之研究，而為更廣泛之法律現象的研究，於此研究範圍包括得很廣泛，以下略述法社會學可探求之題目。

　　⑴法律發生之原因，其發展之經過，特別是對目前法律規範因素的影響，亦即，法律規範何種經濟、社會政治現象，此可據其發展背景來加以研究。

　　⑵因此發生的法律規範，包括習慣法，對實際的經濟、政治、社會究竟產生如何之影響，對此影響之研究。

　　⑶在一定條件下，法律對於經濟或社會問題之解決，究竟有多少之實效性，此為對法律可達到某種經濟或社會目的之實效性之研究，尤其在提及法律及經濟之關係時，為了達到某種經濟目的，透過法律來實行之，究對經濟產生如何之影響，有何實效；對政治，例如選罷法的實行效果如何。

　　⑷法律秩序本身之研究，特別是透過法律秩序來實現社會正義，究竟有如何方法可以採取，目前是否可充分實現一般人期待的社會正義與現實社會的需求有無差距存在。

　　⑸在法律社會學中，如何將其研究之結果應用到法解釋學上，此方面研究多少與法哲學不同，但有部分問題，仍為法社會學可充分加以研究者。

　　⑹習慣法的調查研究，如何以之來填補法律漏洞，此本為法律社會學

---

❶　詳見 R. Pound, *Interpretations of Legal History*, 1923.

的課題。

　　法社會學透過上列項目之研究，事實上等於對法解釋學，甚至更進一步對法學而言，已成不可缺少者。例如如何修正選罷法，勢必要對社會現狀為一研究，否則不可修正，法社會學於此，可提供一些基本事實的調查，以供立法者來參考，對於法解釋學亦同。

4.社會法學

　　把法律社會學研究成果應用在法解釋學上，即成為社會法學，龐德所謂之社會法學，即在此構想下提出。

　　但何為法律社會學？何為社會法學？在一般人的心中，特別在社會法學早期被提出時，一般人並不清楚，因而引起許多的爭論，有認為龐德的社會法學，實為法社會學，甚至有認龐德之社會法學，理論與實踐分不清，但龐德之社會法學固以法社會學為基礎，卻並不以法社會學為滿足，乃是把法解釋學架構在法社會學之基礎上，故其所提出之社會法學，仍為應用部門的法學，並不當作法社會學來主張，其更關心如何運用法社會學的知識來解釋法律的問題。社會法學基本上仍是以法解釋學，其一方面包含法社會學之認識，此以價值關係的態度來考查，考查後須將其結果與法律之目的考量相結合，於一定之目的考量導入理論認識的成果，應用於法解釋上，其中仍有實踐之目的考量在內，龐德對目的本身的研究，事實上較多，而對法律社會學方面研究較少，此多少依循現實主義法學之研究成果。

　　龐德本身從事之研究，較中心的問題在社會利益說，其社會法學的中心目標即在以最少之犧牲來滿足最大多數之利益，基本認為法學上，吾人須加以滿足、保障的利益很多，包括社會利益（曾把社會利益分六項，包括法律社會的進步、法律制度、社會制度的要求、一般資源的利用、道德的進步、個人的保障等）、個人利益在內，龐德認為法學的主要任務在犧牲少數利益以滿足大多數之利益，龐德即在此構想下提出社會法學。

　　社會法學可謂是二十世紀法學或法解釋學的主要潮流，於此對法律解釋之技術方面有很大的貢獻、革新，例如 Brandeis'es brief 即是一例。

5.我國社會的法律問題

以民法而言，民法債編有二十五種有名之債，但在社會上債權債務的關係，不限於此二十五種，例如民間合會屬何種性質之債之關係，未有一定之界說，但已成為社會上很嚴重的問題，在法院裡是以現有的法律來解決，但此解決方式是否與習慣相符，尚有待調查及研究，另例如委建問題，其中之法律關係始終不清楚，其所有權之歸屬，地下室、屋頂的所有權，法律皆無明文，此亦須調查研究，方可為有效之規定。

以刑法而言，例如少年犯之問題，法律制度有無缺陷，如有缺陷，則應如何改革，方可解決問題，此有待於對少年環境、背景、獄政等社會學方面的研究來提供基礎知識，另例如偵查中被告設辯護人的問題，可由各方面的目的考量，如國家偵察權的影響及人權保障間為某程度之協調，如許被告於偵察中請辯護人，則會對偵察程度有如何之妨害，對人權之保障是否完全，此多少有待法社會學之研究。

以整個司法過程而言，例如司法黃牛的問題，此問題不解決，則司法威信無從建立，如何有效防範取締司法黃牛，建立司法威信，須先明瞭其活動之方式，於此法律有何漏洞，此與法官心理、裁判心理、人民訴訟的心理皆有關，如不徹底調查、研究，則很難解決，此多少涉及法社會學之研究。

政治領域，有無政治社會學存疑，但至少有選舉社會學，例如採大選區制還是小選區制對某一政黨較有利之研究。

於社會科學而言，賄選問題亦很嚴重，一般人如何賄選，其利害如何，此多少涉及法社會學之研究。

國內至今對法律社會的研究很陌生，今後應多從事社會事實的調查研究，以增進法律解釋之方法、技術，否則仍是在概念法學中打滾，法學的進步亦永遠配合不上時代的要求。

(二)法律史學

法律史學與法社會學同，係以理論認識為主要任務的一門法經驗科學，

與法解釋學不同，十九世紀的歷史法學亦特別重視法律史方面的研究，但在十九世紀歷史法學的構想下，與今日理解中成為經驗科學部門之一的法律史學不同，歷史法學亦為一門法解釋學，只不過是依賴經驗科學的研究成果，與經驗科學的關係至為密切，但與法律史學基本上出發點不同。

為何十九世紀的歷史法學會有此情況？乃是有其歷史上的因素，十九世紀之德國，其所謂現行有效的法律，是為羅馬法，羅馬法本身即為一有權威的法律，羅馬法的歷史淵源久，透過羅馬法史的研究，即可直接成為法律，而為判決有權威之依據，故十九世紀的歷史法學代有高度的實踐性質，與法解釋學較接近，其後經薩維尼的提倡，於 1914 年撰成〈關於當代之立法政策與法官的任務〉一文，首揭歷史法學的標識，以後有許多的追隨者，形成一股潮流。

十九世紀的歷史法學，亦分作二個派系，一為羅馬法學派，一為日耳曼學派，其中薩維尼認法律不外是民族精神的表露，表示一民族對法律的確信，法律是淵源於一民族固有的法律確信，德國為日耳曼民族，要研究其對法律的確信，當然要研究日耳曼法，此派與羅馬法學派爭執頗大。

十九世紀的歷史法學並非唯一理論認識的學科，事實為法解釋學，透過歷史的研究，以尋覓有權威的依據來解釋法律，其所主張的法律史學、並非以所謂價值中立或價值關係之態度來進行的活動。

十九世紀的歷史法學，一般認係對自然法學的反動，但就其思想特色、方法、模式，事實與自然法學無何二致，自然法學以為法律只能加以發現，不可以人為的方式來加以創造，係由人的理性去發現有權威的法律命題或自然法，所謂的法典編纂不過是透過人的理性去發現的自然法，將之書寫下來而已。歷史法學以為法律非可以人為的方法來加以創造，亦可以加以發現，但其認非是由人的理性來加以發現，而是由法律的歷史經驗中去加以探求，或謂此二者有不同，但思想方式是相同的，於此涉及一個問題，歷史為一事實，但由事項如何可發現一有權威的法律依據，是否其無形中承認由事實中可導引出當為的規範出來，此多少涉及價值論是一元論或是二元論的問題。

1.法律史學與法社會學的關係及區別

法律史學與法社會學之領域皆係以理論認識為主要任務的法經驗科學，其不同在研究關心的方向不同，法社會學是在一般化的概念構成，法史學與其說是在一般化的概念構成，毋寧說是在個別化的概念構成，一般化的概念構成是透過法律現象的觀察去歸納一般性的法則出來，而個別化的概念構成則是利用已知的經驗法則來說明個別的歷史現象、歷史事件，二者著眼點不同。

還有一點不同之處，法社會學的研究，以當前的法律現象作為其研究對象，其固可以過去的法律現象作為材料，但其著重點在可觀察得到的、目前可進行，甚至正在進行者，其材料的選擇較易。而法律史學，則是透過過去文獻記載記錄為基礎來研究過去曾發生過的法律現象，甚至對於過去的法律現象為一番因果關係的說明；因此，如何去搜集研究的材料，為一相當基本的問題，過去的文獻多，材料來源無限，法律史學不能只為事實的羅列，事實的羅列亦不構成法史學，而須對過去的法律現象加以一番因果說明，此至少須就許多的史料為一番選擇，而基本的問題是史料的批評選擇會涉及觀察歷史者的觀點，而法史學既為一門理論認識的學科，應盡量求其客觀，問題是選擇材料必須有觀點，此觀點多少涉及主觀的價值判斷，不太可能客觀，此為方法論所引起的問題，涉及史觀、歷史哲學、歷史解釋的問題。

法律史學的法社會學的差異，只是其關心重點不同，法社會學的重點在一般化之概念構成，法律史學的重點在個別化的概念構成，但非謂法律史學內不可為一般化的概念構成，觀察一般性的法則，來預測未來的歷史事件，只是其重點、關心的方向不在此，其主要並不在發現不變的法則，毋寧說是在利用法則，以對個別的歷史事件加以因果的說明。

法律史學在研究方法上，有一特殊的問題存在，此問題主要是因為歷史學的研究，係以史料為媒介，史料為過去的歷史事實，非如目前的事實可直接加以觀察、驗證，其既以過去的歷史之文獻記載為基礎，則產生一問題，歷史事實的文獻是浩瀚無邊的，研究時勢必無法全部納入，故對這

許多的歷史事實就有選擇取捨的問題存在，既言選擇取捨，則難免涉及研究歷史者個人對歷史研究的關心方向及觀點，此即會引出對於歷史的客觀點有無客觀性的觀點存在，或多少帶有主觀的價值判斷在內之問題。

2.法律史學之方法論上的問題

法律史學的方法論上之許多問題群中，在此主要以所謂歷史觀點（史觀）為探討的重心。研究者究竟持著何種史觀，此經常取決於另一個問題，即研究者認為歷史學的任務為何。一般而言，後者不外乎：⑴歷史的記述 (historical description)；⑵歷史的說明 (historical explanation) → 特別指因果說明而言；⑶歷史的解釋 (historical interpretation) → 對於為何有此歷史事件的發生，利用因果法則來加以說明。

此三工作，一般皆被視為歷史學的工作，但事實上此三工作往往互相混在一起，不易區分。

⑴歷史的記述

主要是把過去發生的歷史事實，透過史料，將之加以重現出來，但即使在歷史記述之方面而言，任何一歷史事實，其所涉及的因素，絕非很單純，例如太平天國的事件，即是一例，如不厭其煩地要將其許多原因羅列出來，事實鉅細不分的全部表現出來，則不構成歷史的記述，此涉及究以何觀點，在許多相同的史料內加以選擇取捨的問題，故而多少會受到研究者個人對於歷史的關心方向、價值判斷的影響。

歷史的記述應為客觀的歷史記述，但事實上很難，倘無一觀點為前提，則無法記述歷史，一切歷史必以歷史關心的方向、觀點為前提，而後方可成為歷史，否則歷史無法構成，因歷史非事實發生的歷史，而是對事實發生的歷史為一觀察、認識，而後寫下的歷史。

⑵歷史的說明

此特別針對為何有歷史的發生，尋找其原因，並為因果的說明，任何一歷史事件的發生，往往會涉及許多錯綜複雜的原因，例如為何有太平天國事件的發生，可能有無數個原因，可能是洪秀全秀才落第而生之反抗社會的心理，亦可能是兩廣饑荒，民不聊生，易生暴亂，亦可能是受到教會

思想觀念的影響，此亦可由階級鬥爭的方面來說明，問題是在歷史的因果說明內，仍會涉及究竟以何角度來加以說明，在這許多因素中，何因素對於歷史事件的發生最具影響力或決定性，除非能將一切的原因全部網羅加以說明外，否則一切歷史的說明多少是相對的，並無一絕對客觀的說明存在。

此多少會涉及史觀、歷史關心的方向的問題，雖說明時應盡量求其客觀，以探求其發生原因，但在選擇材料去說明其發生原因時，亦會涉及觀點的問題。

(3)歷史的解釋

究竟有無所謂特定觀點或特定解釋係稱得上正確的、客觀的？對於歷史之解釋或觀察方法的觀點，於某些立場而言，唯有就某一觀點來加以觀察解釋，才是最具決定性的解釋，此涉及歷史解釋或史觀的問題。

何謂史觀？史觀究有無所謂客觀性存在的問題？於歷史的觀察、記述說明，幾乎不可避免地會涉及關心方向、史觀的問題，此觀察方向如具有相當高之普遍性，較著名者有唯心史觀、唯物史觀、民生史觀，則可對歷史的解釋方法提供一正確的方法或理論的依據，如將此史觀進一步地提高到理論或哲學的層次時，此史觀往往即被稱為歷史哲學。黑格爾、馬克思謂其史觀為唯物的歷史哲學，即以將史觀提高到理論的層次，至於　國父，則未提及歷史哲學的問題。

對此種史觀，如看作具有經驗內容之一般性的假設或作為在尋找材料時，建立假設的方向來看，則對此史觀不須盲目地加以排斥，因其僅係在發現某些事實或某些假設時提供某些指引。但如史觀離開此種假設的地位，甚至於進一步地將其提高至理論或哲學的層次，或主張唯有透過此史觀或解釋的方法去發現的事實或真理，才是唯一正確的真理或客觀的事實，則往往會形成形而上學的獨斷，因任何事實的發生，其所涉及的因素，非常錯綜複雜，在這許多錯綜複雜的原因中，該主張何方面之原因，循何方向去尋找並發現其原因，如主張唯有透過此史觀去發現的事實、觀察到的真理，為客觀的真理及唯一正確的解釋，即會產生一種獨斷。因史觀原來只

是作為尋找材料之方向或指引，透過此種史觀去尋找材料，固會發現許多符合史觀之材料，但史觀本身不能加以驗證，即便符合史觀之材料如天空繁星之多，亦不足以證明史觀的真理性或驗證可能性，一般而言，觀點不可加以驗證，亦不可加以駁斥，表面上的符合，並無何價值，如認為材料可證明觀點的正確性之論點可以成立，則在邏輯上即犯了循環論證的謬誤，因在選擇材料時，即已透過有色的眼鏡為之。史觀或解釋方法，在許多可能的材料中，如作為選擇材料的標準時，其選擇出來的材料必符合此觀點，而許多不符合觀點的材料即在有意無意間被捨棄掉，故謂透過有色眼鏡所尋求之材料符合這觀點，這觀點即可被證明為具有正確性，此說法是有問題的，一切史觀之本身，並不生真假的問題，無法證明何者是唯一正確的。

　　馬克思的歷史哲學或謂辯證法的唯物論，主張透過唯物論的觀點所為之歷史解釋方為唯一正確的解釋，至甚至由此解釋中導引出當為的價值判斷，其說法在邏輯上是有問題的，因人類歷史的發展過程非常複雜，有很多原因（如物質、經濟等原素）對之影響固不否認之，但並非經濟因素即可單獨決定歷史發展的方向，尚有其他複雜的因素存在，故非憑辯證法的唯物論即可精確地說明歷史的演變，馬克思之歷史哲學錯在把本為選擇材料標準之觀點，提高到理論哲學之層次，且以此歷史哲學為唯一正確的觀察方法，而排斥其他的解釋方法，此是很獨斷的說法，可謂是以偏概全。

　　人類歷史的演變，物質因素固很重要，但其他因素亦很重要，歷史演變以調和階級利益來解釋之，亦為可能的解釋，但馬克思認為其他的解釋方法皆無關緊要，未觸及事物的本質而輕視之，把唯物史觀視為唯一正確的解釋方法。

　　史觀的意義，與其說是在預測未來歷史的發展，毋寧說是在為個別歷史事實的說明、發現材料的指南針而已。換言之，(1)史觀是作為選擇材料的方向，對應注意何方面的材料有一提醒的功能而已，一般史觀皆為歷史的解釋的方法。(2)但事實上唯心、唯物等史觀於尋找材料方面，無法提供太多的訊息，以其過於籠統，並無何太大的作用。(3)史觀本身無何真假可言，不能加以證明。

3. 歷史學的客觀性

歷史學的觀點，有無客觀的觀點？如無客觀的觀點，則歷史的研究，如何維持其客觀性？歷史的記述、說明，必須有觀點，無觀點則無從搜集材料，無歷史可言，但所謂觀點，乃因個人的價值判斷、關心方向等因素而多少帶有主觀的色彩。然而，不可因而放棄有關歷史研究須具有客觀性、科學性的要求。

歷史學上如無法避免史觀，則歷史學上觀點的導入，應為有意識、公然、明白地為之，究竟是基於如何之觀點來搜集材料，記述史實，說明歷史事件的發生，該觀點應明白、公然的表示出來。當將自己的觀點明白地導入時，不要忽略與觀點不符合、相反的材料，而應主張用來修改觀點，不問是否符合觀點，一切有關的史料皆應納入到吾人的視野之內，客觀地加以考慮。

為避免造成武斷或以偏概全，須承認觀點的多元性，有許多觀點存在的可能性，而不盲目地加以排斥之。歷史的說明不只是吾人所為的歷史研究，由不同的觀點，會有不同的歷史記載、說明方法，在此許多的歷史說明中，不可主張只有吾人的觀點為唯一正確的觀點。

如須導入觀點，此觀點不要具有太多的排斥性，而須有寬容性、包容性，在尋找材料、觀察歷史時固不可過於包容，多少要有個範圍，否則永遠研究不完，但此範圍，不應僅固定在唯物或唯心較欠缺包容性的史觀，民生史觀較之寬容很多，但若過分寬容，則在尋找材料時，就不能提供較適切、具體的方向，唯對歷史的說明不能太偏。

從事歷史的研究，勢必要借助許多概念、名詞來說明之，特別是因果說明，歷史的現象很複雜，故於法史學中（且法學並不例外），須形成許多概念，以作為分析的工具，否則即無法為事實的考察，問題是如何塑造此概念，於此有二種不同的看法：

其一，要塑造一個概念，應依照事物的本質來塑造之，所謂事物的本質，是由實在的世界而來，必須忠實的反應現實。根據實在的現象、事物本質的把握來塑造此種概念，則此概念即有真假可言，此為馬克思的說法。

此說法淵源於概念實在論，所謂概念實在論是指一切概念必須忠實地反映事物的本質，要塑造概念必須依據事物本質的把握或直接的觀察為之。

其二，概念多少受個人觀察歷史的觀點不同而有不同，此概念談不上真偽，只能談論對歷史的觀察、認識的目的是否十分有效而已，並無概念是否真假的問題，此思想多少淵源於唯名論，較傾向於經驗主義的立場。

韋伯的理念型，可謂由唯名論提出的概念，稱之為 "ideal type"，認為資本主義、封建官僚制度等名詞、概念皆為便於分析、觀察歷史不可或缺的工具。至於此概念如何塑造，據韋伯理念型的說法，是以一定的歷史觀點為出發點，把現實世界各種現象中所涉及的許多複雜因素加以選擇取捨，認為由此觀念來看，對重要的因素加以選擇，不重要的因素即加以捨棄，將之結合起來，成為內部具有統一性之所謂 Denkbild（思維形象），此形象非眼可見到的，而係思維中所構造出來的形象，事實上亦即為一種概念，此種 Denkbild 在現實世界中並不實際存在，有若理想中的資本主義社會，並不存在於現實世界中，此概念只是某種理念而已，只存在於理想世界中，現實世界並非如是單純，而是至為錯綜複雜的，故構造出一純粹的理念型以為分析的工具，理念型可為由某一主觀的觀點構成，純屬思維的形象，但此思維的形象非可虛構而成，亦非一恣意的觀念，多少有事實的依據，但不描寫事實，而是由現實事項中，選擇一定重要的事項構成，仍以現實為依據，但係為便於把握、理解現實所構想出來的手段、工具而已。

手段、工具無所謂真假，只要問其對於認識觀察歷史是否有效而已，既為理念型，則須具統一性，其中不可有矛盾存在，否則作為分析的工具，即欠缺有效性，此係以唯名論為出發點的說法，並非實在論，若以實在論為出發點，則認為有真假可言，但此由經驗主義的立場是不可成立的。

附論二

如何以概念說明因果？

一切說明，特別是因果說明，皆以法則概念為中心，方可談得上是說明，在因果說明，是以普遍的法則為大前提，初期條件為小前提，由其中導引出可說明之命題出來，此為巴柏的理論，雖於邏輯上以說明因果說明，但此說明，並無任何的歷史學家會接受，其固承認有許多說明的可能性，但何說明具有決定性的因素，由巴柏的理論看不出來，歷史研究都希望能找到一較具決定性的說明，巴柏的理論並未涉及歷史說明的核心問題。於此韋伯的理念型的說法可補充之，基本上韋伯的理念型與巴柏的理論並不牴觸，只是其更由多方面的因素來加以考慮，任何歷史事件仔細加以分析，有許多的原因、要素，在理念型中如何說明結果的原因歸屬於何事件（因果歸屬），此可歸納為下列幾個步驟。

(1)把被說明的歷史事件加以要素的分析。

(2)根據已知的經驗法則來觀察這些要素，視何者由經驗法則來看，具有一般性，此為對各要素為一番評估或考察的功夫。

(3)對要素的變動加以觀察，視事實的經過情形，是否即如歷史事實的發展，對此之可能性加以判斷，視無此事實的存在，歷史現象是否仍會發生，此可由經驗法則予以考察，如結論是否定者，則可見其因果是至為密切相關，而具有相當的因果關係。

透過此種可能性的判斷，則少把歷史事件發生的原因歸屬於歷史事件發生的因素中，了解歷史事件，確定何因素如欠缺，則歷史事實即不如是發生，是為不可或缺的因素，如因素是可有可無的，則可忽略之，而不可將原因歸屬到歷史事件發生的因素之中，似此方法來判斷、說明因果的歸屬，此與刑法上相當因果關係的理論出入不大。

⑷歷史法則與預測的問題

　　歷史上有許多歷史現象受若干歷史法則的支配，例如暴政必亡，此歷史法則皆屬經驗法則，吾人學習歷史，無非是由歷史的發展過程中，觀察到支配歷史現象的歷史法則，據此法則，可鑑往知來，預測未來會有何歷史事件發生，此種預測於歷史學上是充分可能的。但如超越整個歷史，而謂於歷史發展外，有支配整個歷史發展的歷史法則存在，且據此歷史法則可對社會歷史的發展為長期的預測，則此歷史法則並不存在，因其非經驗法則。為何會有歷史法則存在的說法，往往是因為有對於太陽系星體活動的預測，生物學進化論的假設存在，進化論只是對於歷史事實的一次說明而已，是假設而非法則，歷史是否有一可為長期預測的法則存在，是令人懷疑的，此說法皆為思辨、思考的產物，特別是辯證法論思辨的產生，並無所謂的歷史法則的存在，將來的歷史究竟如何發展，尚在未知之中，須視今日的努力為何，並無存在所謂歷史絕對必然的法則。故雖有歷史的傾向，但仍可決定於人，於此相信人的努力，對於未來歷史發展之改變的有效性，不必對歷史存有一宿命論的看法，於此多少抱持著樂觀的看法，明日的歷史，仍在吾人的塑造中。

⑸歷史的認識與價值判斷

　　歷史學亦為經驗科學，係以事實的認識為其主要的任務，須對過去的歷史加以認識、並加以因果說明，於此反對歷史可指示吾人，作為一實踐價值判斷之標準的說法，此為馬克思歷史哲學的說法，認為歷史的發展是有一定的方向，如馬克思即言是由封建社會至資本主義社會至社會主義社會至共產主義社會，此為一歷史必然的法則，歷史終究會往此方向發展，而歸結於無產階級的勝利，於此前提下為一切的價值判斷，凡符合歷史潮流、歷史發展方向所為之價值判斷，即為正確的價值判斷，此為一元論的說法，認為由事實中可導引出當為的價值判斷。

　　歷史潮流為事實問題，是否有此方向存在，仍有待證明，與價值問題不相涉，但把此尚待證明的歷史潮流，認為是不可避免的，且比以此為價值判斷的依據、實踐決策的標準，即係犯了自然主義的謬誤。另有一派，

認為研究歷史的主要目的是在認識歷史所包含的客觀意義，如可認識歷史所包含的客觀意義，則可說明過去的歷史現象，乃至於據此客觀意義來發現未來歷史發展的方向，以為價值判斷的標準，此為黑格爾的說法，其認歷史的發展是根據自由理念的辯證法則來自我發展的過程，歷史本身是包含一定之目的、意義存在，此無異承認歷史冥冥中有一全能的主宰在支配著，認歷史為實現客觀的意義來發展，多少存有擬人化的宇宙觀，若由科學的眼光來看，是毫無意義的。歷史有無意義，據巴柏的看法，認為歷史沒有意義，一般認為歷史包含一定的意義，此意義實非歷史本身的意義，歷史是一事實，其並不包含一定的意義，其所以具有意義，是觀察、寫作歷史的人賦予的，因在寫作、觀察歷史的時，勢必免不了觀點的問題，當透過某觀點來選擇材料，寫作歷史時，已將個人主觀的意識輸入到歷史之中，如此再謂歷史有何客觀的意義，是不合理的，可見歷史不具有所謂固定不變客觀的意義，一切歷史的意義，皆為研究歷史者由某特定觀點所賦予的意義。

(6)結論——法史學及法學（特別指著法律解釋學）的關係

①法學多帶有實踐性，而歷史的觀點則係理論認識的問題。法學與法史學間，關係密切，特別是在法史學對法學的貢獻面向上，有如下兩點：A. 法史學研究法律的歷史，一方面了解法律生成、發達的由來，甚至法律的意思如何，亦可參照過去歷史的發展，而較少具體確定其客觀的含義，法律文字隨時間、背景不同，而有不同的意義，要謂何法律為此種解釋，當然須了解其發展的歷史，特別羅馬法是如此。B. 研究法史學的目的，在可鑑往知來，根據過去的歷史經驗，了解某些法律的社會效果，社會科學不如自然科學可事先實驗，因立法當初，往往不能了解到其未來會引發的後果，而只能由過去的歷史經驗中去找，例如王安石變法，青苗法失敗的原因可作為今日農業改革的參考，故而對法學實效性、社會效果的研究，不可不借助法史學的研究成果，而要確定法律為何有目前的涵意，亦須仰賴歷史的研究，但不可依賴過多。

②霍姆斯曾謂，一般人多易詢問歷史，把當前具實踐性的法律問題、社
　會問題，皆向過去的歷史找尋解答，根據過去的歷史來加以決定，但
　是於此應顧及現實，歷史只提供一些材料，至於如何決定，仍須依據
　當前的需要、社會的目的來具體決定之，歷史的研究，非自歷史中尋
　找有權威的依據，只是一種啟蒙，合理懷疑的第一步，為政策判斷未
　來可能引起的後果如何之研究，為合理懷疑的啟蒙，而非過去是如何，
　即是如何。

　　歷史的連續性不是義務，而是出於必要，特別是在英美法系，有判例
拘束原則，但無所謂順從判例、過去的法律解釋，並非現代人的義務，過
去歷史上的法律解釋之所以被接受，只是為了維持法律秩序、安定性的需
要而如此，除非有必要，不須更改之，但非義務。

第二節　法學與價值立場

　　法價值論 (legal axiology) 為法理學中最基本的問題，有謂法律哲學不
外是有關法價值論的哲學，由此可見法價值論在法理學中的重要性。法價
值論中心問題是所謂法的評價問題。評價問題可分為三不同的層次，加以
探討 ❷ 。

一、法評價對象的問題

1. 對個人行為之評價——行為評價

　　依據某一定的規範，包括法律、道德，甚至風俗、習慣、倫理、宗教，
對於個人的行為加以評價。視此行為由法律來看是否合法，由道德規範來
看是否善等等。諸如此類的評價，起源很早，可謂有人類的歷史，即有此
種行為評價的現象存在。例如伯夷、叔齊不願受周王的徵召當官，寧願作
為商之遺臣，餓死在首陽山上，似此種行為是否值得讚揚，是對個人行為

---

❷　碧海純一，《新版法哲學概論》，1989 年，弘文堂，頁 218。

的評價問題。在儒家而言，認其不事二君，給與甚高的評價。而在法家，則以其妨害法秩序的建立而對之加以批評。凡此，對於個人的行為，由某一定的規範來加以評價，是為第一層次的評價問題。

2. 對規範或制度本身的評價

例如伯夷、叔齊的行為，如由道德規範來看是值得讚揚的，但此不事二君的道德規範本身是否為一個人很完善的規範，此乃另一個層次的評價問題。吾人亦可對一定的法律規定、社會制度、規範，由某一正義的標準來以評價，視其是否符合正義。

此類評價在發生先後次序而言，時間較晚，至少要在人們明顯地意識到「社會」及「自然」的劃分後方有之。對幼稚、未開化的人而言，「社會」及「自然」是密不可分的，他們往往把社會秩序視為自然秩序，而自然秩序不能為人所左右，而加以改變。在於此思想下，對一定的社會制度加以評價，是毫無意義的。理論上而言，人多多少少是在意識到「社會秩序」不同於「自然秩序」時，才有此種第二層次的評價問題。在西洋哲學史上有希臘的詭辯學派，開始就國家、法律等制度論究其有無自然的基礎？是否具客觀性，或只是人為的產物等問題加以探討。當人們提到這個問題，即開始對某一社會制度加以評價時，此時人們已意識到社會秩序是不同於自然秩序的。

3. 對正義本身的評價

正義本身有無客觀的標準存在？正義為一切善惡的標準，但其究是客觀的存在或是只是主觀人為的產物？在希臘詭辯學派時代多少已探討到此類問題，而此問題事實上為法理學上最基本的問題。對於個別具體行為的評價，在此暫不討論，以下主要探討第二、三層次的問題，而第三層次的問題特別重要，此乃屬於後設倫理學 (meta-ethics) 的問題。

二、法價值論的問題領域

關於倫理學的問題，現代分析哲學將價值論分為兩個問題領域 ❹。其

---

❹　同前註，頁 222 以下；另參楊日然，《現代分析哲學對法理學的影響》，社會科學

一為規範倫理學或規範價值論 (normative ethics)，其二為分析倫理學或分析價值論 (analytical ethics)，亦稱後設倫理學 (meta-ethics)。

此問題領域的區分，於規範倫理學中，對行為的評價乃至於法律制度、社會制度的評價問題多屬之。至於對正義本身，即價值判斷的本身有無客觀的標準，則屬分析倫理學的問題，分析價值論在探討如何去認識價值，特別在法學而言，如何去認識法律的價值？或法律價值的判斷或理念之考察是否可能等理論問題。法律中包括有許多倫理理念或價值判斷在其中，例如權利、義務、故意、過失，此皆多帶有倫理味道的語言可稱之為倫理語言，而與自然語言有所不同，自然語言多屬可運用經驗事實加以觀察定義的語言。法學上，倫理語言固不可缺，但在法學或倫理學的範圍內，其所涉及的語言，除自然語言外，尚有倫理語言。此種倫理語言究竟有無可認知的語意在內？可否以自然語言或非倫理的語言來加以定？包含此倫理語言的命題有無真假可言？如有真假，可否如自然科學的命題般地以經驗科學的方法來加以驗證？對此類問題加以探討者，皆屬分析價值論的範圍，在探討有關價值認識或理論認識的方法，與規範價值論不同。

規範價值論是探討為擁護或批判某特定價值所建立的理論，此理論稱為規範價值論，因其非僅在純粹的分析認識，而是更進一步表示個人對某特定價值加以擁護或批判。分析價值論是訴諸於人的理論理性，而規範價值論則進一步涉及人的意願或意志，亦即前者為純理論認識的問題，後者則涉及了實踐；此二問題領域不同，不應加以混淆，否則合理的討論即為不可能。

例如「所有權是神聖不可侵犯的」，此為規範性的主張，而謂「所有權是神聖不可侵犯的」事情，依據理性是可以客觀地加以認識的，或可以理論加以證明，則為分析價值論，是故分析價值，其重點不在某一規範是否值得擁護。例如「奴隸制度是非常不好、是違反人性的制度」，在為此主張時，多少是對奴隸制度表示厭惡，不擁護的態度，此為規範價值論的主張。如進一步言「奴隸制度是非常不好的，訴諸人的理性是可以明瞭的」，則奴

論叢，第 18 輯，民國 57 年 7 月。

隸制度的好壞，可以借著某種人的理性之認識方法，明白地加以認識到，則為分析價值論上的主張。

三、分析價值論的類型

分析價值論亦有不同的類型或立場存在，以下借用兩個問題來確立其立場。此二問題，一為 "x is good"，一為 "y is bad"，二者皆包含倫理語言在內，可稱為倫理命題或價值判斷，此類倫理命題究有無敘述任何客觀的事態，即此類倫理命題是否係有關於某種客觀的事實或狀態的主張，或僅是表達了說話者（為價值判斷者）個人分析價值論的立場，粗略的可以分為以下兩種：

如認為倫理命題是敘述某種客觀的事態，則為客觀說的立場；如認價值判斷的命題不敘述任何客觀的事態，只是個人情緒的表露，則為主觀說的立場，亦稱價值情緒說 (emotive theory of value)，價值論約可粗淺地分為此二立場。

客觀說主張，價值判斷係主張某種客觀的事態，依此立場而言，價值判斷的命題也包含可認知的意義，且此種命題，亦可檢查其真假。由於客觀說認為價值判斷是有真假可言的，故亦可稱之為認知主義 (cognitivism)，亦即價值判斷所包含的意義是可加以認知的。相對於此點而言，主觀說可謂是非認知主義 (non-cognitivism)，亦即價值判斷並不包含任何認知意義，只是說話者個人情緒的表現而已。

對客觀說而言，其所主張之命題乃是敘述著某種客觀事態的命題，然而此客觀的事態究竟是自然的事態或是非自然的事態？於此客觀說又可分出兩種不同的立場，認係自然事態者，為自然主義 (naturalism) 的立場；如認價值判斷的命題雖是在敘述著某客觀的狀態，但此客觀的事態並非自然的事態，而係非自然的事態，只能以直觀的方法來加以認識，則為直觀主義 (intuitionism) 的立場。

自然主義者不但肯定價值判斷是敘述著某種客觀的事態，同時亦係描寫某種自然事態，認為價值判斷的命題不但有真假可言，且其真偽亦可依

據著自然事實的觀察或經驗科學的方法來加以驗證。於此立場而言，價值判斷的命題與事實認識並無區別，不但價值判斷的真偽可依據經驗科學的方法來加以驗證；反之，根據某種自然事實的觀察，亦可導引出某種價值；因此，分析價值論之自然主義者就事實與價值存在與當為，係採取一元論的立場，認為自然事實與價值判斷並無兩樣，完全使用同一的手段來加以觀察、討論。

直觀主義雖亦認為價值判斷的命題是敘述或主張著某種客觀的事態，但此客觀的事態非指自然的事態，而係指非自然的事態，其係存在於理想或理念的世界之事態，無法以經驗事實的方法來加以觀察，只有憑藉著理性之光、倫理的直觀或心靈的眼睛來加以認知，此種認知的方法通常透過直觀或直覺，直接加以觀察，而不能透過經驗科學的方法。此點與自然主義不同，雖二者皆認為價值判斷有真假可言，但自然主義是循著經驗科學的方法來加以驗證，而直觀主義是循著非經驗的方法來加以認知。例如孝順父母是對的，為何是對的？自然主義認為可以以事實作為驗證的標準；直觀主義則認其非事實上的問題，而屬理念、理性的問題，不須任何證明，是可領悟而不可言傳的，其訴諸於較抽象的直觀方法。

主觀說關於價值判斷的觀點與上述說法完全不同，它認為價值判斷的命題是作價值判斷者、說話者個人的情緒的表現，屬人的情緒；一般而言，談不上真假，故價值判斷的命題無所謂真偽，如要統一有關價值判斷的見解，只有訴諸於說服力或其他更強大的力量。

然而，主觀說亦承認在一很少的範圍內可討論有關價值判斷的真假，即說話者說話時是否忠實地反映其心裡的感情、情緒。因此一方面的真假可根據經驗事實或諸如心理學的專業判斷來加以討論。

客觀說的直觀主義與主觀說均對自然主義的倫理說加以批評，並同意新康德學派有關事實與價值二元論的立場，認為理想與現實、價值與事實不同，存在不可演繹出當為，而當為亦不可還原到存在來加以驗證。自然主義者對之加以批評，但對於價值本身的立場則不一致。有主張直觀主義者，認為可以建立自然法論，亦有主張價值不過為個人情緒的反應，並無

所謂自然法存在，甚至批評之。

四、自然法論的基礎

一般而言，自然法論是在建立或認識某種自然法，以擁護或批判某特定的法律制度，屬於規範價值論的範圍；但此種規範價值論或自然法論卻必以分析價值論上的客觀說作為前提，亦即以客觀說作為認知自然法的基礎。也因此，基本上亦隨著客觀說的二基本形態，即直觀主義與自然主義而分為二種不同的自然法論。其一係運用經驗科學的方法來建立某種自然法的體系。另一則依據倫理的直觀、理性之光、本質的直觀等非經驗手續之方法，來建立自然法體系。

依前者所建立的自然法體系可稱為「自然主義的自然法論」，或經驗的自然法論，強調經驗科學的方法，但並非經驗主義的自然法，因為經驗主義無所謂自然法。而此自然主義的自然法係以經驗事實的觀察方法或由社會事實、歷史事實中之觀察方法建立起來的自然法。例如馬克思之歷史哲學，認為歷史有一个變的發展法則，以此不變的法則為價值判斷的標準，就此點而言，亦可稱為歷史主義 (historicism)。

依後者所建立的自然法體系可稱為「理性主義的自然法論」，特別是近代的自然法論皆以理性主義為基礎，其所依據之方法，即為所謂的理性之光。現代的自然法論有所謂依據著本質的直觀建立起來的自然法論，即係以直觀主義的立場為基礎。

價值情緒說無從產生自然法論，因自然法論勢必以分析價值論的客觀說作為前提，而價值情緒說則因其反對客觀說的立場，勢必會對自然法論的思想展開猛烈的批評或攻擊，並放棄對於自然法論的探討，轉而追求或建立規範價值論，對可觀察之實定法來加以觀察，故多傾向於實證主義或價值相對主義的法學。

五、綜合說明

依客觀主義的立場，認為價值判斷有真假可言，此說又可分為「自然

主義」及「直觀主義」；依價值情緒說的立場，則認為價值判斷談不上真假，無法以理論認識的方法來加以認知或以科學的方法來驗證其妥當性，但此並不剝奪於規範價值論中擁護或批判某價值之主張之權利。此說認為，如欲訴諸理性或理論認知的方法，證明其擁護或批判是有理論的基礎，是毫無意義的，而應訴諸個人信仰、意志的決定。批評者有認為價值情緒說既反對自然法，即為非道德論，甚至認其為虛無主義 (nihilism)，即言一切價值判斷皆是虛空的，此實屬誤會。因價值情緒說只謂價值判斷不可以科學的方法來加以證明，亦即認價值判斷不包含有可客觀加以認知的意義，但並非一切的道德倫理皆毫無意義，個人仍可為其理想、信仰而奉獻。

例如羅素，早期曾主張價值判斷不具備可認知的意義或無法以科學的方法來證明之，但其晚年亦有規範價值論的主張；賴特布魯赫亦提及自然法，「人性的尊嚴」即為其所謂的自然法，為任何法律規範所不可抹煞者。惟若有認其思想已由價值相對主義、實證主義的立場轉向到價值客觀說、自然法論的立場，則多少有點誤會。

價值相對主義為分析價值論上採價值情緒說的主張，但在實踐領域內，對人性的尊嚴加以擁護，甚至將之提至自然法的地位，理論上並不一定有衝突。因為此時價值只是訴諸於個人信仰、態度的決定，並不試圖以科學的方法來證明其具有妥當性。規範價值論，乃是對某特定的價值或制度加以擁護或反對，表現此主張或以理論的方式來主張理論之妥當性，與分析價值論屬不同之領域，不宜混淆。

傳統的價值論，多集中於規範價值論。規範價值論既對於特定的價值表示擁護或反對，必以價值有客觀性，並可討論其真假的客觀說作為前提。對客觀說採反對見解者，認為價值判斷的命題並不敘述任何客觀的事態，只表現說話者的情緒而已，此為價值情緒說的立場。

如有人在分析倫理學上採客觀說的立場，則可在此基礎上建立某種規範價值。倘有人在分析倫理學上採主觀說的立場，則無法於此基礎上建立某種規範價值，其通常會放棄對以理論的方法來建立特定的規範價值，但此並不意味著其於實踐之際便喪失擁護或主張某種價值判斷的權利。因為

此權利乃屬於個人的思想自由，任何人均無法剝奪之。此外，主觀主義亦可建立起某種價值體系，但對價值的妥當性，並不試圖以理論證明。故一般而言，在分析倫理學持主觀說者仍可在實踐領域上擁護某特定的規範價值。

第三節　法價值的諸類型

本節的主要目的，在根據上節所述，對分析倫理學上不同的立場加以分類，介紹其特色，並由分析哲學或現代經驗主義的立場提出可能的批判。

一、自然主義的法價值論

1. 自然主義法價值論的特色

自然主義的基本主張，係認為一切的倫理語言或倫理命題，皆帶有某種經驗性質的命題，認為倫理語言或包含倫理語言的命題，皆在敘述著某種經驗事實、或狀態。析言之，此說包含三個特色：

①倫理命題或價值判斷皆屬事實的判斷，因此有真假可言。

②對此種倫理命題或價值判斷，自然主義的立場主張可援用經驗科學的觀察方法來加以確定其真或偽，亦即倫理判斷與事實認識並無二致，皆係運用經驗事實來決定其真假。

③依自然主義的立場，倫理語言，例如善 (good)、權利、義務等，可以用自然語言來加以定義，而所謂自然語言是指敘述、描寫、指涉某自然事實的語言。

2. 自然主義法價值論的倫理學

自然主義在倫理學上的立場為何？

(1)快樂主義 (hedonism)

自然主義在倫理學上的立場，最典型者為快樂主義，此說認為快樂即等於善，凡是可滿足吾人慾望、令吾人快樂者即是善。

(2)功利主義 (utilitarianism)

此說把善當作「利益」來看，有利即為善，無利即非善，亦即以其對人類是否有利，是否有用為標準來判斷，例如邊沁、彌勒之功利主義的思想，有時亦被列入自然主義的立場，然其是否為徹底之自然主義，尚待斟酌。

(3)倫理進化說 (ethical evolutionism)

此屬進化論的思想之一，通常是以某種社會進化的事實，作為價值判斷的依據，亦屬自然主義的立場。例如史賓塞之社會達爾文主義 (social darwinism) 屬之，其於 1859、1860 年左右相繼發表文章，在《社會靜態學》一書中提及倫理學上的問題，一方面批評邊沁之功利主義的倫理說，謂其不能提供一客觀的標準，有利與否並非可客觀的加以判斷。他方面亦提出自己的倫理說，謂人是一種生物，皆生活在社會與自然環境中，在適應環境的過程中，會逐漸淘汰自己的缺陷而保留優點。此說把生物學的理論導入社會進化中，以為社會進化與生物進化相同，在社會淘汰的過程中會受到適者生存法則的支配，漸漸往理想好的方向去發展，而此社會進化的事實，亦可作為價值判斷、政策決定的依據。史賓塞此種以一定的社會進化事實作為價值判斷的標準，亦為一種自然主義的立場。

(4)歷史主義 (historicism)❷

巴柏於其《歷史主義的貧困》一書中❸，把一些歷史哲學或自然主義的倫理說列為歷史主義，此種歷史主義亦屬自然主義的立場。

歷史主義與歷史哲學密切相關。黑格爾、馬克思之歷史哲學，就分析價值論的觀點而言，屬自然主義的立場。黑格爾認為歷史的演變是循著觀念辯證的法則而發展的，對黑格爾而言，此自由理念展開的過程，在展開過程中會愈來愈完全，而研究歷史即要找出此支配整個歷史發展的理念，不但可藉以說明歷史在過去的發展，亦可用來預測未來的歷史。因為此種

---

❷ 在此應注意，巴柏所謂歷史主義 (historicism) 以及十九世紀末二十世紀初崇拜歷史性價值或歷史性審美觀為社會或藝術典範之歷史主義 (historism) 有別。

❸ Karl Popper, *The Poverty of Historicism*. London: Routledge & Kegan Paul, 1957.

歷史的發展是必然的，故如何為一政策決定自得以歷史發展的事實作為價值判斷的依據，因此亦屬於一種自然主義的立場。

至於馬克思的歷史唯物論，基本上亦以黑格爾的辯證法為基礎，認為歷史是有一定發展的法則，差別僅在於馬克思認為歷史性變遷的原動力主要來自於物質條件，特別是生產關係與生產力的變化而在特定的歷史情境下展現出不同的社會形構 (societal formation)。因其亦以歷史必然的發展作為價值判斷的依據，所以同樣屬於自然主義的立場。

上述立場，有其共同的特色，即承認倫理的價值判斷，無異於經驗的事實認識，其真理性可根據經驗的手續來加以決定，皆以歷史或社會必然的發展過程作為倫理判斷的標準。如黑格爾謂「世界史是世界的法庭」，一切是非善惡終究要經過歷史的裁判，此為自然主義的思想；而一些功利主義者，其是否屬徹底的自然主義，則須作若干的保留，持此類自然主義的立場的人，多半把善或正義，循著所謂利益、慾望的滿足來加以定義，但此定義是事物說明或真正定義，則須加以區別。如其作成倫理說的定義，不將之當作事物定義，而只是當名詞定義來看，則因定義談不上真假，無法為爭辯、討論，亦無法看出其是否自然主義；但如把善當作快樂、慾望的滿足來定義，且看作事物定義，則有真假可言，自屬一種自然主義的立場。

3. 自然主義法價值論的法理論

於法學領域內，亦可找出一些自然主義的立場，如十九世紀，德儒薩維尼所提倡的歷史法學，基本上其係立於自然主義的立場，因其認透過歷史變遷過程法律事實之研究，即可導引出一當為的價值判斷。他認為法律不外是「民族精神」或民族對於法律之確信的表露，要找到對法律的確信，必須透過對歷史的觀察與研究。而何為法律亦為高度價值判斷的問題，可經由歷史事實的研究、觀察獲得，基本上仍為自然主義的說法。

薩維尼當時的德國，羅馬法即等於現行法，德國於中世紀繼受羅馬法，至十九世紀，已成為德國各邦所共同適用的法律，故對羅馬法史的研究，即等於對現行法的研究，以為由其中可直接導出對現行法的權威依據。也

因有此背景,故易導致法律的權威依據可由歷史事實直接導引出來的立場。

另如狄驥 (Léon Duguit, 1859–1928) 的社會連帶說,亦多少屬自然主義的類型。狄驥的基本思想,認為凡可增進社會連帶者即為好的法律。因社會連帶為一事實,要辨別法律的好壞,即視其可否促進社會連帶而定,如何促進社會連帶,即可依據社會事實來加以觀察,因此亦屬於自然主義的立場。在法理論中這種帶有自然主義的價值論立場者,若借用新康德學派的語言而言,即是「由存在導出當為」,「在事實中循繹規範」,此即一元論的立場,以為存在的事實與當為的規範,並無很明顯的劃分,由事實的觀察即可導引出當為的規範。此種思想在十九世紀乃社會思想中較普遍的一個潮流。十九世紀為歷史主義的世紀,其中包括史賓塞的社會進化論、馬克思的歷史哲學等,其特色即是對價值與事實並不加以劃分,以為價值判斷的問題,終可援用經驗事實來證明其妥當性,一般評為「實證主義」。

二十世紀的哲學,尤其是新康德學派,乃是對十九世紀的歷史哲學,即自然主義的倫理說為一反抗的運動,其標榜著理想不能與事實、現實混為一談。

馬克思把理念與法律、道德等規範均當作上部構造,認其受下部構造,即物質條件的決定。新康德學派主要是對此一元論的思想,特別是自然主義的倫理說、歷史哲學為反抗而生之運動,其標榜著理想有其獨立存在的依據,並不完全受物質條件決定,此後自然主義的氣勢漸漸消沉,而新康德學派逐漸被接受。

自然主義的倫理說受批判,漸漸消沉的原因,不只是因為新康德學派的努力,於英美學界,特別是讓爾 (George Edward Moore, 1873–1958),其於《倫理學原理》(*Principia Ethica*)(1903)❷,亦對之加以猛烈的批評,而歐陸中對此一元論的立場,批評得最厲害者為韋伯,其於社會科學的領域內,主張價值與事實、理論與實踐要加以區分。於法學領域內,則要歸功於凱爾生。

4.對自然主義倫理說的批評

---

❷　G.E. Moore, *Principia Ethica*, 臺北市:虹橋書店, 民國 60 年 12 月 1 日第 1 版。

⑴自然主義倫理說的優點

自然主義的倫理說，重視經驗事實的觀察，試圖於倫理說的領域內，援用經驗科學的方法來加以探討，此基本方向不一定須盲目地加以排斥。

自然主義認倫理判斷具敘述經驗性質，包含經驗性質在內，吾人雖不完全同意此點，但至少認價值判斷，亦非完全是先驗的東西，多少亦包含有若干經驗因素在內，因在判斷一事實的好壞之前，往往須先觀察事實，故與經驗事實亦非完全分開的，自然主義主張價值判斷的問題應注重經驗事實的觀察方向，亦未可厚非。

自然主義強調對經驗事實的重視，可使吾人在為價值判斷之際，避免一些獨斷的價值判斷，如直觀主義的立場，則往往訴諸於個人的直觀，既不談理由，亦無法由經驗事實來加以驗證，往往易流於獨斷，不若自然主義提醒吾人為價值判斷時，須顧及經驗事實的因素，不可流於獨斷。

⑵自然主義倫理說的缺點

自然主義誤認價值判斷或倫理命題係屬自然的判斷，於此點，其有根本缺陷，即在於事實認識與價值判斷間沒有什麼區別，而可直接根據經驗事實的驗證來判斷倫理命題的真假。

自然主義認價值判斷可援用經驗事實來加以驗證，但按其立場，此經驗事實是否能提供一很明確的標準以作為倫理判斷的依據，亦不盡然。自然主義往往把善定義為欲望的滿足、快樂等名詞來加以觀察，但何為快樂、欲望的滿足，其亦不能提供一明確的標準，有謂是最大多數人的最大幸福。邊沁甚至以為此是可以計算的，但幸福與否，於個人間其差異仍甚大，並不能提供一明確的標準。

自然主義以為倫理語言可完全以自然語言加以定義，甚至取代之，此為其根本的謬誤，此係謨爾於《倫理學原理》一書中首次提及「自然主義之謬誤」，並加以檢討。自然主義的謬誤本身應屬邏輯上的錯誤，自然主義多主張自然語言或自然事實內包含有某種客觀的價值，且承認此種客觀價值的認識是可能的，可運用經驗事實的觀察來加以認知，但由現代分析哲學的眼光來看，其主張是很有問題的，此即謨爾所謂之「自然主義的謬誤」

(naturalistic fallacy)。

根據謨爾的說法，其將善分為兩個不同的意義 ❷。⑴ intrinsic good（內在的善，本來的善，善本身 =good itself）；⑵ extrinsic good（外在的善，作為一手段的善）。

一般所謂的「很好」，可由更高一層次的倫理判斷來加以決定，此即為 "extrinsic good"，是可由科學方法來加以檢討的，其不過是作為更高一層次的善之手段而已。手段的有效性，是經驗事實可加以驗證的，但善本身的，最高層次的善 (ultimate good)，無法以科學的方法來加以證明其妥當性，或加以驗證的。

但其中有一問題，謨爾所謂本來的善或價值的概念本身，是指涉著一非自然 (non-natural) 的事項，較為抽象，係理想的存在，於現實世界裡找不到的，亦無法用自然語言來加以定義。因自然語言是在敘述現實世界存在的事物或對象；故包含倫理語言的價值判斷，亦不能由經驗事實來加以觀察或演繹，因事實判斷皆由自然語言所構成，並不包含任何倫理的語言在內，而倫理判斷則包含倫理語言。反之，倫理語言亦無法還原到事實判斷，以僅含自然語言的事實命題來加以驗證。

自然主義的最大特色，即在肯定價值判斷的妥當性，特別是終極的價值判斷可還原到事實來加以觀察、驗證，此乃自然主義最根本的錯誤。此種謬誤為邏輯上的謬誤，因就邏輯上而言，在前提中所未包含的因素，結論當然亦無從包含。自然主義的前提既為事實的認識，自不包含有倫理因素在內，但於結論中卻導出包含倫理語言之當為的價值判斷，顯然其結論所包含者已超出其前提所包含者，是以事實認識為前提，卻導出價值判斷之結論，犯了邏輯上的謬誤，蓋倫理語言既不能以自然語言來加以定義，則其結論中的倫理語言自何處而來是有問題的。

自然主義最大的錯誤，即為肯認此推論的可能性，此即所謂自然主義的謬誤。

此外，在自然主義的立場亦可能進一步認為，價值判斷可還原到經驗

❷　同前註，頁 21 以下。

事實來加以驗證，則因價值判斷本身為一先驗的東西，非可由經驗事實觀察得到，故此亦為一謬誤。

若認一切價值判斷之前提，須包含價值判斷在內者為前提，即非自然主義，而自然主義認為價值判斷可由事實認識導引出來，問題是如何知道事實認識本身即為善，如是自然主義之推論，勢必陷於循環論證，以為據經驗事實可直接觀察到善，其基本上亦犯了循環論證的謬誤。

自然主義非可盲目地加以排斥，其在重視經驗事實的觀察上，有其可貴的洞識在內，但其犯了自然主義的謬誤，以為由存在可直接導出當為，由事實可演繹出規範，此為其根本謬誤，在邏輯上是無法克服的。

二、直觀主義的法價值論

1. 直觀主義法價值論的特色

直觀主義與自然主義不同，雖仍屬客觀說之一種，即以為價值判斷是敘述著某種客觀的事態，因而有被認知的可能，同時有真偽判斷的可能，但直觀主義與自然主義仍有基本上的不同點：即自然主義，對於某特定價值判斷的真偽，是援用經驗事實來加以驗證的；而直觀主義則否認此種可能性，以為價值判斷並非在敘述某經驗事態，故只得以非經驗的手續，例如倫理的直觀、理性之光等來加以認知，此為其與自然主義最大的不同點。

因此，就直觀主義而言，其主張倫理判斷或倫理命題這方面的知識是基於直觀而來，其主張此倫理判斷是有真偽可言，可依據直觀的方法來加以認知、判斷何價值是正確的，何價值是錯誤的。其暗示價值非在敘述自然的事實，而是敘述某些非自然的事實、非經驗的事態，因而對此種價值的認知方法，多援用心靈的眼睛的方法或理性之光等直觀的方法來加以認知，其意含著倫理判斷與事實判斷是完全不同的，不因事實的變化而改變，換言之，倫理判斷有其自主性，抑或獨立存在的理由，並不因事實改變而受影響。

此種主張隱含著先驗綜合判斷的可能性，一命題的真假須依經驗事實方可判斷，但先驗綜合判斷，意味此判斷是正確的，且具有先驗的妥當性，

不會因事實改變而受影響，而此判斷亦可直接提供吾人有關某事態的訊息 (information)，而具有綜合判斷的性質，直觀主義認價值判斷是敘述某種客觀的事態，而關於某種客觀的事態亦可提供訊息給吾人，且其不會因事實的改變而受影響，可見其具有先驗綜合判斷的性質。

2. 直觀主義法價值論的倫理學

何種倫理學上的學說是屬於直觀主義的倫理說？

直觀主義的思想可溯及到柏拉圖的理念論，柏拉圖曾把人的知識分為真知 (episteme) 與臆測 (doxa) 兩種，臆測可依據經驗事實來加以觀察、判斷，因為經驗事實多變，所以由經驗世界觀察而得的知識並不可靠，真正的知識是存在於理念的世界。對於真正的知識如何獲得，柏拉圖曾提出洞窟的比喻，以為真正的知識非由經驗事實觀察而得，而是透過人冥想的功夫，非以經驗的方法來加以認知。在洞察的比喻中，他把人比喻成被關在洞窟內的囚犯，眼光所見的只是投射在洞窟黑漆漆的牆壁上的影子而已，而得不到真正可靠的知識，真正可靠的知識，是在其被關進來以前所得到、所看到的，於今他只能透過回想、冥想的方式、思辨的功夫，以了解、認知外在的世界，此種思辯的功夫即等於直觀。在柏拉圖的理念論內，認為價值的理念、善的理念，亦屬於理想世界內的東西，不能運用經驗科學的方法來加以觀察，只能透過直觀、理性的方法來加以思辨。此說可謂直觀主義的起源，雖在柏拉圖以前或有直觀主義，但將其當作認識論，加以理論化，柏拉圖可謂是頭一人，吾人常把此觀念論，稱為柏拉圖主義，而理想主義亦可謂起源於柏拉圖。

柏拉圖的認知方法，當然與經驗感覺的方法不同，柏拉圖直觀主義的思想影響到後人的倫理思想，特別是斯多亞學派，多多少少亦為直觀主義的立場，近代受此思想方法影響的人仍多。例如胡塞爾本質的直觀說，認為可靠知識的獲得，非自現象的觀察而已，而是要透過先驗還原的方法，直接觀察到現象背後的本質，加以把握。他在倫理學中，主張價值直接的把握，此亦為直觀主義的立場。在胡塞爾的影響之下，還有哈爾特曼 (Nicolai Hartmann, 1882–1951)、謝勒爾 ❷，這些人的思想，亦多依據直觀主義的

立場，認為價值判斷的認識是客觀的，可直接加以觀察、把握。

3. 直觀主義法價值論的法理論

於法理論的領域內，傳統的自然法論，特別是近代理性主義的自然法論，可謂多半是依據直觀主義的立場來架構而成的。自然法論主張在自然秩序內包含某一定的價值，而此一定的價值是可以客觀地加以觀察，並作為實定法是否正邪、曲直、好壞的判斷標準。特別是近代理性主義的自然法論，認為所謂的自然、自然秩序，即為人性自然，認為人性自然是可以根據自然的方法來加以觀察的，並以為人可以據先天的理性，直接洞察到人性中包含之某一定的價值，從而以人性為依據來架構法理論，對於實定法提供一客觀的價值判斷基礎，此為近代自然法論之特色。換言之，依據自然法論的見解，法律的價值，或是自然法（包含自然內之客觀價值）的認識，乃是對某種客觀存在的事物之發現，此發現是可以運用純粹認識，非評價的活動為之，不涉及個人價值判斷的問題，而係純粹以理論認識的方法來加以發現、客觀地加以認知。

自然法論與自然主義不同，此種自然法的發現，多半是依直觀或理性之光的反省方法加以觀察所得。就此而言，直觀主義的自然法論與自然主義不同。自然主義以為價值認識可根據經驗事實來觀察，直觀主義的自然法論雖亦認為價值之認識為一種客觀事態的發現，但係運用非經驗的手續來加以認知，並非是運用經驗科學的方法來加以認知，亦即：「自然法」的發現不同於「自然法則」的發現。現代自然法論雖與過去傳統的自然法論稍有不同，傳統的自然法論以為自然事物中有固定不變或具絕對妥當性的自然法，可放之四海而皆準，俟之百世而不惑。現代自然法論於此點有修正，雖不認有永恆不變的自然法，但於觀察方法上，仍採直觀主義的立場。如新康德學派之史坦慕勒，採區別事實認識與價值判斷之方法二元論，認為價值判斷，亦即對某特定價值的妥當性不可援用經驗科學之方法來加以認識。由存在不能導出當為，事實亦不能演繹出規範。此種見解，對價值本身採取客觀說之立場，但認為價值非可以經驗科學的方法來加以認識、

---

❷ 請參閱洪遜欣，《法理學》，民國 71 年 12 月初版，頁 133—147。

觀察，而係運用直觀、非經驗的方法來認知某特定價值的妥當性。

史坦慕勒一方面採用方法二元論，他方面也基於價值客觀說的立場提出自己對自然法論的主張 ❷。史坦慕勒主張內容可變的自然法 (Naturrecht mit wechselndem Inhalt) ❷，以為自然法具有永恆普遍的妥當性，只是內容可變。批評者有謂內容可變的自然法之概念本身在邏輯上是有矛盾的，因傳統的自然法論是由實質方面來尋找自然法，將之界定為基於人性所建立的自然秩序具有永恆不變的性質。但史坦慕勒乃由兩個不同的角度來觀察法律，一由形式方面，一由實質方面，以為要發現普遍的原理來判斷：何者為法，何者非為法，不可循著傳統自然法論的路線，因為法律的實質內容涉及經驗事實，而經驗事實無所謂恆常不變者，因而追求永恆不變的自然法之努力註定會失敗。史坦慕勒主張自形式而非內容方面去尋找自然法，因內容會涉及經驗世界，而經驗世界一定會變，因此要完全除去實質內容，只剩純粹形式，而此種法律的純粹形式不因經驗事實的改變而受影響，係永恆不變的，即為自然法。又因其係空洞的形式，必須裝填進內容，而內容會因時代而變化，故法律的純粹形式會隨時代、空間的不同，而裝進不同的東西。如是法律既然就純粹形式而言為自然法，但內容上可隨不同時空而變化，是為內容可變的自然法。此種自然法在史坦慕勒而言，認為可對任何時空一律適用。

另如新康德學派之德爾·維奇歐亦主張要判斷何為法，何非為法，有客觀的標準來加以判斷，其主張以法的感情 (sentimento guridico) ❷ 作為出發點，透過內面反省的功夫，批判反省以抽析出何者為法，何者非為法的判斷標準。所謂法的感情亦算一種直觀主義的方法，由其中可直接觀察到妥當法的標準，此亦為自然法論，亦係根據直觀主義的立場。

在英美學者中，謨爾對自然主義加以批判，但於倫理學上則走向直觀

---

❷ 而同採方法二元論之新康德學派中另有傾向於價值主觀說，不認有自然法者，例
　　如凱爾生；參看 H. Kelsen, Reine Rechtslehre, S. .

❷ 同前註，頁 116—119。

❷ W. Friedmann, *Legal Theory*. N.Y.: Columbia University Press, 5th ed., 1967, 頁 189.

主義的立場，引起若干分析哲學家的批評。在美國學者霍爾 (Jerome Hall, 1901–1992) 於《民主社會中活的法律》(*Living Law of Democratic Society*) 一書中 ❸，所謂「活的法律」(Living Law) 的觀察，事實上亦係基於直觀主義的立場，該書的主要目的，乃鑑於戰後分析倫理學被大家熱衷的討論，故提出此一觀點對法理論作一總檢討。其首先批評自然主義的法理論，認為所有的實用主義，基本上皆採取自然主義的倫理說，因實用主義多承受邊沁之功利主義的思想，而邊沁功利主義的思想基本上亦為自然主義的倫理說。邊沁功利主義的思想，使詹姆斯 (William James, 1842–1910) 發展出有關利益衡量的學說，他認為一切欲望的滿足並不能提供價值判斷的標準，因事實上各種利益的衝突很激烈，於衝突中，很難謂有利益的滿足。其對於實證主義的倫理說亦提出批評。依價值主觀說，雖認為對於價值判斷皆不可加以合理的批評，但基於價值客觀說而建立的直觀主義，則引出實例，以為人的直觀在很多領域內皆有高度的一致性，例如美醜、貝多芬的音樂、達芬奇的畫皆是如此，固然美學的價值判斷是否完全相同，是令人懷疑的，但多少有類似之處。於文化領域內，不問開化與否的民族，皆認為殺人是要不得的，是犯罪行為，故人的直觀認識，事實上有其妥當性，此為直觀主義的立場。因此，道德的知識是存在的，且對道德問題是有好、壞的答案，並且認為是可以客觀的判斷，例如正義或善，對其客觀的妥當性是可合理的加以辯護。總而言之，價值判斷是有意義可言的，此見解可謂傳統自然法哲學之中心論的近代版。

　　霍爾明顯擁護直觀主義的立場，認為人的直觀有高度的客觀性、一致性可言，如何為民主社會的法，是可以透過直觀的方法，客觀地加以認知。其他如柯英 (Helmut Coing, 1912–2000) 之新經驗主義（新托馬斯主義）亦為新自然法論之一，此說多少亦係依據直觀主義的立場 ❸。

4. 對直觀主義倫理說的批評

❸　J. Hall, *Living Law of Democratic Society*, Indianapolis: The Bobbs-Merrill Company, Inc. Publishers, 1949.

❸　洪遜欣，同 ❻，頁 147—153。

直觀主義強調價值判斷與所謂的事實認識截然不同，認為倫理學的用語或倫理語言，並無被認知的經驗性質，不可透過經驗科學的方法來了解其含意或驗證某特定價值的妥當性，區分價值與事實是其主要立場。

(1)直觀主義價值論之優點

直觀主義認為，價值判斷並非如同價值情緒說認為完全是主觀問題，而認許多人的價值判斷間多少有一致性可言，是敘述某客觀的事態，可循著純理論認識的方法，客觀的認識何價值判斷是對的，何價值判斷是不對的。本文對於意此說法並不完全贊同；但若認價值判斷完全屬主觀的喜怒愛好、意欲的問題，則亦非正確。

價值判斷之真偽，雖無法完全加以證明，但至少可以經由理性的理由來加以支持。對於價值判斷究竟有若干理性的理由、可認知的理由來加以支持，直觀主義於此點是有貢獻的。

(2)直觀主義價值論之缺點

然而，直觀主義主張價值判斷是可透過純理論認識的方法，毫不參雜任何主觀評價的態度，加以直接觀察，而且認此種直接觀察有其客觀性可言的主張是有問題的。如認為對於價值判斷，皆可以直觀的方法來認識其客觀的價值，但因為直觀的方法並非可以邏輯經驗的事實為依據，進行合理的討論或批判之；故此說法易使人濫用直觀的方法，甚至假借自明之理之美名來掩護個人主觀的價值判斷的缺陷。

最基本的問題，在於先驗綜合判斷的可能性，於此點，一切的直觀主義、自然法論，基本上皆立於肯認先驗綜合判斷的可能性之上，因所謂自然法論有二個涵義。

①自然法是敘述某種客觀的事態，對於客觀的事態可提供某些訊息 (information) 給吾人，告知價值判斷所指示的客觀事態究竟指何事態，於此點，其基本上為綜合判斷。

②自然法論主張自然法本身的先驗妥當性，不須經過經驗事實的觀察，且其價值判斷的妥當性不會因事實的改變而受影響，一般認為自然法可放諸四海而皆準，俟之百世而不惑，而有永恆普遍的妥當性。

　　故自然法成立的前提，必包含先驗綜合判斷的妥當性，但先驗綜合判斷是否可能，至少從經驗主義認識論的立場而言，是值得懷疑的。

　　康德舉幾何學上的例子，以其帶有先驗綜合判斷的性質，皆屬自明之理，此自明之理不須經過經驗事實的觀察，而可直接用理性來加以認知，此類例子如兩點最短的距離為一直線。但事實上此種命題是自明之理或是有條件的主張尚有疑義。本文認是有條件的主張，在平面幾何學上或可謂兩點間最短距離為一直線，因其無法證明，故直接當作公理來看，但在平面幾何學以外，例如球體幾何學，或非歐幾里德幾何學中，則此命題未必為真，至於此命題為何在幾何學上會被接受，乃因為基於約定，而非依照已經證明的原理來加以接受。許多原理原則都是在約定上加以架構起來，約定一改變，導引出來的原理原則則自然會有不同，可見當時被康德認為是自明之理者，事實上亦為一約定，而非先驗綜合判斷，故有關先驗綜合判斷之可能性，是值得懷疑的。

　　但於學問上，若假借先驗綜合判斷來主張自己的理論，則會破壞學問上合理討論的可能性，而直觀主義的價值論、自然法論，事實上往往援用所謂自明之理來作為佐證，則此自明之理不過在將個人主觀價值的確信當作客觀的真理來主張所用之藉口而已。

　　自然法論既如是客觀，則有被認知的可能性，大家所認知者，亦應是客觀一致的，但有關自然法論的學說，在事實上的情形卻是，有關自然法的內容，在自然法論者間亦眾說紛紜，其意見之數目幾乎和自然法論者的人數一樣多，可見亦無所謂客觀的自然法。

　　自然主義有「自然主義的謬誤」，而直觀主義在「先驗綜合判斷」的可能性上，亦令人置疑，故傾向於經驗立場者，多傾向於第三說，即價值情緒說的立場。此雖非所有之經驗主義者皆如此，但至少把經驗主義的方法論貫徹者，其在價值論上多少會傾向於價值情緒說的立場❷。

---

❷　於此要澄清一點，雖同為新康德學派二元論的立場，但並非所有的二元論皆主張價值情緒說，亦非所有的二元論皆主張直觀主義，新康德學派其共同一致的特色，只是在反對自然主義、歷史主義、歷史哲學。史坦慕勒於 1889 年、1902 年相繼

三、價值情緒說的法價值論

1.價值情緒說法價值論的特色

價值情緒說主要認為價值判斷的命題或倫理判斷的命題，只不過代表著說話者個人的情感或態度，故價值判斷並沒有真假可言，故無所謂真偽。

價值情緒說包含以下幾個特色：

①價值判斷命題的主張，例如 "x is good"、"y is bad"，並不包含任何可認知的涵意 (cognitive meaning) 在內，只有情緒意義 (emotive meaning) 而已，因而價值判斷的命題，基本上沒有真假可言，無所謂真理值，不能運用敘述性的意義 (descriptive meaning) 來加以認知。

②這類價值判斷的命題是帶有規範性質的命題，因而把這類命題寫成的文章通常被稱為當為性文章，與敘述性文章不同，其通常以 "x is good!" 的方式表現出來，其中並無任何可認知的意義。

③這類命題無所謂客觀的妥當性可言，而這類文章，在日常生活中，不過帶有勸說的性質，為個人態度的表現，無法討論其真假，亦無法以自明之理或經驗事實來證明之，沒有任何意義。但於實踐的領域內，仍可為自己所抱懷的理想、價值觀念來奮鬥，只是不可能於理論的領域內以冷靜的態度來證明其客觀性、妥當性。

2.價值情緒說法價值論的倫理學

主張價值情緒說的倫理學者，如休謨，其理論中並未把價值與事實命題作如二元論之明顯劃分，但在其書中已把價值判斷與事實命題加以區別，其基本立場即為價值判斷不同於一般的事實認識。

邏輯實證主義者艾爾 (Alfred Jules Ayer, 1910–1989)，於 1936 年發表

為文批評馬克思之自然主義的倫理說，而韋伯、凱爾生亦如是，但史坦慕勒傾向於自然法論，走向直觀主義的立場，韋伯、凱爾生卻走向價值情緒說的立場。亦有人認為價值相對主義為一體之兩面，採二元論者必為價值相對主義或主觀說，但其間並無必然的邏輯關係存在，固然價值相對主義或價值情緒說可以二元論為前提，但非所有的二元論皆走向價值情緒說。

《語言、真理 及邏輯》(Language, Truth and Logic) 一書 ❸，認為倫理判斷並不具有可認知的意義在內，因而此類語言無所謂真假可言，不可據事實的認識或其他方法來證明其價值判斷之客觀的妥當性。

羅素，至少中期羅素的思想亦明白採價值情緒說的立場，其曾認為有關價值判斷的各種問題皆係超出人們理論認識的範圍之外，價值判斷是無法以理論認識的方法去合理地加以認識，當吾人主張某件事情有價值，只不過表示著說話人對這事物之感情或情感的表現而已。

晚期羅素的立場稍有修正，不認為有關價值判斷的問題完全不能加以討論，而認可以定義的方式，把某些價值概念，特別是如 "good" 的倫理語言，定義為欲望的滿足，以此來架構其倫理學，以有偏於自然主義的倫理學之傾向，但仍須進一步加以區分。羅素把價值概念當作定義來看，定義是談不上真假的，於此之上仍可建立某些倫理學之探討。而對於定義本身而言，因定義只是約定而已，顯示羅素至少於分析倫理學的範圍內，仍固持著價值情緒說的立場，只是在規範倫理學中暫定地採取自然主義的定義來架構其倫理學，二者不可相混淆。

新康德學派主張事實認識與價值判斷不同，須加以區別之二元論的思想，其部分學者，尤其是大部分傾向於實證、經驗主義之派內人物，隱含價值情緒說的立場在內，但非所有的二元論者，皆傾向於價值情緒說的立場。只是較傾向於價值情緒說。

以下敘述一些與價值情緒說較易混淆在一起的立場。

價值情緒說有時亦被稱為價值主觀說或價值相對主義，主要是因其對價值之合理討論的可能性，多半採取懷疑的態度。於此情況下，一些懷疑論或相對主義就易與價值情緒說的立場混淆在一起。

在西方的哲學中，提及懷疑論，較為徹底者，有古代的詭辯學派，特別是普魯達哥拉斯，認為人係萬物的尺度，在價值論方面，則認正義與否皆是個人主觀的看法，談不上真假。就此點而言，其觀點或與價值情緒說一脈相通，但其思想不但認為價值判斷的問題無所謂絕對客觀的價值存在，

---

❸　A. J. Ayer, *Language, Truth and Logic*, 臺北市：雙葉書店，民國 75 年。

且對於事實認識的方面亦採懷疑論或相對主義的說法，即世界上無所謂絕對的是非、客觀的真理。而價值情緒說固對於價值採懷疑論或相對主義的說法，但並無意味著在事實認識方面亦採懷疑論的說法，與普魯達哥拉斯不問在事實認識或價值判斷皆採懷疑論的立場顯然有別。

歷史相對主義，表面上看來亦否認絕對客觀的價值或普遍永恆的價值之存在，與價值情緒說有一脈相通之處。但於歷史相對論而言，其雖否定有可貫穿整個歷史發展之永恆不變的自然法或絕對客觀的價值存在，但認在某特定之歷史時空中，還是有客觀的價值判斷可言，不否認有客觀之價值判斷的可能性，於此而言，歷史相對主義與價值相對主義仍須加以區別。

價值情緒說雖主張價值判斷不具有可認知的意義，但並不否認某些價值判斷，對一說話者而言，可由說話者的心情來觀察，視其所作的價值判斷與其內部心理所想的是否十分忠實仍具有驗證可能性。亦即價值情緒說既把價值判斷當作自己感情的報導，於此定義下，仍可客觀地觀察價值判斷與自己的感情是否完全符合，此可稱為自傳式的自然主義 (auto–biographical naturalism)，與價值情緒說的立場並不衝突。價值情緒說是對於某特定的價值判斷的妥當性，認為無法援用學問上的方法來加以客觀地討論，但其並不否認自傳式的自然主義，把價值判斷視為個人自傳式的報導，利用心理學上的事實來加以討論，視其是否忠實其所作的價值判斷，以其價值判斷來驗證其是否忠實地表達其感情，屬於自傳式自然主義的問題，此仍有驗證可能性。

3.價值情緒說法價值論的法理論

在分析倫理學上採取價值情緒說的立場，但於法理論中仍可分別採取二不同的立場：倫理懷疑論 (ethical skepticism) 與價值相對主義 (value relativism)。事實上此二者並非相對立之論點，一人有時會被認為是倫理懷疑論者，有時則會被認為價值相對主義論者，相對主義往往以倫理懷疑論為基礎。

倫理懷疑論為價值情緒說的立場，係對倫理判斷的問題，究竟有無所謂絕對客觀之價值存在，表示懷疑的立場，甚至於此處所提的倫理懷疑論，

還進一步對價值判斷的問題，可否透過學問的方法，合理地加以討論表示懷疑。其以為倫理判斷多少是個人之感情、態度的表現，無法透過學問的方法合理地加以討論，係隨個人在實踐的領域中各自主張，科學上無法加以探討。倫理懷疑論一方面放棄對規範價值的追求，他方面把法學研究的方向朝向現實有效的法律，即實定法，而放棄對法律之上或之外的法理念之追求、價值判斷的探討或理論性之架構，於法理論內則傾向於法律實證主義的立場。

價值相對主義則以為對於絕對價值的妥當性，雖無法以科學的方法來加以探討，但對於價值判斷的問題，於某些條件下仍不應加以放棄，認為最後價值的選擇多少是相對的，於此前提下仍不放棄其可以合理的方法來加以討論之努力。

倫理懷疑論與價值論相對主義，基本上皆以價值情緒說為基礎，二者並不衝突，皆認為最終客觀的價值是無法以學問的方法加以合理的討論，於此基本上是一致的。

⑴倫理懷疑論

倫理懷疑論對於絕對價值、自然法之存在、價值判斷之合理討論的可能性採取懷疑論的看法，採此立場者，其於法理論的領域內勢必要放棄對自然法的存在的追求，甚至加以猛烈的批評，而其學問研究的範圍勢必傾向可觀察、可研究之實證法。至於如何實證，則仍有不同的見解。

於一般經驗主義或實證主義的立場，其較嚴密的方法，不外是邏輯分析與經驗事實的驗證二種，故倫理懷疑論又可分為邏輯實證主義 (logical positivism) 及經驗實證主義 (empirical positivism) 兩方面來看。

邏輯實證主義發源於 1920 年代的維也納大學，而於法理論內，明顯地以邏輯實證主義為依據展開其法學理論者，主要以凱爾生之純粹法學為代表。凱爾生亦為方法二元論的主要代表者，為法學理論內展開方法二元論最徹底者，一般皆視其為新康德學派，但由其出生背景來看，他與維也納大學之邏輯實證主義亦很有關聯。

邏輯實證主義，係對於法規範的命題，運用邏輯分析的方法來加以分

析、觀察，認為事實與價值、存在與當為，須加以嚴格的區別。法律為規範命題，無法援用經驗事實來驗證其妥當性，強調法律規範的探討及法律規範在社會上引起多少效果的考察，二者須加以區別，而法律規範與觀察法律規範者個人的道德判斷亦須嚴格加以區分，亦即法律與道德應有區別。一些對法律事實、社會事實的考慮，乃至於個人道德上之價值判斷均與實定法的認識毫不相干，因此須從法學的考察中嚴格地加以排除，如此方可維持法學認識的純粹性，此一學說因而稱為純粹法學。

至於如何運用邏輯分析的方法來架構法理論，首先須先把研究範圍限定在實定法，再進一步探討法律規範的妥當性，對於法律、價值判斷的妥當性，只能根據更高一層次的法律規範命題或價值判斷以獲得正確的判斷與說明，而不可運用經驗事實來加以驗證。凱爾生依此觀點，建立起其法規範階層構造說，判決的妥當性可依據更高層次的法律規範來說明，而法律規範則可以憲法規範來說明，至於憲法規範則只能依據所謂的基本規範來說明。至於何為基本規範？對於凱爾生而言，基本規範只是一種假設，就如幾何學上的公理一般。批評者則攻擊，基本規範的內容如何，並無更高一層次的規範來加以支持，又將如何證明？故顯然以為基本規範無非是以一些事實、社會上的實力來加以證明，如此則凱爾生的理論是會陷入以實力來決定一切的困境。惟此批評不甚公平，因為凱爾生只不過把基本規範當作說明法律秩序之妥當性所不可欠缺的原理而已，只是假設，非將之當作實際存在之基本規範。

凱爾生的純粹法學與奧斯汀的分析法學多少有類似之處，1957 年凱爾生曾為文章作比較，以為分析法學提倡的綱領與純粹法學多少有些不謀而合之處，但其基本出發點不同，二者係基於不同的哲學基礎，不可把純粹法學視為只是在延續奧斯汀之分析法學，而認其無何新鮮的意義。分析法學亦有很濃厚之實證主義的色彩，特別是在區分法律與道德方面，可謂與純粹法學採相同的主張，但奧斯汀的倫理思想，雖與法理論有絕對必然的關聯，但基本上仍為功利主義的思想。

邏輯實證主義強調法律規範為規範性的問題，只可透過邏輯分析的方

法來加以驗證，但一些強調經驗主義的人，認為凱爾生的純粹法學過於空洞，甚至對於在實際的經驗事實中，法律如何交涉，不太能加以探討，因而有走向經驗實證主義的方向來架構其理論者。作這種主張的學者，又可依其對實證法究竟應如何當作經驗事實來看時，而區分其立場。有將其當作心理學上之事實者，有將其當作社會事實者，前者稱為心理學的經驗實證主義，後者稱為社會學的實證主義。心理學的實證主義，是把法律規範視為某種心理學上的事實來加以探討，北歐現實主義的法理論，例如奧立佛克隆那，其共同的特色，即在把法律或權利、義務等基本概念當作某種心理學上的事實來加以了解，於此基礎上展開其法理論。社會學的實證主義，例如美國現實主義法學 (American legal realism) 者霍姆斯等人，其立場易與自然主義中之社會實證主義相混淆，後者如狄驥之社會連帶說，其未把事實與價值、存在與當為作很明顯的劃分，但美國現實主義法學則基本上強調法律與道德之區別，或存在與當為之區別。

霍姆斯係美國著名之法律思想家，被稱為「偉大的反對論者」，其於 1897 年，已是麻省最高法院的推事，應邀於波斯頓大學演講廳落成時演講，題為〈法律之路〉(The Path of the Law) ❸❹，其中強調法學的研究須先區別個人道德觀念與法律，其提出一方法，以為須先立於一壞人 (bad man) 的眼光來看法律，其找律師諮商，並不關心倫理規範如何，只關心其案子將如何判決，而法律即是提供法官將如何判決、如何行為之預言，故其理論亦可稱為法律預言說 (prediction theory of law)，以為法律是純立於一律師的觀點來預測法官將如何判決之預言，此定義本身不含有任何道德觀念在內，係有關一將來事實的命題，即對於將來發生之事實的預測，此為經驗科學可實證的命題，而為其可探討的範圍。

霍姆斯始終堅持法律預言說係對於法律規範合理的定義，並借助此定義以區別法律與道德。英美人提起法律，不外是代表倫理道德，此多少帶有自然法之思想；霍姆斯為避免一般人把法律當作道德之謬誤，才為上述

---

❸❹　O. W. Holmes, "The Path of the Law," in: Holmes ed., *Collected Legal Papers*, N.Y.: Harcourt Brace & Co., 1921.

之主張，以為法律思考如非以實定法為其出發點，而以道德為其出發點，則無異車在前，馬在後，係本末倒置，使法律之思考易陷於錯誤的思考方法，其為法律思考的明晰性起見，故為法律下定義，其為勿混淆法律與道德的主張，係很明顯的法律實證主義。

提及法律與道德之關係，霍姆斯非完全否認之，而認二者不相干，其以為法律為吾人道德生活的唯一見證，法律的實現對於道德之增進有很大的貢獻；其亦非否認法律有包含道德倫理之意義，只是謂研究法律，特別是在律師而言，何為法律，須對顧客提出一精確的預言，而把易於混淆之道德理念自法律驅逐出去。

霍姆斯亦提及價值判斷的問題，其於 1918 年著文〈理念與懷疑〉(Ideals and Doubts) [35]，其主旨在反駁當時一般之自由法論者，反對有絕對的價值之存在，而可客觀地加以認知的思想，其以夢為比喻，於夢中自己為宇宙唯一的主宰者，但不知自己在做夢，雖在夢中為宇宙唯一的主宰者，但事實上只是宇宙的一部分，宇宙包含「我」，而「我」不能了解宇宙間絕對客觀的真理、價值，此已超出我認識之範圍，故我不能了解整個宇宙，來明白地認識到絕對客觀的真理、價值存在。霍姆斯並不否定該絕對客觀真理之存在，但認此已超出吾人合理認識範圍之外，只能留待聰明才智更高的哲學家、思想家去討論，而吾人只討論法律。霍姆斯於 1921 年發表〈自然法〉(Natural Law) [36] 一文，對自然法加以猛烈的批評，自然法的中心思想為價值情緒說的立場，該文開宗明義指出對一位中世紀的騎士而言，如不承認其妻為神創造最美麗的女性，其必與之宣戰，而自然法者之心態與中世紀之騎士的心態相同，如不承認其所主張之自然法為絕對、最高、最具普遍妥當性者，其必與之爭論。人皆有永恆的期求，但非可達成，人的價值判斷多少與其小時候的生活背景有關，而各人的生活經驗不同，對於價值判斷的問題因此無法以理智的方法加以論辯，基本上仍採取倫理懷疑論的立場。

---

[35]　O. W. Holmes, "Ideals and Doubts," in: Holmes, 同前註。

[36]　O. W. Holmes, "Natural Law," in: Holmes, 同前註。

　　霍姆斯作為一個法官，而採取倫理懷疑論的立場，甚受批評，如是法官為決斷時，以何為標準則有疑問。霍姆斯以為，所謂真理是市民的多數決，其於理論的領域內採取價值情緒說的立場，但於實踐之領域內，其亦不得不採取一定之標準，霍姆斯以為市民的多數決即為真理，此多少有點問題，但於實踐價值判斷的領域內，也只好採此標準。何為真理，霍姆斯以為是「我的 can't help（不得不……）」有批評其太主觀，我的 can't help 是否是他人的 can't help，此並無一致性，霍姆斯謂吾不知他人的 can't help，但仍認真理為我的 can't help，其不否認有社會道德、倫理觀念之存在，但由認識論而言，只將其當作確信而已，為避免個人主觀的確信，謂人非笨瓜，遇有不同的意見會自我修正，以此方法避免之。霍姆斯可謂徹底的經驗論者。

　　美現實主義法學，代表者有勒維林 (Karl Nickerson Llewellyn, 1893–1962)，法蘭克，其各人之立場亦不完全一致。勒維林形容自己的立場為規範懷疑論 (rule skepticism)，事實上等於倫理懷疑論，其於 1931 年與龐德有一場爭論，龐德於爭論中著文〈對於現實主義法學的呼籲〉 **❸❼**，以為現實主義法學強調法律與道德、存在與當為之區別，把法律當作某一社會事實，否認法律的規範性。而勒維林曾舉出九項現實主義法學共同的特色，主要為，對法律而言，其在法學研究方面，強調「現實存在的法」與「應該存在的法」，而存在與當為間應為明顯的劃分，此為二元論的立場。於法律概念方面，接受霍姆斯之法律預言說，以為法律不應自規範的含義來了解之，只當作法官判決的預言，自經驗科學的方法來加以探討影響法官判決的經驗因素為何，特別是法律以外的因素。基本上其認為現實主義法學與霍姆斯的思想有相通之處，霍姆斯被龐德稱為社會法學的先驅，而現實主義法學則認霍姆斯為法學理論中唯一成人的大師。

　　法蘭克的思想不同於勒維林，稱其理論為事實懷疑論 (fact skepticism)，其曾於 1939 年著文〈法律與現代精神〉 **❸❽**主張法律無安定性，法律的安定

---

❸❼　R. Pound, "The Call for a Realist Jurisprudence," *44 Harvard L. R.* ,697 (1931).

❸❽　J. Frank, *Law and Modern Mind*, N.Y.: Doubleday, 1930.

性只是迷信而已，法律規範無非是使法官判決合理化的手段而已，且不但法律本身不安定，法官對於事實的認定亦不安定，「法律秩序是安定的」之說法只是一種迷信，此思想乃由霍姆斯而來，霍姆斯以為，一切所謂的安定皆是一種幻想而已，安定非人的命運，人的命運本即為不確定的。

目前現實主義法學陷於低潮，批評之重點在於其把法律規範當作事實來觀察、驗證，認為法律規範不規範法官的行為，此無異自然主義，龐德以為現實的法律秩序，法律的當為與法律的事實是分不開的，法官的判斷，由觀察者而言，固是一種事實，但其本身亦受法律規範的約束，而應於法學範圍內探討，法律規範亦應當作事實來觀察，不應將其與法官的行為分開觀察。法學上最困難的問題，即為法律價值判斷問題，法律上的當為最後必會涉及此問題，批評現實主義法學者，以其把價值判斷的問題排除在法學討論的範圍之外。此批評使現實主義法學陷於低潮，但未完全消逝，可謂現代美國較實證的法學理論的思潮仍存，例如對法官行為科學的研究，多少延伸於現實主義法學，甚至可溯及到霍姆斯之實用主義的思想，最近現實主義法學已發展到運用計量法學、電腦技術來研究，加州大學、芝加哥大學皆有此傾向，可見此類實證法學的潮流仍未完全消逝。

價值情緒說可分為倫理懷疑論及價值相對論二方向，採倫理懷疑論之立場者多傾向於法律實證主義，但事實上一般所謂之法律實證主義仍包含有許多不同的傾向在內，有援用邏輯分析的方法對於實定法加以研究觀察者，例如凱爾生的純粹法學、奧斯汀之分析法學；有著重於經驗事實觀察之方法者，一方面主張法律與道德之區別，他方面把法律部分還原成心理學上或社會學上的事實來加以觀察，此亦為法律實證主義，此據佛利德曼 (Wolfgang Gaston Friedmann, 1907–1972) 於《法律理論》(Legal Theory) ❸ 中，把法律實證主義之傾向，予以介紹，提及法律實證主義之定義，認為其可有下列幾點特色可被觀察出來，此幾點非其共同的特色，但有主張其中一、二點即屬之。

①法律不外乎是統治者或某種人類的命令，特別是分析法學為如是之主

---

❸　W. Friedmann, 同 ❽ ，頁 256—257。

張。

②在法律與道德間，或現行有效的法律與應存在的法律間，應有明顯的
區分，二者並無必然的關係。

③法律概念的分析值得加以探求，且此法律概念的分析必須與歷史學上
的研究、社會事實的考察加以區別。法律概念的分析，特別是在凱爾
生之純粹法學而言，法律妥當性的說明與社會事實的考察應加以區別，
且把有效性與實效性加以區別，不認為二者有必然的關聯存在，有效
性係屬規範分析、邏輯的問題，而社會事實的考察，則屬社會學上的
問題。

④主張法律體系為封閉的邏輯演繹的體系，法院的判決可經由邏輯的演
繹去獲得，不須參照社會目的、社會政策、道德標準。

⑤道德判斷無法以學問的方法、合理的方法來證明其妥當性，此價值情
緒說的立場，亦可謂法律實證主義。

此五點特色，顯然並無必然之邏輯關聯，但一般皆泛稱為法律實證主
義，造成了法律實證主義的名詞被廣泛的濫用。拉倫茲《法學方法論》❹
中指述法律實證主義的特色，較為持平。

所謂法律實證主義皆把形而上學的問題，無法以經驗事實、邏輯分析
的方法來加以探討的問題排除在法學領域之外，其研究主透過邏輯分析與
經驗科學的方法，特別是因果法則的表現為之。

於理論認識的範圍內，法律實證主義對於永恆不變的理念或絕對的價
值或自然法（代表某種可放諸四海而皆準，垂之而百世不朽之某種價值）
這類的問題，認無法由經驗科學的方法來加以合理地驗證、回答，故亦排
除在法學考察的範圍之外。

法律實證主義把某些價值判斷認為純屬個人的信仰或倫理的確信來加
以決定、判斷者，故放棄客觀的價值與自然規範價值的追求，把自己研究
之範圍限於實際有效的法律。

法律實證主義者，當其認為價值判斷多少屬於個人的信仰及倫理的確

---

❹ K. Larenz, *Methodenlehre der Rechtswissenschaft*, 3. Aufl., 1975.

信之主張時，並不一定要否認某些價值判斷對某些人而言具有絕對的妥當性，其不否認於倫理規範學的領域內，可為某特定價值判斷加以擁護或反對，只是因價值判斷無法以科學的方法來加以合理的討論與認知，故不能當作實定法學的基本原理來研究，或把實定法學架構於其上。

法律實證主義並不排斥法律上的判斷可以從法學的考察領域內加以完全地分隔，在理論認識上須把何為法律與法律上的價值判斷加以嚴格的區別，但其不認為在實踐的領域內，可把價值判斷自法學的領域內完全排除出去。

例如凱爾生的純粹法學，主張考察實定法之秩序，應將何為有效的法律，根據邏輯分析的方法來加以認知，但於實踐的領域，法官運用法律、解釋法律時，法律的判斷與法官個人的價值判斷是分不開的，即於法解釋的領域內，法律解釋多少涉及法律的價值判斷，不能將價值判斷自法學的領域內完全排除出去。

法學可分為理論認識的法學及應用部門的法學，法律實證主義只是有關理論認識的方法，在研究法律與何為法律的過程中，應嚴格地把個人的價值判斷與吾人對於法律的認識加以嚴格地區分，強調法律與道德、存在的法律與當為的規範的區別，就法律的理論認識而言，採此態度，可稱之為實證主義的態度。由於其唯恐把法律與道德相混淆或把當為當作現實有效的法律，為保持思考的明晰性起見，故強調此點。

但於實踐或法解釋學（具有高度實踐性之學問）領域內，法官不問有無意識，皆須考慮到法律所要實踐的社會目的，此當然會涉及法官個人的價值判斷。此時，價值判斷即無法由實踐的領域內排除出去。因此，價值判斷對於法律實證主義而言，毋寧係法官依個人倫理的確信，無法以理論的方式予以架構起來。此實因對於價值判斷無法合理地加以認識之故。實證主義往往被誤會，而被認為係概念法學。概念法學乃於法解釋論的領域內認可單純透過邏輯分析的方法以獲得正確的判決，以為法官的判決是透過嚴密的邏輯分析的方法去獲得的，但法律實證主義並不必然為概念法學，甚至可能排斥概念法學。

例如奧斯汀之分析法學，強調法律與道德的區別，有謂分析法學為概念法學，此係誤會。因奧斯汀認為司法造法不純粹為邏輯演繹，而必涉及司法上、裁判上法官的價值判斷、目的考量的問題。例如凱爾生的法律階層構造說，其最後的結果與自然法同樣承認法官於某一定之範圍內仍有造法的可能性。因此，法律實證主義在法律實踐應用的領域內，並不主張法律與道德亦須嚴格加以區別。

(2)價值相對主義

價值相對主義的基本出發點仍為價值情緒說的立場，認為價值判斷無法以科學的方法合理地加以討論或驗證，特別是對於特定價值判斷的妥當性，無法以科學的方法來證明或經由合理的方法來加以解決。對於持價值相對主義之人們而言，基本上亦採價值情緒說的立場，認為一切價值判斷，多少為個人主觀的確信或信仰，而價值判斷多少是相對的，故無法主張絕對客觀的價值判斷，於此與倫理懷疑論之思想立場基本上是一致的。

價值相對主義與倫理懷疑論或實證主義主要之不同點，在於後者認規範價值論既無法以合理的方法加以討論，故放棄對規範價值論的探討，而前者正是重視規範價值論的探討，以為價值判斷的問題，乃是人實踐生活上最重要的問題，不可不討論之。至於如何討論，則有許多不同的方法，在承認價值判斷多少是相對的前提條件下，以為可運用科學的方法，把價值判斷的問題進一步地加以探討，是為價值相對主義學問上基本的態度。

價值相對主義為何以學問的方法來加以討論，此涉及新康德學派，特別是西南德意志學派的思想；該學派在學問上最大的特色係認為價值判斷由研究學問的人看來，他人的價值判斷亦為某種社會現象、文化現象，因而可以社會科學、文化科學的方法來加以探討。此思想的發源可溯及到李凱爾特，其在提及學問的分類時，曾把科學理論的構成分類如下 ❹：

---

❹　李凱爾特 (Heinrich Rickert, 1863–1936)，涂紀亮譯，《文化科學與自然科學》，臺北市：谷風出版社，民國 76 年 8 月出版。

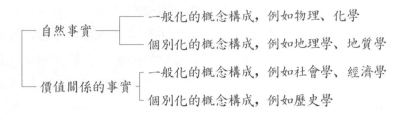

李凱爾特認為價值判斷仍為某種價值現象、社會現象，既為價值現象，則仍可以學問的方法來加以考察，此為李凱爾特思想之基本出發點。

對此思想的形成有貢獻者，尚有布萊希特 (Arnold Brecht, 1884–1977)，著有《政治理論》(*Political Theory*) ❷ 為價值相對主義為較完整、深入探討之書，其中提及若干人為價值相對主義的提倡者，例如社會學家西美爾 (Georg Simmel, 1858–1918)、法理論家葉林艾克 (Georg Jellinek, 1851–1911) 和韋伯。

韋伯認為對某特定價值判斷的妥當性，是無法以學問的方法來加以探討的，但不認為學問的方法對價值判斷的問題是無能為力的，其於某條件下仍可有下列三個貢獻：

①可以邏輯分析的方法，對某特定的價值判斷去探討其更高一層次的價值判斷，闡明其所依據的世界觀，此多屬邏輯分析的功能。

②某特定的價值判斷之內容如已很清楚，則究以何種手段實現之最為有效，此問題屬於經驗事實的探求，社會科學可以做得到。

③某一定的手段為吾人所採取，其產生的後果如何，目的可否實現，此亦可用社會科學的方法加以充分的解釋和說明。

可見科學對於價值判斷的問題並非無能為力，但對於某特定的價值判斷的妥當性如何，韋伯明言不可依科學的方法來加以證明，因一為事實認識，一為價值判斷，由二元論的觀點而言，此為兩回事。

另外，布萊希特亦提及拉斯克 (Emil Lask, 1875–1915)、康挩羅維茲、賴特布魯赫、凱爾生等人。其中賴特布魯赫之法學方法、法律哲學為價值相對主義之典型代表者，其法理論可謂把韋伯的科學方法應用到法學理論

---

❷　A. Brecht, *Political Theory*. N.J.: Princeton University Press, 1959, 頁 207–239。

之上，根據韋伯的思想來加以認知，並對於自然法論加以批評，放棄規範價值論的追求。

　　惟賴特布魯赫較凱爾生為緩和，以為價值判斷多少是相對的，出於個人主觀的，此為價值情緒說的立場，然法律哲學即法律價值的哲學，價值問題的考察不可由法學領域內加以排除，至於如何考察，則根據韋伯的方法論，應用到法律哲學的領域內，認為法哲學的主要任務在提示可能的價值體系來作為實踐判斷的參考。至於如何提示可能的價值體系，則可根據某特定的價值判斷、分析還原為更高一層次的價值判斷，最後可分析到各價值判斷所依據之世界觀。因為價值判斷與個人的世界觀、人生觀密切相關，可據此不同的世界觀，提示可能成立的價值體系。

　　賴特布魯赫將一般人認為有價值的事，歸類為個人價值 (Individualwerte)，即個人主義的世界觀；團體價值 (Kollektivwerte)，即團體主義的世界觀（超個人主義的世界觀）；與作品價值 (Werkwerte)，即超人格主義（文化主義）的世界觀等三類 ❹❸ ❹❹。

　　此為在經驗事實中，可具體觀察得到者，並由此價值可分別歸納出其所根據的世界觀。依賴特布魯赫之見，此三價值係以三種不同的世界觀為其前提：即個人主義的世界觀，團體主義（超個人主義）的世界觀與超人格主義（文化主義）的世界觀。

⑴個人主義 (Individualismus)

　　最重視個人人格的完美，即道德、人格，此為個人主義最重視的價值，就個人主義而言，個人為一切價值的淵源，個人人格的完美或道德的修養為一切價值的淵源，所謂國家、文化無非在幫助個人發展人格，於此之下，國家、文化才有意義，其強調個人為一切價值的中心標準，國家、團體、文化不過在增進個人幸福、發展人格的範圍內才有其價值，國家不過為個

---

❹❸　G. Radbruch, *Rechtsphilosophie*, 6. Aufl., 1963 pp. 146–155.

❹❹　有關賴特布魯赫以上概念之形成以及其有關這些概念之影響史，參看陳顯武、葛祥林，〈法價值論中之超人個主義〉，《國立臺灣大學法學論叢》，第 32 卷第 2 冊，頁 1—26。

人間的契約，於此點而言，個人主義的立場主張對個人人格要平等地予以尊重，重視個人人格的完成。

(2)團體主義（超個人主義）(Überindividualismus)

最重視的價值為國家或法律秩序，所謂團體，例如國家、民族為一切價值的歸屬，個人、文化的價值皆係在滿足國家、民族之榮譽的基礎上方有其價值，國家民族的價值為其最終的根源，個人為團體的一部分，個人應為團體犧牲、奮鬥方有其存在的價值。此說提出「國家至上」、「團體第一」、「一切榮耀歸諸團體」的口號，謂「皮之不存，毛將焉附」，強調個人對團體應負的責任。

(3)超人格主義 (Transpersonalismus)

最重視的價值為文化，認為價值的淵源非個人，亦非在團體，而是個人在團體中所創造出來的文化。文化亦為人為的產物，當個人為文化的延續，或團體為文化的擁護有貢獻時，方有其存留的價值，例如謂「戰爭是為五千年文化歷史文化而戰」，此亦可謂文化主義，至於文化所包含的範圍至廣，一切人為的作品，皆可稱之為文化。

上述的三種立場，對於實際的法學判斷究有何作用。法學上的判斷實際上皆為實現某些目的而訂立者，對目的的看法，亦可能有此三種不同的世界觀，如法律的目的是在幫助個人的人格完成或在維護五千年的文化，目的不同，法學上的判斷亦因而不同，只要可確定其所依據的世界觀為何，則其所為之法學上的價值判斷即可以客觀地加以探求。惟此三種不同的價值，其本身有無客觀的方法，合理地加以判斷其優劣或妥當性，從相對主義的立場言，是不可以學問的方法來加以證明的，因價值判斷的優劣多少是相對的，依個人的世界觀不同而有不同，最終價值判斷的問題，並非理論認識 (Erkenntnis) 的問題，而屬皈依、信仰 (Bekenntnis) 的問題，此已超出學問合理認識的範圍之外，不可加以討論，價值相對主義的特色即在於其對最後終極的價值判斷採取相對主義的看法。

於此點，價值相對主義與自然主義、直觀主義不同，自然主義以為最後價值判斷的妥當性可援用經驗科學的方法來加以合理的認識；而價值相

對主義基本上為二元論，以為不可援用經驗科學的方法來證明最後價值的妥當性，認為事實與價值判斷不同；直觀主義亦強調二元論的立場，但對於價值判斷的妥當性，則訴諸直觀的方法，而價值相對主義不認可以合理的方法、經驗事實驗證的方法，或直觀的方法來加以認知，卻訴諸於信仰，信仰訴諸於人的意志，而認識卻訴諸於人的理性，二者不同。

假如某些特定的價值體系一旦為吾人選定，則在法學上，採取何種手段去實現較有效，此為有效性判斷的問題，是可以科學的方法合理地加以解決，但最後目的之選擇，則已超出理論認識的範圍之外，是相對的，無法加以驗證。

例如生命與自由，何者最可貴，有謂生命誠可貴，自由價更高，而自由與平等，何者價值較高，此多少是相對的，很難一概而論；例如臺北市北門，座落於馬路當中妨害交通，臺北市政府有意遷移之，其所依據的世界觀為團體主義、公共福祉較重要，但有部分市民反對，以為北門係臺北市僅存較古老、保存甚好的古蹟，如遷移會造成很大的損害，此係立於文化主義的立場上，最好二者要協調；例如房屋在馬路預定地上，不肯遷移，以為係私有財產、合法財產，應受到保障，政府機關無權遷移，此係立於個人主義的世界觀，與政府機關之團體主義的世界觀須予協調。人生問題有許多價值，無法很理智地加以抉擇，例如真、善、美此三種不同價值孰優孰劣，見仁見智，也只有價值相對主義方能說明。

賴特布魯赫除對法律的目的提出三種不同的價值，對於法的理念亦有類似的說法，一般而言，正義為法的理念，但何為正義，亞里斯多德有謂平均的正義，相等的東西，以相等的方式對待之，不相等的東西，則以不相等的方式對待之。但那些事物是相等的，那些事物是不相等的，此涉及法律目的之考慮，因而於正義的理念，又延伸出目的之理念，換言之，即合目的性，此合目的性亦成為法的理念，其次尚有一理念，由法律之目的來判斷何者相等，何者不相等時，此判斷不可因個人的見解、看法不同而有不同的結果，故須有法律秩序加以規範，正義乃至於合目的性之判斷，係以法律秩序存在為前提，而法律秩序的存在必包含有法律秩序的安定性，

因而法律秩序的安定性，亦成為法律的理念。

　　賴特布魯赫的理念論，提出三個不同的理念 **㊺**。正義 (Gerechtigkeit)、合目的性 (Zweckmässigkeit)、法安定性 (Rechtssicherheit)。此三理念皆為法律所要追求的目標之理念，但問題是在具體的情況下，究以何者為優先，就賴特布魯赫的見解而言，是互相需要結合且互相排斥的關係 (Anti-nomen)，在此三不同之目的理念間，亦形成價值相對主義的看法，多多少少亦是相對的。賴特布魯赫可謂把價值相對主義的哲學在法理論內展開得很徹底者，其法律哲學可稱之為法律的相對主義之哲學，但若已選定了某一理念，則可為法學上的判斷。

　　事實上，主張價值相對主義的哲學者，並不限於新康德學派，美國的法律思想家，例如龐德的社會利益說，多少亦為相對主義的法理論，其把法學上保護的利益分為六大類的社會利益，且認為法學上的判斷應以犧牲最少數人的利益，以滿足最大多數人的利益為標準，但在龐德而言，此六大利益究竟何者優先，此多少是相對的，不須加以討論。而德國戰後之價值法學 (Wertjurisprudenz) 中有如拉倫茲以新黑格爾學派 (Neuhegelianis-mus) 以及詮釋學 (Hermeneutik) 為思想基礎的學者；拉倫茲在其《正法》(*Richtiges Recht*) 一書中亦強調，雖然法以一種整體性之理念 (Rechtsidee) 為其共同基礎，但由此理念可以在第一層次導出法安定性 (Rechtssicher-heit) 及正義性 (Gerechtigkeit) 等價值，而在互為尊重的前提下，針對個人生活、民刑事責任、社會、狹義法治國等領域另行提出各該領域所運用之重要價值，諸如個人之自主權原則 (Prinzip der Selbstbestimmung)、雙方契約之對等原則 (Äquivalenzprinzip)、信賴保護原則 (Vertrauensschutz) 等等。雖然拉倫茲並沒有特別說明，原則與原則之間的調和要如何進行，但其明文指出，由於各該原則之詮釋受到時空影響，所以必須隨時重新詮釋 **㊻**；恰好這點使得相關原則所包含的範圍或大或小，因此可以一方面經由詮釋而適應不同需求，但另一方面維持理念的核心概念。

㊺　同前註，頁 168－173。

㊻　參看 K. Larenz, Richtiges Recht, S. 181 f.

第七章
法價值論的實踐問題
jurisprudence

第一節　現代經驗主義與價值相對主義

本節主要的目的是從現代經驗主義或分析哲學的立場，探討其對價值判斷問題的看法，現代經驗主義儘管有許多主張與新康德學派不同，但於價值論的觀點而言，現代經驗主義與新康德學派中的部分學者（特別是採價值相對主義的學者們）則大抵相同。茲分述如下之：

一、經驗主義的基本立場

採二元論的立場，主張把事實認識與價值判斷予以分開。此由經驗科學的方法可獲得說明：經驗科學的方法以事實認識為基礎，以吾人的感覺器官感覺得到或理解得到的經驗事實來作一判斷，至於價值判斷的問題則涉及個人態度的決定或情緒問題，因而從經驗主義的立場，就把事實認識與價值判斷加以區分，且基於二元論的立場，對於自然主義的倫理觀加以批評。例如早期之邏輯實證主義者艾爾主張，價值判斷問題及其他非經驗科學所能加以探討的事物，均應自科學研究的範圍中加以排除出去，將科學研究的任務，限於各種科學上的命題、語言之邏輯分析❶；此屬一種較極端的立場。

二、現代經驗主義的價值觀

對現代經驗主義而言，絕對的真理必須是可實證的，但因絕對的真理必為全稱的命題，由科學的方法來看，無法網羅古今中外一切的事實來為判斷，只能援用過去及目前已發生的事實來驗證一個命題，故具真理性質全稱命題並無法依此加以驗證，所以現代經驗主義，對於絕對真理的存在抱持懷疑的態度，認為所謂絕對的真理、永恆不變的真理，是無法以科學方法證明其是否存在的。至於絕對的價值，由科學方法來看，亦無法加以

---

❶　A. Ayer, *Language, Truth and Logic.*

證明，因為現代經驗主義既對於絕對的真理採取懷疑、不可知的立場❷，認係超出人類認識的範圍之外者，對於絕對價值自然亦採取懷疑的態度。

現代經驗主義之所以對絕對價值採懷疑的立場而不從根本上加以否定，係基於二方面的考量：

①首先，若否定絕對價值之存在，則容易間接促成了唯我獨尊主義之產生。因為，既然沒有絕對價值存在，則會面臨有人主張以其個人之價值判斷當作絕對價值來主張，而無人可以加以反對的弔詭。

②否定絕對價值及絕對真理的存在，於結論上可能會陷於個人的價值判斷皆自成一體系的說法。換言之，即變成多元論的立場，任何人的主張或價值判斷皆變成無法溝通的情況，自成一小單元，彼此不相涉，無溝通的可能性。

於此點，現代經驗主義認為人的認識非絕對不可溝通的，存在著有溝通之可能性，特別是在事實認識方面，憑經驗事實、邏輯分析的方法可予以解決。至於價值判斷，於某條件下，仍可合理地加以討論，而有部分解決之可能性。

現代經驗主義於價值判斷問題，一方面對於絕對價值之存在，抱持懷疑之態度，他方面亦主張在一定之條件下，價值判斷之問題仍可循合理的方法部分地加以討論，此多少傾向價值相對主義的立場。現代經驗主義儘管出發點與新康德學派非完全一致，但於價值判斷的問題，基本上與新康德學派的價值相對主義相當接近，一方面以二元論為前提，他方面於價值

---

❷ 傳統經驗主義長年以為，科學能夠證實事物定律之真理，並且期盼經由方法上之進步以及透過知識之整合而達到絕對真理的境界；其同時以為，如此的真理必然就可以導出諸價值，使得價值不再必須依賴個人主觀之任意判定。最後一位具有此企圖心的學者係德國數學家 Hilbert，以為可以經由數理邏輯而創造科學的最後典範。然而，從 Godel's Theorem 以來，Hilbert 的計畫事實上已不可能達成，因此，此種欲經由科學方法而達到絕對真理的嘗試乃在 1920 年代中葉終局地歸於失敗。贊同經驗主義的學者當然也認知到此事實，因此在所謂現代經驗主義中也不再追求絕對真理或由此而衍生之絕對價值，而只是對於絕對真理及絕對價值採取一種懷疑的基本心態。

判斷的問題，採取價值相對主義的立場。

三、現代經驗主義學者對於價值判斷問題的立場

1. 史蒂文森 (C. L. Stevenson) 有關價值判斷的論點

史蒂文森為美國現代的倫理學者，其可否歸於分析哲學的陣容，仍有爭論，但多數見解仍將其歸納為現代分析哲學的領域中，其於 1945 年著有《倫理與語言》(*Ethics and Language*) 一書 ❸，於倫理學領域中很受重視。史蒂文森在該書中一方面檢討過去邏輯實證主義對於價值判斷的問題之看法，認為過去邏輯實證主義把價值判斷的問題自科學領域中排除出去的做法過於極端,但另一方面也部分接受早期邏輯實證主義價值情緒說的立場，認為價值判斷的問題，無法加以合理地解決。史蒂文森作為芝加哥學派之學者，部分接受杜威之自然主義的倫理說，把價值情緒說與自然主義加以調和，試圖於此立場上展開倫理學的討論。

通常所謂價值判斷或倫理命題，若再經過嚴密的分析，則仍可將之分為二大部分。純粹價值判斷的部分與涉及經驗事實的部分。

通常對於價值判斷之所以發生爭論，基本上乃因對上述這兩部分的見解不同，其一為最終價值判斷的問題，一為涉及經驗事實的問題。由此著眼，雖然邏輯實證主義認為，純屬價值判斷的問題，不具認知意義，無法以學問的方法加以論證，但涉及經驗事實的問題，屬於經驗命題的部分，仍可依經驗事實的驗證來決定其真偽。且此經驗事實的驗證雖非當然可導致整個價值判斷問題的解決，但此驗證會使得價值判斷問題較有可能獲得合理的解決。

史蒂文森主張運用此種分析的方法,把價值判斷的命題分為兩部分 ❹，進一步地加以分析，並把價值判斷的爭議一分為二：

①確信方面之見解不一致 (disagreement in belief)，屬於經驗事實之部分。

---

❸　C. L. Stevenson, *Ethics and Language*, New Haven: Yale University Press, 1944.

❹　C. L. Stevenson, *Ethics and Language*, pp. 1–19.

②態度方面之見解不一致 (disagreement in attitude)，純屬價值判斷之問題。

一般所謂價值判斷的對立或爭執,往往可分為此二部分之見解不一致,如分為此二部分，特別是對於前者，假設可據經驗事實之驗證來確定其真偽，則此部分問題的解決，往往可導致後者問題的解決。例如勞資糾紛,往往被認為係價值判斷立場的不同，而認無法合理地加以解決，但於具體的勞資糾紛，仍可分為經驗事實部分與價值判斷部分，如因物價波動甚為屬害，勞方要求增加工資 20%，而資方則以為物價波動不甚屬害，增加工資最多不得超過 5%，雙方面談不攏，則會演變成勞資糾紛。

如透過上述方法來加以分析，可發現此涉及兩方面之爭執:

⑴態度方面的不一致

對資方而言，工資盡量壓低，其方有利潤可圖，但在勞方而言，則係想辦法盡量多爭取工資，資方賺錢與否不問，於此態度上，雙方不同，無法以理論的方式加以合理地解決，涉及態度問題，當然雙方利益有不同。

⑵確信方面的不一致

係皆有關經驗事實見解之對立。勞方以為，物價波動過於屬害，故要求加薪，但資方則以為物價雖有波動，但不甚屬害，頂多 3%，此涉及物價波動幅度究有若干的問題，係關於經驗事實見解之不一致，可根據經驗事實來加以觀察驗證。

如於勞資糾紛的關鍵上，根據較客觀的物價指數來判斷物價上漲的幅度，例如物價上漲 10%，且此一事實均為勞資雙方可接受，則於此情況下,亦可能導致態度上的對立有較合理的解決，勞方讓步，資方提高工資，經此折衷，雙方可能於調薪 10% 左右妥協，雖經驗事實（物價上升 10%）不一定可導致雙方很合理地解決問題，但可能使其達到更合理之解決途徑。

現代經驗主義同意史蒂文森的說法，以為價值判斷的問題非完全係個人情緒或態度等，無法以合理方法解決之問題，但其中涉及經驗事實之見解對立的部分仍可合理地解決之，且此部分的解決雖非可最後解決價值判斷的問題，但有可能部分解決之。

2.以「公理化的方法」合理解決價值判斷問題

此種見解，係指把某些價值判斷或價值命題當成公理來加以接受，當作約定俗成的前提，並依此公理來討論價值判斷的問題，對於公理本身有無妥當性或真理值，則不予討論，留待個人的價值判斷來決定之。

例如，中期之前的羅素採取價值情緒說的立場，認為價值判斷不能以科學的方法來加以判斷，但晚期的羅素則一改過去的看法，以為價值判斷的問題仍可合理地討論，並循功利主義之見解，將善當作欲求的滿足來加以定義，並主張在此定義下，對於許多倫理學上的問題加以合理地討論。

羅素晚年此一主張雖引起學界爭論其是否放棄價值情緒說的主張，但其實羅素並未放棄價值情緒說的立場，只是認為價值情緒說在分析倫理學的立場，不可與規範倫理說的立場混淆在一起。羅素於分析倫理學的領域內固仍維持價值情緒說的定義，但於規範倫理學的領域內，則採取自然主義倫理說的定義。定義有真正定義與事物定義之別，羅素是將其當作語言使用、名詞定義來加以約定，非當作有真假可言之事物定義來加以主張，並於此前提下，對於倫理學上的問題合理地來討論。至於善是否為欲求之滿足，則係個人價值判斷之問題，在此當作一公理、前提來加以約定，若大家皆同意此約定，此可於此定義下來進行討論。

基本上，現代經驗主義上述論點是採二元論的立場，認為關於價值判斷的問題之探討，不論採取分析的方法或公理化的方法，皆認為價值判斷的問題，於某些條件下，是可能加以討論，也必須加以討論的。公理化的方法接近於賴特布魯赫價值相對主義的體系，事實上賴特布魯赫價值相對的體系亦可看作公理化的方法。

至於龐德之社會利益說，基本上亦為價值相對主義的方法，乃至於可當作公理化的方法，其把法律上所保障的利益，分為六大類的社會利益，但未言此六大社會利益孰者具有較優先的價值，於此任由法官或法學者個人加以判斷，如以此六大利益為討論、判斷的前提時，則在為法學之利益衡量時，至少有趨於理性討論的機會。

四、關於價值相對主義的批評

　　價值相對主義之方法，特別是於法理論之展開，主要歸功於賴特布魯赫的貢獻。但賴特布魯赫相對主義之法哲學，於二次大戰及戰後亦曾遭受到許多批評，甚至有人把二次大戰中德國納粹黨的執政歸罪於其價值相對主義的法哲學，認為價值相對主義主張：一切的價值判斷皆無法以科學的方法來證明其妥當性，視價值判斷多少是相對的。此思想使得希特勒所推行之絕對主義統治方法得到其政治及社會上的存在空間。因而戰後於德國的許多文獻中，就有人喊出「克服實證主義」、「克服價值相對主義」之口號，其主要理由，乃因價值相對主義認其價值判斷皆係相對的，故對於如希特勒之專制獨裁、絕對的統治方式未能提供一有力的價值判斷作為絕對客觀之標準來加以批判。也就是批評者認為，對價值相對主義而言，無論如何之專制獨裁，皆係一種價值，一種政治立場，對於各種之政治立場，價值相對主義的立場，是無法提出一有利的證據來批評之，結果上乃造成包容或縱容。

　　戰後德國的法學界由價值相對主義的克服過渡到自然主義的復興而造成新自然法論。對於價值相對主義的批評，主要是針對下列幾點：

①價值相對主義既無一有力的主張作為其政治立場的依據，故易傾向於對既成秩序的維護 (status quo)。對於各種政治主張，甚至價值相對主義無法容忍之政治主張，均加以寬容及容忍。

②價值相對主義對於不合理的價值判斷，特別是希特勒絕對專制獨裁主義，無法提出有力的反駁立場，一切價值判斷，不問其合理與否，皆一律看待，最後變成毫無是非可言。

③價值相對主義是自相矛盾的 (paradox of relativism)，假設價值相對主義對於如希特勒之絕對主義加以容忍，則勢必相對主義本身中亦包含有絕對主義在內，價值相對主義如提不出有力之依據，甚至對於絕對主義加以包容、容認，則價值相對主義本身有可能造成絕對主義的情形；反之，價值相對主義如提出一有力之依據，對於價值絕對主義加以否

定、批判，則價值相對主義即喪失其相對主義之立場，本身亦成為絕對主義。

戰後有許多論調，特別是提及價值相對主義之自相矛盾，認非加以克服不可，以為此路不通，乃產生自然法論。與此一發展息息相關的，還包括了學術界廣泛討論有關賴特布魯赫思想之轉變。賴特布魯赫於 1931、1932 年，亦即希特勒奪權執政之前夕，在海德堡大學授課。其時納粹黨聲勢高漲，賴特布魯赫之思想多傾向於相對主義、自由主義、民主主義的法律思想，乃成為以標榜國家至上，所有權力集中，由領導者來決定一切的納粹主義者的眼中釘。時至 1933 年，德國議會通過總統授權法案，授權總統於緊急狀況下，可不經立法程序發布緊急命令，此後迫害猶太人等措施皆歸因於此。此時納粹黨聲勢相當大，學生中亦有納粹黨員，賴特布魯赫無法上課，乃逃至法國。1934 年，於法國發表〈法律哲學上的相對主義〉一文，以為價值相對主義非毫無可取，因其認可個人為其信仰、信念奮鬥。1945 年，賴特布魯赫回到海德堡大學，在「五分鐘的法律哲學」名下發表演講❺，針對許多人的批評為一說明，1946 年就任海德堡大學法學院院長，發表就職演說，題為〈合法律的不法與超法律的法〉(Gesetzliches Unrecht und übergesetzliches Recht)❻，區分法律與法，認為合法律的非法，例如希特勒之獨裁專政，其殘害猶太人的屠殺令、滅絕令，雖形式上合法，係透過議會立法及國會授權為之，但實際上為非法，也就是認為在法律之上，仍有所謂未寫在法律上之法——超實定法之法存在。雖然賴特布魯赫把此種超實定法之法稱為「自然法」，似乎與十九世紀以來一直擁護之自然法論所主張之自然法相同，但由於自然法論與相對主義，二者之基本立場不同，自然法論係以價值客觀主義為基礎，而價值相對主義係以價值情緒說為基礎，故二者顯不相容。

戰後因此有認賴特布魯赫放棄價值相對主義的的立場，傾向於自然法論，在賴特布魯赫的學生中，特別是沃爾夫 (E. Wolf) 把此問題提出討論，

---

❺　G. Radbruch, *Rechtsphilosophie*, 6. Aufl., 1963, S. 335–337.

❻　G. Radbruch, *Rechtsphilosophie*, 6. Aufl., 1963, S. 347–357.

對於賴特布魯赫思想的轉變究為發展或是革命提出探討，撰寫〈賴特布魯赫之法律思想的發展或革命?〉(Entwicklung oder Revolution im Denken G. Radbruchs?) 一文。沃爾夫由賴特布魯赫早年的文章中提及自然法論之說法，乃認賴特布魯赫早期的思想中已包含有自然法論思想的種子在內，只是被價值相對主義掩蓋住，直至戰後，其自然法的思想才逐漸顯現，故其思想並未改變，其早已有自然法論的思想，此說法使得自然法論的復興更具聲勢，乃有新自然法論之產生。現代經驗主義對於價值判斷的問題，基本上仍為二元論及價值相對主義的立場，並特別強調於分析倫理學的層次為價值相對主義的立場。大多數現代經驗主義論者以及分析哲學論者，一方面基於情緒說的立場，懷疑客觀價值的存在，對絕對價值的存在，抱持懷疑的態度；但多數仍認為價值判斷問題之學術討論不但可能而且需要，於此點，現代經驗主義以及分析哲學家相較於完全否定自然法立場之凱爾生更緩和、更寬容，而與賴特布魯赫、韋伯之價值相對主義的立場較接近。

自然法論的根本謬誤在於肯定客觀價值的存在及絕對價值有認識的可能性，主張絕對客觀的價值判斷仍為可能的，但此主張是有問題的，因其可能導致絕對主義的專制獨裁政治，非加以糾正不可。他方面而言，把法價值之學術考察加以排除，摒棄一切自然法論的主張亦太極端。因此，現代經驗主義對於法價值所提供之主要貢獻，即顯示一方面可避免自然法論所犯之若干錯誤，例如主張絕對價值之認識可能性；他方面卻可由較寬容的立場來挽救自然主義之大部實質內容，特別是人權的尊重，仍為可能的、可支持的。此點雖為傳統自然法論的重要論點，且為其主要的錯誤——把自己主觀的確信，特別是對於價值判斷的確信，當作絕對客觀的價值判斷來主張，因而不能避免在政治上，很可能會形成排除異己的藉口，假自然法之名，行獨尊絕對價值之實。相反的，價值相對主義則主張，無法以科學的方法證明某特定之價值判斷之妥當性，乃於價值判斷採取相對主義之立場，從而對不同的見解予以寬容，並主張此應為民主政治之必要前提。

第二節　價值相對主義與民主主義

　　如上文所述，法學難以規避價值立場之問題，並且多少在此採取價值相對主義。然而，現代民主國家大部分明示或默示絕對化其民主之基本體制，即否定相關價值體系之相對性。一眼看此種現象時，則易以為法學者如此之雙重標準本身就構成法體系之內在矛盾。

　　除了由法價值論之角度觀之，其他法經驗科學亦對於法和民主主義或法和民主法制等問題有所主張，並且顯現類似矛盾的價值觀。舉例言之，由法史學觀之，法的領域中形成「民主主義」的概念、訴求以及機制，就是一個長達數百年的過程。該過程之結果導致法治國概念中之「法」並不限於奧斯汀學說中之法，即超越「統治者之命令」一概念；依此，人民（即被統治者）可以經由民主制度來肯定、修改或廢除一切法規範。換言之，法規範對於被統治者的約束只是相對的，即可以更改的；因此，法規範所包含的價值體系確實是相對的。然而，經過二十世紀納粹以及其他集權統治的經驗，二次大戰後的西方法學一致地主張，允許相關變遷之民主機制本身不能任意更改；換言之，法所包含的價值體系中又另有一種絕對的價值核心存在。

　　由法社會學觀之，民主法治中之法亦同時顯現相對及絕對的價值體系：在社會發展之過程中已達到民主狀態的社會多半局部否定自己過去的法律及政治制度，即主張非民主法制的社會狀態係一個不合理的社會態樣。換言之，民主主義已廣泛被認定為現代法治國不可或缺的基礎，即為法所必備的、絕對的特質，以免法失去其正義的本質。雖然如此，其亦不能否認，法所包含價值體系在相當程度是相對的，即受到社會變遷的後續影響。依此，社會所實現的價值體系變遷帶動法規範的變遷。❼可見，法社會學中

---

❼　舉例言之，西方社會對於同性性關係所持的價值判斷持續在變，例如德國首先於
　　1969 年廢除成年同性性關係之可罰性，而於 2001 年實質上進一步合法化同性的

之法的概念同樣具備相對及絕對的成分。

然而，要在社會科學領域中提出絕對價值之概念，立刻會遭到質疑，以為如此的價值觀違背一般社會科學學哲學中有關價值中立或價值中性的訴求。因此，法理學必然要反省相關問題，並且試著說明上述內在矛盾的現象。

法和民主主義之間的關係難以一般人的情感為依據，因此，本文首先將民主主義當作一值得擁護的公理來加以約定，看看由經驗主義的立場，可否提出一些較令人信服的理由來支持之。當然，「民主主義值得擁護」此命題本身為價值判斷的命題。為了避免在先前理解中陷入上述相對與絕對價值觀之矛盾狀態，所以在此首先採取現代經驗主義的立場來分析之，即以價值相對主義的基本立場為出發點。由如此的觀點要證明「民主主義值得擁護」此一命題，理論上很難，但儘管如此，吾人將其當作一個公理❽，

婚姻關係。雖然德國法制受到其傳統概念之拘束（即婚姻關係應為一男一女），但由於新法給所謂同性之生活伴侶 (gleichgeschlechtliche Lebenspartner) 與婚姻中之配偶同等待遇和保障，所以形式上雖沒有承認同性婚姻，但實質上仍然達到此效果。

❽ 公理 (axiom) 原來係形式邏輯之概念；公理係指某一邏輯（思想）體系中之基本假設。雖然希爾伯特 (David Hilbert, 1862–1943) 在二十世紀初期以為可以經由形式邏輯提供一個科學哲學的最後典範，但自哥德爾 (Kurt Gödel, 1906–1978) 提出著名之哥德爾命題（Gödel's Theorem）以來，從事形式邏輯的學者已了解，基本假設不可能成為科學的最後理由 (Letztbegründung)，僅能夠基於其適用上所導出來的有效性得到相當程度的妥當性。有關此點，參看 Stegmüller, Wolfgang, *Unvollständigkeit und Unentscheidbarkeit: Die mathematischen Resultate von Gödel, Church, Kleene, Rosser und ihre erkenntnistheoretische Bedeutung*, Wien: Springer 1970.

因此，在此使用「公理」一詞，其意向不在主張相關公理可以成為科學哲學（或法理學）上的最後理由，反而僅表示，此公理可以形成一個內在合理的體系，且該體系中有許多基本假設，若一旦放棄這些基本假設，則整個體系無法維持其原有的特質，如同數學中之特定邏輯體系必須堅持某些基本假設，否則將失去其原有的特質。

看看由經驗主義的立場可否提出一令人信服的理由來證實之。

民主主義之意涵為何，當然有許多說法，不過從其基礎思想為著眼點，民主主義最重要的有兩點：一為寬容 (tolerance) 的精神，一為多數決的原理 (majority rule)，以此二原理為其基本的思想。因而，此處只要檢討寬容的精神究竟產生何種倫理思想或哲學思想；對於多數決原理，謂其值得擁護或值得採取，究係基於何種立場及何種哲學思想，稍後將對此加以說明。

一、價值相對主義與寬容精神

若在諸哲學門派及價值觀中尋找與價值相對論關係較密切的，則會發現現代經驗主義在分析價值論方面，基本上採取二元論及相對主義等立場。故此，本文在此主要由二元論及相對主義的立場來檢視寬容問題之邏輯關係。

歐陸經過一次大戰之後，對於戰前社會之價值體系廣泛持著一種懷疑的態度，因此多方從事一些相關的基礎研究，想由此重新建構一個合乎科學及現實社會的立場。由於德、奧等國戰敗，所以整體社會以及學界對於既有價值體系的懷疑與重新思考尤其深刻。在現代經驗主義的思想脈絡中，身為二十世紀法實證主義的開山祖師之一的奧國法學者凱爾生論述最為精湛。

凱爾生的法學思想經常因為他的經典著作《純粹法律理論》(*Reine Rechtslehre*; *Pure Theory of Law*) ❾ 被命名為純粹法學，但事實上其對價值判斷的問題並沒有規避。對民主主義的價值為何值得擁護，尤其是民主主義之基本精神──寬容──產生何種哲學基礎，凱爾生談論得甚多。有關專著如 1925 年《一般國家理論》(*Allgemeine Staatslehre*)、1929 年《論民主主義的本質與價值》(*Von Wesen und Wert der Demokratie*)、1955 年《民主主義的哲學基礎》(*Foundation of Democracy*)、1957 年《何為正義》(*What is Justice?*) 等 ❿ 。

---

❾　H. Kelsen, *Reine Rechtslehre* (dt.), Wien: Deuticke, 1934; *Pure Theory of Law* (engl.), Berkeley: University of California Press 1970.

　　於此主要介紹其晚年的思想，即凱氏在《何為正義》一書之〈哲學與政治上之絕對主義與相對主義〉(Absolutism and Relativism in Philosophy and Politics) 一文中所表達的看法。在此，凱爾生主要的論點在於哲學上之絕對主義與相對主義會導致政治上的絕對主義與相對主義，並且將兩者間的邏輯關係分析得很清楚。換言之，哲學上如採取絕對主義，則於政治上必流於獨裁專制的絕對主義；如於哲學上採取相對主義，則於政治方面才有可能傾向於民主主義。其中凱爾生提及何謂絕對主義，認為絕對主義所謂之絕對的真理、絕對的實在，已超出吾人認識範圍之外，成為與人認識無關之獨立存在的實體。此種絕對的真理並不因人的認識有差別而受影響。換言之，其係客觀、絕對地存在，因而其係永恆不變、絕對的真理。易言之，對此絕對的真理、絕對的實在，因認其係超出吾人認識範圍之外者，我們即無法加以認知。然而，由於人的知識多少帶著個人主觀意識來認知或構成實在及所謂真理，所以科學哲學上也只好採取一種相對主義的看法。據相對主義之見解，所謂絕對的實在（以及絕對的真理）變成一不可知的事物，吾人無法去了解；所謂相對的真理或相對的實在 ❶，雖然多少因個人主觀意識的不同而會有所出入，但也恰好因為如此所以屬於可知的事物。

　　凱爾生認為經驗主義論者，於其認識論方面，多傾向於相對主義。一些傳統之理性主義或吾人所謂之直觀主義的人們，則較傾向於絕對主義；因其承認有絕對的實在、絕對的真理，且人透過理性或認識的能力可直接地、客觀地認識到此種實在、真理。以此根本的區分為出發點，凱爾生主張經驗主義者傾向於相對主義的說法，且由於相對主義者對於絕對真理持有一種懷疑的——即推定不可知的——態度，所以同時也導致其對於絕對

---

❿　H. Kelsen, *What Is Justice?*, Berkeley: University of California Press, 1955, pp. 199–208.

⓫　在此所提及的「實在」以及「真理」在哲學傳統上原本有其不同之論述傳統，前者過去為經驗主義者之首要認知客體，後者為理性主義者之首要認知客體。雖然本文指出，例如凱爾生如何將此兩種不同知識來源的範圍相加以結合，但其不得不同時提起此兩種概念，以免有人因此而認為相關知識體系不齊全。

價值的懷疑。因而在凱爾生而言，絕對的實在、永恆不變的實在，本身即為一有價值的東西，故所謂絕對的實在、絕對的真理即搖身一變而成絕對的價值。簡而言之，經驗主義者經常一方面對於絕對真理採取一種不可知或懷疑論的態度，此種基本態度另一方面使經驗主義者針對絕對價值亦採取一不可知或懷疑的態度。

顯然，對於相對主義者或經驗主義者而言，上述基本認知首先導致一種自由開放的態度：既然無法以絕對的價值、真理來衡量每人之認識，研究者只好承認不同人之認識皆為平等，即要一律平等地對待之，因而在哲學上即產生所謂寬容的精神。

凱爾生論及價值相對主義與寬容的關係時，認為絕對的真理或價值為人類認識能力所不能及，正因為人類的認識能力無法直接認知到絕對的真理或價值，故而價值相對主義不但承認自己的意見，同時亦承認他人之反對意見。換言之，自己的意見並非是唯一正確的、唯一有價值的。由於必須承認他人對於真理的看法或對於價值的看法亦與我們同樣有充分的理由，凱爾生斷定相對主義不但可以作為民主主義思想前提的世界觀，甚至係民主主義所不可缺乏的世界觀❷。因此，當凱爾生提及民主主義時，其對於個人的政治信念、政治意志皆予以同等的評價❸。

凱爾生於文中提及寬容精神時，亦持著上述基本觀點：寬容精神之前提係真理及價值的相對性；換言之，寬容精神之產生，主要仰賴人對於自己認識能力之界限有所認知，即人領悟到絕對真理是在人之認識能力的範圍外，而絕對的價值亦係人無法直接認知的。唯在此前提下，方能產生寬容的精神。真理及價值的相對性乃謂吾人不能排斥相互對立之真理及價值的意思，即承認真理及價值判斷多多少少是相對的。此意味著我們無法排除他人與吾人作出不同的真理判斷及價值判斷，且科學無法以合理的、合乎學問的方法來證明那一種判斷是錯誤的。因而，所謂真理及價值判斷都

---

❷　此論點不但反省到過去歐洲宗教以絕對真理之確信來鎮壓其他教派，同時也反映歐洲二十世紀集權主義政權之唯我心態和思想基礎。

❸　H. Kelsen, *What Is Justice?*, p. 200.

是相對的。就這點而言，相互對立之真理或價值的表明或宣傳有不受到壓迫的自由，不可因其見解不同即壓制之；否則即為絕對主義。相對主義承認每人皆有說話的權利，儘管看法不同，但不同的見解有不受政治上壓迫之自由，此亦為寬容的精神。

與凱爾生同時期的德國學者賴特布魯赫亦為相對主義論者；他是建構現代法哲學重要人物之一。他的思想一方面受到韋伯的影響，但另一方面也受到來自於凱爾生的影響。其在《法律哲學》一書中提及許多關於民主主義的問題；特別在該書之第二章〈從法律價值的觀察探討的法律哲學〉，在論述寬容的精神與民主主義結合的問題時，賴氏提及「個人皆有權利相信自己的戒指為真正的戒指」❶❹。此故事出於德國啟蒙時期文學家萊辛 (Gotthold Ephraim Lessing, 1729–1781)❶❺之戲劇《智者納壇》(*Nathan der Weise*)❶❻。

此故事對萊辛而言，因看到當時宗教上的爭論：每個人皆主張其尊奉的上帝為唯一真正的上帝，其他都是假的；此在基督教、回教、猶太教等皆然。故宗教與宗教間乃互相傾軋、互相殘殺，甚至因宗教的衝突而引起許多的戰爭，例如十字軍東征即是一例。萊辛乃假藉此故事，謂宗教上無

---

❶❹ G. Radbruch, *Rechtsphilosophie,* 6 Aufl., pp. 97–105.

❶❺ 萊辛在德國係與歌德 (Johann Wolfgang von Goethe, 1749–1832)、席勒 (Friedrich Schiller, 1759–1805) 齊名之文學家，以詩及戲劇出名。

❶❻ 該戲劇是描寫中世紀埃及蘇丹之故事，主角名為納壇 (Nathan) (1137–1193)，係十字軍時期之法官。在其任內出現一很富有的、一生過得很幸福的人，主因其戴一幸福的戒指。人們戴上此戒指，即會覺得很快樂，但他有三子，且都非常喜歡，希望每個人皆能終生幸福，而把幸福的戒指給他們，但戒指只有一個，乃令當地最有名的金匠，依樣再打造兩只；完成時，連自己亦幾乎無法分辨何者為真正的戒指。臨終時把此三只戒指分贈其子。去世後，其子有一天都戴上幸福的戒指來誇耀，乃開始發生爭論，謂只有自己所戴的戒指為真正的戒指。爭論無法解決，就至法院去訴訟。法官納壇為一智者，其最後的判決主張：何者為真，無法確定，但確信戴戒指者只要相信自己的戒指為真，即會獲得幸福；換言之，何戒指為真，為無法認知的事情，但如相信它是真的，即是真的，即可予自己終生的幸福，不必加以爭執。

法論何者為真、何者為假，不要謂自己所信仰的係絕對的真教，他人的反而為絕對的邪教。宗教皆是勸人為善，何不寬容和好地相處，此為其主要的用意。換言之，每個人皆有權利相信自己的戒指（即自己所信仰的神）是真正的戒指，並且可以以賦與幸福的行為去加以證實之。至於對同樣相信其所持有的戒指屬真之他人而言，我們不能以自己的主張去強迫他人來接受。因此，在精神方面必須對於不同見解的人持有一種寬容的態度；人為何會互相爭論，往往起因於大家都認為只有自己講的才是絕對正確，別人講的都是錯誤的。依照賴特布魯赫之上述觀點，社會中會因理念而發生爭論──尤其因價值判斷而發生問題時──其原因往往在於每一個當事人認定只有自己所作的價值判斷才是唯一正確的，他人所作的價值判斷則為錯誤的。於此情況下，才會引起為理念而爭論，甚至為此互相殘殺的情況。然而，價值判斷的真假，在萊辛而言，是不可知的事，它超過人的認識範圍，即在人之認知範圍之外；此即為不可知論 (Agnostizimus)。就方法論而言，此無真假可言的「價值情緒說」的立場，亦唯有在此情況下，才能產生民主主義所需要的寬容精神。

綜合言之，依據凱爾生及賴特布魯赫的立場，唯有相對主義才能產生寬容，而此寬容為民主主義不可缺少的精神；換言之，採取相對主義在政治上的結論才有可能發展為民主主義；反之，民主主義係以相對主義的世界觀為其理論上的前提，民主主義需要相對主義，因二者的基本精神皆為寬容。

價值相對主義於二次大戰期間，受到若干猛烈的抨擊，論者以其易流於對既成秩序的維護和尊重，且其所謂的寬容亦應有一定的界線，否則如絕對主義亦予以寬容，其理論即不能貫徹，自相矛盾，況其對於不合理者亦加以尊重寬容之，故有人將二次大戰時德國納粹黨的執政，亦歸罪於價值相對主義。

為解決此問題，賴特布魯赫於 1934 年在法國出版之〈法律哲學與法律社會學論叢〉(ARSP) 雜誌 ❼ 中發表〈法律哲學上之相對主義〉(Le relativisme

❼ 賴特布魯赫在威瑪時代係德國法哲學界非常出色的學者之一，但除了身為法學者

dans la philosophie de droit) 一文，為相對主義提出辯護。依據該文，所謂相對主義乃指價值無法以科學方法來加以驗證之基本心態，若持此見解，則一切價值均是相對的。主張價值相對主義欠缺確信的人，批評此係一種沒有性格的哲學；賴氏加以反駁，認為價值相對主義非但不是沒有確信，反而是具有堅強的確信，並具有攻擊力。據賴氏當年的觀點，哲學上之相對主義主張一切有關正當法上之實質判斷，係以一定的社會狀態或價值秩序為前提，於此前提下，方可談正確的法律。可是，社會狀態變化無常，價值體系亦變幻不定，經驗科學雖能展示出在某一社會狀態下，理論上有可能存在的價值體系，但無法以學問的方法來證明某特定價值體系的妥當性。故此，自理論理性 (theoretische Vernunft) 而言，相對主義雖放棄對絕對價值的探求，但卻將之訴諸於實踐理性 (praktische Vernunft)。依此，價值判斷之問題屬於實踐理性或信仰的問題，而非理論理性問題。換言之，此係規範倫理學的問題，而非分析倫理學的問題。

雖然相對主義放棄在理論層次上探討價值判斷的問題，但此並不等於道德意欲上就變成懦弱無能。因此，相對主義一方面對於不同信念加以挑戰，但另一方面對於無法以科學的方法來否定的政治信念，則予以尊重。換言之，相對主義一方面於實踐領域或於規範價值論之領域，採取斷然地挑戰態度，他方面則在分析倫理學的領域，保持對價值判斷寬容尊重的態度。因其深信，無法證明何者為絕對正確，何者為絕對錯誤，故只好採取一種寬容的態度。

除了澄清價值觀與寬容精神之關聯以外，賴特布魯赫在該文另提及許多非常根本的觀點。賴氏主張，價值相對主義需要實定法，並藉此為尊重

之外，賴氏亦於 1920 年代在社民黨組閣時擔任過法務部長，因此受納粹之極力排斥。基於此，賴特布魯赫在納粹執政時期無法任教，也無法在納粹所統治的地區發表文章。在大家沒有把握德國是否短期內戰敗時，未受納粹統治之中立國（例如瑞士）經常自願限制自己境內的言論自由，即同樣不給具有爭議性的人物——例如賴特布魯赫——發表學術性文章的機會。故此，賴氏於 1934 年（希特勒才上臺一年）已經必須將自己的文章發表於當年被視為敵族之法國。

實定法提出一理論基礎，此即為實證主義。他又提及價值相對主義需要自由主義，亦可為自由主義提供一理論基礎；又提及價值相對主義對刑法上的確信犯需要特殊的立法；價值相對主義需要法治國家以及權力的分立；又提及價值相對主義係作為民主主義的基礎（他承認此點是受到凱爾生的影響）。然而，對於賴特布魯赫而言，這一切可以總結在價值相對主義之基本精神，即寬容的心態。可是，賴特布魯赫在納粹之集權主義政權誕生之後提起價值相對主義時，與之前有所不同，因為賴氏將其原本的立場予以修飾：雖然價值相對主義原則上是寬容的，但例外對於自稱自己見解為絕對之見解的說法並不寬容。換言之，除了對於「不寬容的獨裁專制」不加寬容之外，價值相對主義是普遍的寬容。因此，相對主義並非對一切不問是非地價值判斷皆予以寬容。賴氏認為此種發現為邏輯上的一大突破，係對傳統的相對主義的說法為更進一步的發展，提供一新的理論基礎。❶⓼

二、戰後對價值相對主義的批評

戰後有許多人把希特勒絕對主義的政治體制皆歸罪於價值相對主義，故戰後對價值相對主義興起了一片批判並思加以克服的浪潮。❶⓽ 在此處特

❶⓼　如上文所述，賴氏解決相對和絕對價值觀間之衝突，並稱之為一種邏輯上的突破。有趣的是，其解決的途徑在方法上與波蘭數學家塔斯基 (Alfred Tarski, 1902–1983) 在數理邏輯的作法類似。塔斯基為第一位數學家能夠解除哥德命題中之矛盾，其解決途徑係原有命題在層次上之區分。然而，由於塔斯基之相關論著於 1936 年才出版，所以賴特布魯赫於 1934 年不可能知道塔斯基之見解，更顯示賴氏見解之原創性。參看 Tarski, Alfred, Über den Begriff der logischen Folgerung, in: Givant, Steven R. and McKenzie, Ralph N. (eds.), *Alfred Tarski, Collected Papres*, Vol II, Basel, Boston, Stuttgart: Birkhäuser, 1986, pp. 269–281. 又，相對主義對於自身意見之堅持不限於大陸法系，在英美法系也有類似的思想：霍姆斯原則上贊同相對主義，但其同時認為相對主義非軟弱無能的。他舉例言之，連一隻狗皆會為其骨頭奮鬥、打仗，何況是人。雖然霍姆斯為價值相對論者，但他同樣肯定，為了一定的信仰、理念，仍可犧牲一切去奮鬥。可見，價值相對主義絕非威瑪時期許多學者所說的那麼的軟弱無能。

❶⓽　有關德國法哲學由威瑪至聯邦德國的發展脈絡以及不同學派之基本立場的變動，

別推介一文,來探討究竟是價值相對主義還是價值絕對主義方可產生寬容。
賴特布魯赫之學生考夫曼 (Arthur Kaufmann, 1923–2001) 將此問題於其
1960 年之〈法律哲學上相對主義的克服〉(Gedanken zur Überwindung des
rechtsphilosophischen Relativismus)[20]一文中深入加以討論。考夫曼在此主
張,價值相對主義不能貫徹,因此非加以克服不可。其理由有二:首先,
價值相對主義未將分析倫理學與規範倫理學區分得很清楚,所以在此發生
混淆;其次,西洋法律思想的發展,事實上皆以價值客觀主義作為中心。
考夫曼本人以存有論為其出發點,所以認為客觀價值的建立是可能的,於
是價值相對主義非加以克服不可。

考夫曼謂寬容,只是因我們無法證明客觀的真理、客觀的價值存在,
因而我們必須對於一切的價值判斷平等地加以看待和寬容。所以,依考夫
曼的理解,所謂寬容多少是一種留於表面的、膚淺的概念。導致此種觀點
的深層理由在於價值相對主義有關客觀真理或絕對真理不存在之主張。故
此,在絕對價值不可知的前提之下,當然必須容忍他人的確信:他人的確
信與我們的確信同樣,既不完整又不容許以科學的方法來駁倒。然而,如
此容忍他人之不同見解,事實上只是一種表面上的寬容:吾人可將吾人的
確信假定為絕對的確信,即當作絕對的真理來加以主張,而不管他人的確
信如何。如此一來,一切之前的寬容立即消失,且價值相對主義所產生的
寬容轉變成數個相互對立、相互排斥的信念。如此以來,價值相對主義在
結果上變成數個不同的絕對確信得以共存而已,但確實無法看出什麼真正
的寬容。

然而,若賴特布魯赫有關寬容精神的假設無法成立,則真正寬容又由
何思想基礎而生?考夫曼以為真正的寬容,必然以承認真理的客觀性為前
提。對考夫曼而言,客觀性的真理為吾人所努力追求的目標,且此追求的

另參看陳顯武、葛祥林著,〈法價值論中之超人格主義〉,《臺大法學論叢》,第 32
卷第 2 期, 92 年 3 月, 頁 1—26。

[20] A. Kaufmann, "Gedanken zur Überwindung des rechtsphilosophischen Relativismus,
" in: *ARSP*, 1960.

確能夠實現相關真理。如此分別去努力作相同的追求，方可產生真正的寬容。換言之，如非以堅持客觀的真理存在為前提，即不可能有真正的寬容；故真正的寬容，係以堅持真理的客觀性為前提。

如承認有客觀的真理存在，且認為此真理為吾人認識可能者，則於此基礎上，會否產生寬容？其實不能。因為從心理學的觀點，每一個人皆易將個人主觀的確信當作客觀的真理來加以主張，從而對不同見解的人即加以排斥。考夫曼認為客觀的真理是存在的，但人的認識能力很有限，不可能一下子達到客觀的真理；故此，大家共同努力去追求。換言之，考夫曼把客觀的真理訴諸於一種信仰，假設於此情況下，則與相對主義的說法並非距離很遠。依考夫曼的認知，在試圖努力地追求客觀真理之情況下，即產生寬容，且此寬容是對的。此說法與相對主義並無兩樣：相對主義也僅持著一種存疑的態度，但並未全盤否定客觀真理存在之可能性，吾人雖不知其是否存在，但相信其存在，故努力去追求。猶如「智者納壇」中所言，相信戒指是真的情況下，大家共同來追求幸福一樣，考夫曼的說法與相對主義無相互牴觸或衝突之處。如是，則無所謂對相對主義克服不克服的問題。

進一步思索，如果肯定客觀真理存在，並且人的理性能力是可以直接認知此一客觀真理，於此前提下則無從產生寬容。因依此思想，人們很容易把個人主觀的確信當作客觀的真理來加以主張，而不問他人的確信如何。假設持此主張者係多數，則此情況特別容易產生排除異己的情事。若是如此，則無法產生寬容。故此，價值相對主義，即對於所謂客觀真理及客觀價值是否存在的問題，保持一懷疑的態度，並承認人的能力無法直接加以認知，因而對個人的價值判斷或對真理的確信，皆一律平等地加以看待，於此基礎之上較容易產生寬容精神。

惟是否以價值相對主義之主張為唯一前提，即直接地及當然地可以導引出吾人對於所有人之不同確信皆須加以寬容？此問題的答案包括相當程度的價值判斷，所以多少是相對的。換言之，客觀真理之認知可能性屬於理論認識的層次，而主張因吾人對所有不同的見解皆須加以寬容則屬於實

踐層次。由於問題與答案之層次不一，所以在嚴格的邏輯推演之下，前提無法導引結論。要引出對一切人的價值判斷皆須加以寬容，其前提必須有一價值判斷的命題，才能引出此結論（此前提或為「我們必須尊重他人的價值判斷」，諸如此類）。此前提必須存在，因而才能對所有的價值判斷產生寬容。具體言之，除非身為前提之命題含有價值判斷，方能導出來「因而我們必須應該對不同的價值判斷予以平等地看待及寬容」之命題。基於此故，由邏輯學的觀點來看，只以價值相對主義作為前提，不可能直接導引出對所有人必須寬容的命題。由此得知，價值相對主義係引出對所有的價值判斷皆要加以寬容之命題的必要前提，但該前提仍不構成一充分條件。

此問題並非屬純理論認識的範疇，而多少係經驗事實或心理學上事實的問題。然而，既然相對主義並不是產生寬容的充分條件，就值得思考，究竟人接受其自身之存在僅係相對等認識之下，較易產生寬容的精神，或人肯定絕對價值實存的思想基礎下，較易產生寬容精神？此屬心理學上的事實問題。由過去思想家之理論主張來看，採取價值絕對主義者，多半傾向於自然法論或獨裁專制、排除異己，而採取經驗主義、相對主義者，則往往傾向於民主主義或寬容精神。此主張可由許多思想家之生平獲得證明；換言之，由心理學上的事實來看，凡是傾向於接受相對主義立場的學者，於其政治立場上，較傾向於民主政治，而價值絕對主義的學者，在其心態上更傾向於開明專制或獨裁專制的立場。

由此觀之，價值相對主義與寬容的精神較能夠相互結合。然而，如同以上所述，價值相對主義基本上為理論認識的問題，而寬容精神（即對他人不同的見解亦應予以尊重）屬於實踐上價值判斷的問題；兩者理論上並不具有必然的邏輯關聯。但若另行參考心理學之實踐研究，則可以肯定，要在結論上導出當為之價值判斷（即寬容精神），則最起碼須以價值相對主義為前提。

三、多數決的原理

馬優 (Henry Bertram Mayo, 1911–) 在《民主理論導論》(*An Introduction*

to Democratic Theory) ㉑ 一書中，分析民主主義的特徵；其結論簡述如下：

⑴人民對決策者有權力加以統制 (control)；此與憲法上所謂之「主權在民」相當。⑵政治平等的原理；即每一人在政治上一律平等，此相當於憲法第七條規定，例如公民投票，不問男女、貧富，皆是一人一票。⑶人民統制的有效性或實效性；人民有權利對政府加以統制，但此種統制是否能被有效的執行，亦很重要。例如人民對於政府官吏，可行使四種權利（選舉、罷免、創制、複決）以有效地對政府統制。⑷多數決的原理；此為實現民主政治不可缺乏的機制。上述幾個特徵，在先前已多少有介紹，唯多數決的原理則尚待進一步的釐清：

1. 多數決之意義

所謂多數決，須以三人以上之團體為前提。若有二人所構成之團體，固亦為團體，但於此團體，多數決很難被實行，除非全體一致，此亦無須運用多數決，故理論上須為三人以上之團體。

多數決原理之意義，係三人以上之團體，以多數者意思之合致，將之視為全體構成真意思之一致，且使其拘束其他不同之見解之構成員（即少數人）。今日，此原理已被廣泛地應用小至小學生的班會，大至法院之合議庭、聯合國大會，可謂係民主社會中被應用得最為廣泛的原理，亦可謂民主政治的特徵。

2. 多數決的理論根據

為何多數人的意思可以拘束少數人？多數人的意思是否一定正確？假定一般人的看法，只服膺於真理，則多數決之結果是否一定為真？如不真，則為何可拘束少數人？此為多數決理論依據的問題，涉及範圍甚廣，亦涉及少數民族自決權之問題、抵抗權等問題。據馬優之見解，一般人較易想到的理由或通俗的見解，有如下數種：

多數人的意見較少數人的意見為正當、較為接近真實，亞里斯多德即有此見解。可是，此說法站不住腳，因為多數人的意見未必為真，即意見

㉑　H. B. Mayo, *An Introduction to Democratic Theory*, New York: Oxford University Press, 1960.

的數量以及該意見所包含的真理沒有直接的關聯。例如,在哥白尼 (Nikolaus Kopernikus, 1473–1543) 提出地動說以前,大家都相信天動說,但天動說未必正確,故多數人的意見不一定真。

政治上仍然主張多數決的理由在於政治本身之特殊性質:政治上無所謂絕對公平的裁判者來下一最聰明的決定,且政治上非一定要等待聖君或聰明的裁判者出現,方可推行政治,故只好採取多數決原理。此說法以為政治本來即是如此。雖然如此就能夠說明部分有關多數決的事實,但仍未說明得很清楚。

以政治平等原則來說明,人人原則上被視為平等;當兩人有相異之二原則時,就無法判別孰優孰劣,故只好採取多數決的原理來決定之。雖然此說詞常被主張,但其對於多數決之合理性亦不能說明得很清楚。

自反面言之,少數人的意見如可超出多數人的意見,則會使政治走向獨裁專制;由於吾人不希望獨裁專制存在,反而希望社會的開放性能夠予以維持,故只好採取多數決原理,即民主政治。

另有人主張,在政治上運用多數決原理可以解決許多糾紛,即糾紛可迎刃而解。但此說詞亦缺乏理論依據,參與投票者在投票後未必即心平氣和接受投票的結果。可見,此見解仍未能使吾人認為多數決原理值得擁護,更無法說明,為何其應該成為憲政制度(即法律制度)之核心原則之一。

3. 學術上的見解

以下首先指出,由傳統自然法論之觀點如何說明多數決之原理,之後再解釋自然權理論、相對主義(尤其是凱爾生和賴特布魯赫兩人之見解)、現代經驗主義以及政治科學之有關論點。

(1)社會契約說

歷史上出現許多社會契約說,例如霍布斯、洛克、盧騷皆提出社會契約說的見解,特別是洛克於其《市民政府二論》(*Two Treaties of Civil Government*)[22] 一書中,把多數決的原理視為社會契約的一部分來解釋。其謂當

---

[22] J. Locke, *Two Treaties of Civil Groverment*, London: J. M. Dent & Sons, 1924 (repr.).

人們同意成立一共同體 (community) 或政府 (government)，即因而形成一政治團體，並且在此同意中，立下約定，謂於此團體中，多數人有權作成命令，且此命令可拘束其他少數人，此論點就將多數決原理視為社會契約的條款來加以了解，以為多數決原理為人民主權理論必然的歸結。

社會契約說往往把政府發展的過程分為自然狀態及政治社會二階段來加以解釋。首先，人們在自然狀態中，可為所欲為，不受他人之拘束，此涉及人性之探討，霍布斯以為人性是自私自利的，在自然狀態中，人是非常貪得無饜的，故自然狀態的社會非常混亂，成為萬人相互爭奪之狀態，使得人人無法獲得和平幸福的生活。因此，霍氏主張，人的理性乃告知人們須捐出其於自然狀態中所享有的自由權利。依據霍布斯的觀點，此種捐出係一種毫無保留的捐出，使契約以外的第三人或統治者來行使相關權利，而已失去其自由的群體約定共同服從該第三人或統治者之命令。可見，在霍布斯而言，政府是相當有權威的。

洛克則認為人仍有社會性的一面，不須把所有權利皆交出來，並且主權仍保留在人民的手中，人民只須把一部分的權利交由政府來行使；因此，當政府違背契約時，人民可更新之、推翻之。洛氏之論點指出，政府成立、契約訂立時，該契約中已包含有多數決原理之條款。雖然洛克的理論或可一貫，但由歷史事實觀之，仍顯得缺乏實證。

⑵自然權的理論

依據自然權的理論，多數決被視為政治平等的原理來歸結。具體言之，自然法論常把政治平等看作自然權（天賦人權），以為人生而平等，既把人看作是倫理上平等的，因而於政治上亦是平等的，因此將該平等權列為一自然權。基於此，自然法論者又山政治平等的基礎導引出多數決原理來加以解決人與人之間之糾紛。換言之，因政治上各人的意見是平等的，所以必須平等加以尊重；唯一能夠給予各人意見其應有的尊嚴，乃係多數決原理。因各人的見解既為平等，故多數人的票優先於少數人。此說詞有一基本缺陷，即其缺乏實質生活中之依據。

⑶相對主義的理論

A. 漢斯‧凱爾生 (Hans Kelsen) 有關相對主義之論點

凱爾生曾於其〈政治與政治學上相對主義及絕對主義〉一文中指出，形而上學的絕對主義傾向於絕對制或獨裁制的政治形態，反之批判主義之相對主義的立場，則傾向於民主制度。為了說明其觀點，凱氏曾列舉絕對主義之學者，並且例如以黑格爾之相關學說為例來說明上述論點。依此，黑格爾不但為絕對精神的哲學家，即主張絕對精神存在，且於政治哲學方面，傾向於擁護絕對王朝、絕對君主等政治制度。依黑格爾的體系，假設相信絕對者存在，尤其是絕對的善存在，則為此種絕對善而舉行投票，則會是一件無意義的事；因此，主張多數者的決定拘束少數人，會同樣變成毫無意義。換言之，因絕對的善、價值、真理既可為吾人直接加以認識，則不須經由多數決原理來決定之。

反之，一旦認為絕對真理及絕對價值為人類認識所不可企及者，則勢必承認不但自己的意見是可能的，且與自己意見相異的意見亦是可能的。凱氏因此主張，相對主義為構成民主主義之前提的世界觀。民主主義對於一切政治信仰、政治意見皆平等予以尊重，對於個人之政治思想皆予以平等的評價，故民主主義對於一切不同的政治信念皆平等地賦與表達之可能性，或以自由競爭的方法來爭取別人贊同的可能性。

依據上述凱爾生之觀點，現世的智慧，非訴諸於神靈，反而依賴現實有限的智慧，即依賴人類之認知來決定社會目的。因此，實現社會目的之唯一可能的方法，即訴諸多數決。此乃實現社會目的不可或缺的強制秩序。因實現社會目的，必須有強制手段，使拘束因強制秩序而享有利益之多數人，其手段須以多數決的原理為之；除此之外，別無正當方法可以達成。顯然，此學說不相信上帝的意志及上帝的智慧具有絕對之權威存在，同樣也徹底地放棄自然法論者由此所衍繹之諸論點：「絕對價值是可知的，自該絕對價值可經由演繹而得出自然權，並且建構人類社會應遵守之原理原則」等等。依據凱爾生之觀點，這一切是非科學的信仰，因此不應該成為現代社會及國家之理論基礎。

B. 古斯塔夫‧賴特布魯赫 (Gustav Radbruch) 有關相對主義之論點

　　賴特布魯赫於《法律哲學》(*Philosophie des Rechts*) 一書中，曾多次提及相對主義與民主主義間之理論關係的問題；除該文之外，特別是其於1934 年在法國發表之〈法律哲學上的價值相對主義〉一文中**㉓**，亦曾提及何為相對主義。如上文所述，賴氏以為相對主義是主張，政治上、社會上所謂真理乃係各種不同信念；理由在於相關信念之內容不可能以科學方法予以認知或驗證。因此，各個信念應受到平等的待遇；換言之，各種各樣的價值被看成具有平等之價值。此不外乎等於平等地對待每一個人。賴氏由此進一步導出價值相對主義主張政治上之平等，且由政治上之平等歸結到，多數決原理為民主主義國家所不可缺乏者，多數決的體制即民主體制。因此，賴氏主張相對主義即要求民主國家和民主主義。

　　由上所述可得而知，凱爾生和賴特布魯赫皆主張，價值相對主義與民主主義最能夠密切地結合；兩者基於此主張，相對主義須多數決原理來加以配合。除此之外，賴特布魯赫另行主張，此立場與方法二元論係密切相關。

　　惟何為二元論？賴特布魯赫於《法律哲學》一書中曾解釋，當為命題(Sollensatz) 的妥當性，只可以經由其他的當為命提來證明，但不可能透過事實來證明。因此，終極的、在邏輯推理過程中最後一個當為命題是不可能證明的，反而在其基本性質相當於一般所謂的公理，即不能加以認識，只能加以確信。此多少是一個信仰的問題。因此，若數個有關終極之當為命題或主張相互對立，則其中所對立之不同價值觀或世界觀，其間之對立無法以科學之方法加以解決。此為賴氏概念體系中之二元論立場。如此觀之，二元論事實上為價值相對主義之前提。

　　國家生活中須為各種政治上的決斷與決策，每一種決斷皆包含價值判斷，政策的妥當與否或價值判斷的妥當與否，須要依據某種終極之價值來完成，方可相對地加以判斷。然而，該終極之價值不可能經由科學之方法被認定為是一種絕對客觀的價值。由於一切的價值判斷多少具有相對成分在內，所以國家之決策不得自認為是以絕對客觀之價值理念決定吾人之事，

㉓　G. Radbruch, "Le relativisme dans la philosophie de droit", in: *ARSP*, 1934.

理由在於決策者一方面無法認知真正絕對客觀之價值理念，他方面國家政策又不得不馬上處理。為了解決此一困難，只好訴諸多數決原理。因此，相對主義傾向多數決原理是自然而然的事情。

此學說過去常遭遇到批評，以為上述論點並不充實；具體言之，有學者批評相對主義如果不是根本否認正義之客觀性，就是對正義之客觀性抱持著一種懷疑的態度，所以將可能會陷入將一切糾紛由各個人以實力加以決定之陷阱。例如凱爾生的純粹法學，有學者主張其僅構成另一種實力決定論，以為規範的妥當性只可根據上一層次的規範來說明，至於最高一層次的規範，對凱爾生而言，將之當作一種假設。有人批評此點，以為更高一層次之規範為何具有妥當性，其最後唯一可能的答案，即是以實力來決定一切。故此就有學者進一步推斷，相對主義無法認知客觀之正義或絕對之價值；然而，若必須確實給一切價值判斷一種寬容、平等地對待，則此種態度易導致以實力來決定一切之結論。尤其在政治上，此種批評極甚。例如議會多數決的結果是否立於正確的一方，還是僅構成一種「力」和「利」的結合？如果法學無法提出一客觀價值或客觀正義之概念成為相關問題之標準，則終究要向力與利低頭。據此見解，相對主義無法針對實力提出一公平、理性的價值，就無法運用理論依據來加以對抗之。

面對上述之批評，相對主義強調多數決原理之應用，使得決策結果合乎多數決原理，但未必可保障其即為正確的結果。在此情況下，相對主義者仍然主張多數決可拘束少數人，其理由為何？由相對主義之基本立場難以說明此問題：一事之正與不正的判斷，未必能夠以計量方法或以多數決予以決定。故此，僅由相對主義來說明多數決原理確實有所不足，所以下文另行提出其他觀點來加以補強。

⑷經驗主義有關多數決的立場

經驗主義論者多半支持民主主義；以下引述部分經驗主義論者對民主主義及多數決原理之說明。

彌勒於其《論自由》(*On Liberty*) 一書❷中提到，人類的理性之所以值

---

❷　彌勒 (J. S. Mill)，程崇華譯，《論自由》(*On Liberty*)，臺北市：唐山西潮文庫，民

得信賴，非因其不犯錯誤，反而係因錯誤犯了之後，仍可根據理性合理之討論及經驗事實的觀察來改正之。基於同樣對於人類理性行為之信念，彌勒認為民主主義之所以值得信賴，就是因為多數決的原理不斷地使過去所犯的錯誤加以改正。依此，民主主義即可透過多數決原理的運用，由依「數量」來決定的政治，逐漸趨近於「理性」的政治；換言之，多數決可以經由量的運作而達到質方面的提升。民主主義之可貴，特別是在其多數決的方法之具有開放性、彈性、自動匡正的作用，使其可改正過去的錯誤，而逐漸趨近正確的結果。

　　上述說明，事實上為嘗試錯誤 (trial and error) 方法，是為經驗主義最主要的方法，以為人學習的過程事實上為嘗試錯誤的過程。根據過去的經驗，特別是失敗的經驗、教訓，以改正其錯誤，並避免之；錯誤愈少，則愈趨近於正確；雖無法一下子達到唯一正確的結果，但會使錯誤盡量減少，並避免之，所謂「經一事，長一智」。多數決的原理亦同，此次投票的結果有錯誤，則下次投票時即會避免，使得下次投票的結果比上次更趨近於正確。

　　經驗主義的認識論，雖不能終局地證明多數決的結果是正確的（此與其二元論的立場有關，正確與否是價值判斷的問題，經驗事實的驗證為事實，由事實不可導出價值判斷），但卻相信經過嘗試錯誤的過程，即多數決原理之運用，會使其結果逐漸趨近於正確。

　　依此觀點，雖然多數決之結果未必是正確的，但上述論點仍然可為多數決提供一項理論上之根據來說明，為何多數決的結果可以拘束少數人。因此，若要提供一項為何要採取及擁護民主主義的理論依據，則經驗主義的說法不失為一較具說服力的說法。因多數決原理具有開放性、自動匡正的性質，透過多數決原理，可改正過去的錯誤，使結果趨近於正確。

⑸政治科學對多數決原理之統合功能的理論說明

　　既然民主主義為近代政治科學中之重要議題之一，相關學者當然亦從理論架構以及概念上提出創新的見解。在此僅集中於政治科學對於多數決原理之統合功能的理論。依此學說的見解，所謂多數決原理在社會上所發

國 75 年 8 月初版。

揮的功能，主要在於簡化互相抗爭、對立之複雜利害關係，使多數與少數之狀態加以統合。此效應對公共政策之形成有許多方便之處，即有助於多數決於政治上運用之技巧。多數決原理可理解為形成公共政策的基本原理，為政治上之技巧；依此，政治上的各種決定應要化成是或否 ("yes" or "no") 的形式讓人民來作成決定。這樣一來，政治即成為一件易事，且此方法的使用，另有一政治上緩和反抗的作用。多數決原理一方面使得社會上居於少數利益之人能參與政策之決定，因為其可以參與投票，所以通常緩和其對公共政策抵制的心理。由於下次再投票時，之前的少數可能變成多數，所以人民對於未來之政治決策有所期待。雖然個別的參與者對於當時的公共政策有所不滿，但仍可將自己之希望投射於未來選舉之期待；因此，少數不會產生嚴重抵抗之心理，多數決原理已緩和之，且使得社會上較複雜的利害關係盡可能以最少摩擦的方式來解決。

由經驗主義立場觀之，多數決原理之適用，可使結果更加趨近於正確，此雖屬經驗主義的認識論，但與相對主義及二元論等立場並無所牴觸。經驗主義以為透過嘗試錯誤的過程中，可使得下次多數決的結果避免上次多數決結果所形成之錯誤。當然，由於無法絕對地認定其確實會減少錯誤；因此，其結果未必比之前的結果更正確，但至少理論上有此可能。多數決的結果多半為政治上對於實踐問題（即政策）之決定，但政策之決定本身即為一價值判斷，無法根據經驗事實得以驗證或經由科學方法來認定其優劣；因此，無法說明何種政策之抉擇才屬正確；此係二元論的立場。實踐的政策問題，非屬科學認知問題，而係屬歸因問題或價值判斷選擇之取捨問題；二元論於此點仍有不易說明之處。

價值相對主義以為政策的決定為價值判斷，分析起來，仍可分為兩部分，一為經驗事實的部分，一為純屬價值判斷的問題（態度問題）。政策的決定以及價值判斷兩者事實上皆涉及到許多經驗事實的問題。雖然如此，政治上的決策仍包含事實因素，此部分若有錯誤，則可透過經驗事實的觀察來改正。決策中有關事實之認定錯誤，往往是根據過去錯誤的訊息 (information) 而來，故此可以經由錯誤訊息之更正來修正及增進之。如對於事實

的部分透過嘗試錯誤的過程，逐漸改正事實認知的錯誤，即加強對事實的認識，則投票的結果會更趨近於正確。對於事實認識的增進，投票行為自然有幫助。謂使多數決的結果更趨近於正確，其主要即係根據此點來提高價值判斷之客觀成分。經驗主義上述見解頗有見地，縱否認多數人之意見較少數人為正確之說法，而在承認多數人之意見不一定較少數人意見更正確的前提下，對於多數決原理要提出一更令人信賴的理由，主要仍在經驗主義之上述說明，即以多數決原理有自動匡正的作用為主要論點。

　　總而言之，現代經驗主義與民主主義的基本原理，一為寬容的精神，一為多數決的原理，但多數決原理之理論依據又何在？一般謂多數決原理運用之結果，未必是正確的；其所以可拘束少數人之理論依據，在自然主義的說法缺乏實證。雖然相對主義理論上要求以多數決原理來解決社會中之糾紛，但其仍然無法說明，多數決的原理之結果未必真，但仍可拘束少數人。針對這一點，現代經驗主義的說法或可彌補相對主義之不足，以為人的理性之所以值得信賴，非因其不犯錯誤，反而因其可憑藉理性來糾正先前的錯誤；依此，多數決原理之所以值得信賴，非因其結果一定真，反而因其可透過多數決的方法來糾正錯誤，使其更加趨近於正確之抉擇。其次，因多數決具有開放性、流動性、自動匡正的作用，因多數決中之少數下次有成為多數的可能性，所以可能改正過去的錯誤。恰好此點又產生多數決具有統合功能的理論；此雖與經驗主義的說法不同，但亦係立於經驗主義之基礎上，以為政治上可運用多數決的原理，使複雜的利害關係簡化為單純之方式（即「是」或「否」(yes or no)）來解決，可緩和少數人對多數決之結果的反抗心理。

四、多數決的前提要件

　　由上所述可得知，多數決原理最大的長處在於其自動匡正的作用，即可將過去的錯誤，透過多數決原理之運用予以改正，至於如何使其維持自動匡正的作用，則須滿足下列要件：

1.言論自由之保障

不但多數人有言論自由，更重要的在於少數人的言論自由亦須加以保障，特別是少數人對於多數決的結果須有表達意見之空間，要不然多數決之機制失去其開放性，且難以期待將來之選擇更趨近於合理妥當之方案。因此，尤其政治上之當權者必須容許少數意見者參與討論、享有批判自由；此不僅為促進理論及學術進步之原動力，在憲政體制之發展上亦為合理發展之根本條件。

2. 多數決之前提要件

若舉行多數決的團體規模較大，則參加多數決者往往是該團體之次團體或集團；這些集團必須具有內部之同質性，即構成相關集團之每一位成員對於多數決之結果利害與共，且該結果與大家之利益是息息相關的。多數決最主要的目的在決定公共政策，透過多數決所作成之公共政策中必含有滿足集團成員之利益之因素在內。換言之，表決之結果與個人有利害關係存在，否則投票行為就不會很慎重，甚至將導致投票率過低，使整個多數決的代表性及正當性遭到質疑。故此，多數決要決定之議題必須使每個人與多數決之結果、公共政策之形成等有利害關係，且對於公共政策之形成，可能有意見的分化。如眾人共同一致，則形式上或雖須以多數決之方式行之，但實際上則不須借助之。因此，唯在眾人之意見分化時，舉行多數決，方有其存在的意義。

社會中參與多數決之集團的同質性非僅程度問題，亦涉及實質問題；若一個多數決的結果對於某部分人而言，完全無利害關係，或雖有利害關係，但其永遠是少數派，則無法為多數決。例如現有一議題，大家表決「一女人要否下廚房」，如表決的人男多於女，則不能舉行投票，應否下廚房之議題與女子具利害相關，對於男人則無關痛癢；於此情況下，不能作成多數決。

若某集團永遠是少數派，或涉及少數人利益的問題，特別是少數民族自決的問題，則相關少數團體應受到多數決中之例外保障。多數人不能就此問題替少數人作決定。因此，決定少數民族之命運時，其自決權已被當作政治原理來加以承認，此為 1918 年美總統威爾遜 (Woodrow Wilson,

1856–1924) 所提出。❷如少數派無法變成多數派，則永遠無法勝訴，多數決原理之自動匡正的作用即不能發揮，於此情況下，多數人不能替少數人作決定。

其次，純屬個人事務問題，例如個人之行動自由，其他人亦不可以經由多數決來壓迫之，替個人作出決定。多數決，若無此前提要件之限制，則會流於「以眾暴寡」的形態。例如中小學教師減稅的問題，其非屬個人事務的問題，其少繳稅即等於其他人要多繳稅，對此問題大家多少是利害與共的，非毫不相干。於此，何時由少數人自己來決定，何時由多數人替其決定，界線頗難劃分。例如巴勒斯坦問題，理論上應由其自己作決定，但實際上卻是由國際上列強共同同意來操縱其命運；可見理論與實際間仍有差距，政治現實通常多少違背理想狀態。

3. 政黨政治

多數決及民主政治，一般而言係以政黨政治為基礎。政黨政治可將政治上許多複雜的利害關係以及不同意見化成多數對少數的形態予以提出，政黨的作用乃在促進有關特定議題之見解分化成易於決定之對立訴求。因此，政黨在一般議題皆偏向某方向的見解，並且在牽涉到利害關係較大的

❷ 第一次世界大戰後，戰勝國於巴黎近郊之凡爾賽 (Versailles) 與戰敗國共同開會，表面上要談和，但事實上係部分戰勝國怕德、奧等國僅暫時息戰，因此想將相關國家之勢力減少；為此，打擊戰敗國之議題主要有二：一為相關國家之國體的局部分解，二為經濟上之制裁與控管。然而，分解各個戰敗國之國體時應遵循何種原則，戰勝國各有所主張；其中美國總統在戰爭結束之前已要求將徹底地貫徹民主制度，使各個戰敗國以及其所包含的民族得以自行決定其相關命運，包括自身的邊界問題（即以民族自決確定政治上之分界）。針對這點，法、英、義、羅、塞等國當年都有意見，使大部分的邊界後續長期引起國與國之間的爭議；尤其東歐諸國（包括巴爾幹半島）經常以違背民族自決的方式確認自身之國體。當年所錯過的機會，使這些東歐國家之後長期不安，多次引起少數民族逃離家園。其影響所及在南斯拉夫解體時才重新爆發出來。因其他戰勝國非真正接受美國總統有關少數民族自決之訴求，所以早先預見未來衝突之美國總統威爾遜在當年之會議尚未開完前已離開了巴黎。至於民族自決究竟有無包括有關主權之主張，國際法之學說迄今仍有所分歧。

議題時，將相關解決方案提高至政綱的層次來加以主張，使人民易予抉擇。

4. 以知識為多數決之前提

舉行多數決之前，須透過實質的討論。其理由在於，唯經過實質討論，方可使爭點趨於明朗，使各人清楚地知道為何投票時要贊同某特定見解。否則，參與投票者無從認定符合自身利益之方案為何；這樣一來，多數決反而流於一種盲目的表決。

5. 多數決的限制（界限），或謂何時不可舉行多數決？

純屬理論認識的問題，不適合以多數決予以決定。多數決主要在呈顯眾人對某一問題的態度如何，即屬於價值判斷。理論認識的問題，原本屬真偽的問題，因此不適合多數決。例如，若一旦經由投票來決定，是否贊成天動說或地動說，則其投票結果可能為天動說，但此事實上與真實相違背。可見，因多數決的結果未必為真，所以真實與否的問題不適合多數決；價值判斷的問題才適合多數決。

多數決的第二種限制在於多數決之基礎：不可運用多數決的方法來推翻多數決的原理（特別是在政治上）。例如三〇年代，德國之帝國議會 (Reichstag) 在希特勒及納粹黨執政之下以（相對）多數決的原理來推翻多數決的原理。❷❻多數決本來係奉獻於民主政治之理念，但透過希特勒之運用，反為專制獨裁的納粹政黨提供一合法依據。德國威瑪憲法基本上亦屬民主政治之體制，即強調議會政治，至 1929 年，德國經濟恐慌，勞工大批失業，加以戰後民生困苦，希特勒解決之途徑係將社會之內在衝突大量減少，例如部分取消企業所有人之營業自由，同時在納粹黨之手下合併所有勞工團體（如工會、職業組織等），並且以政治壓力逼迫勞資雙方各自讓步，使得

---

❷❻ 在此仍要注意，納粹黨雖然合法組閣，但其實僅構成少數政府，即在議會中僅擁有三分之一的席次。因此，納粹黨的政治領袖當年很害怕，若其他政黨一旦整合，就無法繼續掌權。為了避免將來失權，納粹黨提出授權法案，並且在全副武裝之警察的監督下於議會中對該法案舉行投票；當時參與投票者皆明知，反對該法案對於自己以及自己所參與之政黨會帶來政治迫害，所以除了早已面對被犯罪化的社民黨以外，非但都不敢反對此法案，反而更加同意之。可見，納粹執政者在合法組閣之後，利用假多數決——即非法手段——來廢除威瑪的民主體制。

失業者可以經由廉價勞力得到就業。由於德國之失業率當年已超過三成，所以創造了納粹黨在原本傾向於左派政黨之勞工群眾中贏得廣大支持的條件，並且於 1930 年代初期成為德國最大政黨；希特勒既獲得執政之權力及地位，即刻意整經建武。在此強勢執政作風之下，大部分其他政黨即使不願意也無能力阻撓納粹黨的政策，使得 1933 年之國會一面倒通過「總統授權法案」(Ermächtigungsgesetz)，授權總統可不經國會之議決，直接發布命令來解決問題。希特勒據此廣泛的授權法案，除了解散國會以外，也頒布了許多慘無人道的法案。是故，希特勒是以合法的方式來達到其專制獨裁的目的。此憲政制度的自我否定與體制轉變導致不少德國的法學者後來怪罪相對主義，以為相對主義經由一種過於寬容的心態給予納粹如此顛覆民主體制之機會。戰後，德國納粹政權之歷史經驗使得民主理論得以發展，並反省如何避免如此之制度的內在矛盾。原則上，民主主義之多數決必須避免一切自毀性的內在矛盾，故不可運用多數決的方法來禁制多數決的原理；例如，議會所代表的本身就是一種多數決，所以不可透過多數決來解散之。此原理在過去幾十年運用得至為廣泛。

就專制獨裁制度與多數決民主制度而言，前者固亦得為自行糾正錯誤，但由其心態上而言，其較不易改錯，甚至會一錯到底；而後者此顧慮就較少，須經過實質的討論，容許自動匡正的作用。多數決原理作為一個政治制度，最後仍屬個人價值判斷立場選擇的問題，如相信民主政治多數決為值得擁護之制度，非言多數決有何了不起之處，只問其有何理由可支持之。

同質性、有無利害關係，或者究竟是多數人之事務或為少數人之事務，其界線並不甚清楚，須依個案來決定。依據一般意見之歸納，此問題應由多數決的結果加以認定，即公共政策之形成是否僅影響個人之利害關係。若該結果之影響範圍超過個人利害關係之範疇，則可參加多數決，至少大家有利害與共的存在；若大家利害關係完全不相涉，則不可參加多數決；但由於利益互相交相錯，有時的確很難劃分。

民主自決，謂一民族可自由決定其生活方式，但此決定權是否包括有關主權之主張，乃有爭議。否定自決權包括主權之選擇者主張，該問題與

大多數人之利害直接相關，因此已超出自決權問題，至於民主自決與主權問題間的界限何在，否定說難以劃分，因此認為須依個案來決定。民族自決與國家一體，視於何種情況言之，民族自決係以一民族成立國家為前提，認係屬民族內部的問題。例如生活方式如何，此須尊重之；如涉及領土主權的問題，則會干涉之。例如巴基斯坦之問題，其與以色列之猶太民族不同，與埃及、約旦和敘利亞等國之阿拉伯民族亦不同；現若由以、埃等國來決定其命運，事實上等於侵害其民族自決權；但從政治觀點而言，巴勒斯坦想要在原屬以、埃、約等國之土地上單獨成立一國家，則此問題已超出單純民族自決的範圍。❷❼由於涉及領土問題，與以、埃、約有利害關係。可見，雖上述問題不必然構成衝突，但由歷史實踐觀之，此問題無法由學界經由理論探討予以解決，畢竟理想與政治現實往往不相一致。

---

❷❼ 雖然如此，但自以巴雙方的代表於 1993 年簽署奧斯陸協議以來，巴人已逐漸建立一獨立的國家政權，巴人也局部贊同與以色列正式談和。在此同時也可以看見，雙方皆有人不想讓步或對和平能否落實早已絕望，所以採取暴力行動；該暴力行動時常使得旁觀者以為，暴力以及反暴力早已形成一個永不止息的、十分鞏固的恐怖循環。然而，近幾年的和平方案都設想，經過巴人民主制度之建立以及透過雙方的相互尊重而創造以巴和平的基礎。

參考書目

㈠中、日文

巴柏著，李豐斌譯，《歷史定論主義的窮困》，臺北市：聯經，民國 70 年。

碧海純一著，《法哲學概論》，昭和 52 年 3 月 20 日全訂，第 1 版，第 8 刷。

碧海純一著，《法哲學概論》，弘文堂，平成元年。

柴田光藏著，《法基礎知識》，昭和 52 年。

高柳賢三著，《英米法講義》，第 1 卷，1956 年。

洪鎌德著，《社會科學與現代社會》，臺北市：牧童，1976 年。

洪鎌德編著，《從韋伯看馬克思：現代兩大思想家的對壘》，臺北市：揚智文化，
　　　1999 年。

胡適著，《中國古代哲學史》，遠流出版社，1994 年。

田中耕太郎著，《法律學概論》，1953 年。

田中耕太郎譯，《法哲學》，1961 年。

團藤重光著，《刑法綱要總論》，1957 年，1972 年改訂版。

韋伯著，黃振華、張與健譯，《社會科學方法論》，臺北市：時報文化，1991 年。

楊日然著，〈從先秦禮法思想的變遷看荀子禮法思想的特色及其歷史意義〉，《社
　　　會科學論叢》，第 23 輯，1975 年。

陳顯武、葛祥林著，〈法價值論中之超人個主義〉，《國立臺灣大學法學論叢》，
　　　第 32 卷第 2 冊，頁 1—26。

㈡西文

Brecht, A., *Political Theory*, New Jersey: Princeton University Press, 1959.

Canaris, C. W., *Die Feststellung von Lücken im Gesetz*, 2. Aufl., Berlin: Duncker &
　　　Humblot, 1983.

Cassirer, E., *The Philosophy of Symbolic Forms*, New Haven: Yale University Press, 1957.

An Essay on Man, New Haven: Yale University Press, 1944, 中譯本，《人論》，臺北：結構群，1991 年。

Cornforth, M., *The Open Philosophy and the Open Socuity. A Reply to Dr. Karl Popper's refutations of Marxism*, New York: International Publishers, 1968.

Darwin, C., *On the Origin of Species*, Cambridge/Mass.: Harvard University Press, 1964 (orig. London: John Murray, 1859).

Dubislav, W., *Die Definition*, 3. Aufl., Leipzig: Meiner, 1931.

Ehrlich, E., *Freie Rechtsfindung und freie Rechtswissenschaft*, Leipzig: C. L. Hirschfeld, 1903.

Grundlegung der Soziologie des Rechts, München, Leipzig: Duncker & Humblot, 1913.

Juristische Logik, Tübingen: J. C. B. Mohr, 1918 (2. Aufl., 1925, Neudr. Aalen: Scientia, 1966).

Feyerabend, P., *Wider den Methodenzwang*, Frankfurt/M.: Suhrkamp, 1986.

Frank, J., *Law and Modern Mind*, New York: Doubleday, 1930.

Friedmann, W., *Legal Theory*, New York: Columbia University Press, 5th ed., 1967.

Geiger, Th., *Vorstudien zu einer Soziologie des Rechts*, Neuwied a. Rh.: Luchterhand, 1964.

Gény, F., *Méthodes d'interprétation et sources du droit privé positif*, Paris: F. Pichon et Durand-Auzias, 1899.

Science et technique en droit privé positif, Paris: L. Tenin, 1915–1924.

Haines, C. G., *The Revial of Natural Law Concepts*, Cambridge/Mass.: Harvard University Press, 1930.

Hall, J., *Living Law of Democratic Society*, Littleton/Col.: F. B. Rothman, 1949.

Hart, H. L. A., *The Concept of Law*, Oxford: Clarendon Press, 1961.

Hassemer, W., "Richtiges Recht durch richtiges Sprechen? Zum Analogieverbot im

Strafrecht", in: G. Grewendorf (Hrsg.), *Rechtskultur als Sprachkultur*, Frankfurt/M.: Suhrkamp, 1992, S. 71–92.

Hayek, F. A., *The Road to Serfdom*, Chicago: University of Chicago Press, 1958.

Heck, Ph., Gesetzesauslegung und Interessenjurisprudenz (1914), in: Dubischar, R., *Das Problem der Rechtsgewinnung*, Bad Homburg: Gehlen, 1968, Anhang.

Hegel, G. W. F., *Grundlinien der Philosophie des Rechts* (orig., 1822), Frankfurt/M: Ullstein, 1972.

Holmes, O. W., The Path of Law, in: Holmes (ed.), *Collected Legal Papers*, New York: Harcourt Brace, 1921.

Natural Law, in: Holmes (ed.), *Collected Legal Papers*, New York: Harcourt Brace, 1921.

Ideals and Doubts, in: Holmes (ed.), *Collected Legal Papers*, New York: Harcourt Brace, 1921.

The Common Law, Boston: Little, Brown & Co., 1881.

Jackson, B. S., Narrative and Legal Discourse, in: Cristopher Nash (ed.), *Narrative in Culture*, London, New York: Routledge, 1990, pp. 23–50.

Jhering, R. von, *Der Geist des heutigen römischen Rechts*, Leipzig: Breitkopf & Härtel, 1852–1865.

Der Zweck im Recht, Breitkopf & Härtel, 1877.

Scherz und Ernst in der Jurisprudenz, Breitkopf & Härtel, 1884.

Der Kampf um die Rechtswissenschaft, 不明.

Der Kampf ums Recht, Wien: Maunz, 1872.

Kantorowicz, H., *Rechtswissenschaft und Soziologie* (orig., 1911), Freiburg: C. F. Müller, 1962 (Neuaufl.).

Kaufmann, A., *Gedanken zur Überwindung des rechtsphilosophischen Relativismus*, 不明, 1960.

Kelsen, H., *Allgemeine Staatslehre*, Berlin: J. Springer, 1925.

Von Wesen und Wert der Demokratie, Tübingen: J. C. B. Mohr, 1929.

Society and Nature. A Sociological Inquiry, Chicago, The University of Chicago Press, 1943.

Foundation of Democracy, 1955.

What Is Justice?, Berkeley: University of California Press, 1957.

Pure Theory of Law, Berkeley: University of California Press, 1967.

Kirchmann, J., *Die Wertlosigkeit der Jurisprudenz als Wissenschaft*, Berlin: Springer, 1848 (Nachdr. Freiburg/Br., Berlin: Haufe, 1990).

Klug, U., *Juristische Logik*, Berlin: Springer, 1966.

Rechtslücke und Rechtsgeltung, 不明.

Kohler, J., *Allgemeine Rechtsgeschichte,* 1. Hälfte, Leipzig, Berlin: B. G. Teubner, 1914.

Landsberg, E., *Geschichte der deutschen Rechtswissenschaft*, Dritte Abt., 2. Halbb., München, Berlin: Oldenbourg, 1910.

Larenz, K., *Methodenlehre der Rechtswissenschaft*, Berlin: Springer, 1. Aufl., 1960.

Methodenlehre der Rechtswissenschaft, Berlin: Springer, 3. Aufl., 1975.

Methodenlehre der Rechtswissenschaft, Berlin: Springer, 5. Aufl., 1983.

Methodenlehre der Rechtswissenschaft, Berlin: Springer, 6. Aufl., 1991.

Richtiges Recht—Grundzüge einer Rechtsethik, München: C. H. Beck, 1979.

Locke, J., *Two Treaties of Civil Government*, London: J. M. Dent, 1924 (repr.).

Luhmann, N., Rechtstheorie im interdisziplinären Zusammenhang, in: *Ausdifferenzierung des Rechts*, Frankfurt/M.: Suhrkamp, 1981, S. 191–240.

Maine, H., *Ancient Law* (orig., 1861), London: J. M. Dent & Sons, 1927.

Mannheim, K., *Freedom, Power and Democratic Planning*, New York: Oxford University Press, 1950.

Systematic Sociology, London: Routledge & Kegan Paul, 1957.

Marx, K., *A contribution to the Critique of Political Economy* (Zur Kritik der politischen Ökonomie, orig., 1859), Dobb, M. (trans.), New York: International Publishers, 1970.

Marx, K. and Engels, F., *Selected Correspondence, 1846–1895*, Torr, D. (trans.), Westport/Conn.: Greenwood Press, 1975.

Mayo, H. B., *An Introduction to Democratic Theory*, New York: Oxford University Press, 1960.

Mill, J. S., *On Liberty,* Girard/Kansas: Haldeman-Julius Co., 1859.

Moore, G. E., *Principia Ethica*, Cambridge: University Press, 1903.

Ogden, C. K. and Richards, I. A., *The Meaning of Meaning*, New York: Harcourt, Brace & World, 1923.

Olivecrona, K., *Law as Fact*, Copenhagen: E. Munksgaard, 1939.

Parsons, T. and Shils, E. A. (eds.), *Toward a General Theory of Social Action*, Cambridge/Mass.: Harvard University Press, 1954.

Popper, K., *Political Theory*, 不明, 1959.

    The Poverty of Historicism, Boston: The Beacon Press, 1957.

    Conjectures and Refutations, New York: Basic Books, 1962.

Pound, R., *Interpretations of Legal History*, Cambridge: Cambridge University Press, 1930.

    An Introduction to the Philosophy of Law, New Haven: Yale University Press, 1955.

    The Call for a Realist Jurisprudence. *44 Harvard L. R.* 697 (1931).

    Mechanical Jurisprudence. *8 Columbia Law Review* 605; also in: R. D. Henson, *Landmarks of Law*, Boston: Beacon Press, 1960, pp. 101–116.

Puchta, G. F., *Pandekten* （orig. *Geschichte des Rechts bei dem römischen Volk mit einer Einleitung in die Rechtswissenschaft und Geschichte des römischen Civilprocesses*）, Leipzig: Breitkopf & Härtel, 1893.

Radbruch, G., *Gesetzliches Unrecht und übergesetzliches Recht*, 不明.

    Le relativisme dans la philosophie de droit. *ARSP* (1934), p. 不明.

Ross, A., *Social Control: A Survey of the Foundations of Order*, Cleveland, London: Case Western Reserve University Press, 1969.

Roucek, J. S. (ed.), *Social Control*, New York: D. Van Nostrand Company, 1956.

Rousseau, J. J., *Le contrat social* (orig. Amsterdam: Rey, 1762), Paris: Editions Garnier Freres, 1962 (repr.).

Savigny, F. C. von, *Vom Beruf unserer Zeit für Gesetzgebung und Rechtswissenschaft*, Heidelberg: Mohr & Zimmer, 1814.

System des heutigen Römischen Rechts, 8 (9) Bde., 1840–1851.

Sigwart, Ch., *Logik*, Tübingen: Paul Siebeck, 1924.

Sinncy, T. S., *Social Science and Social Purpose*, 不明, 1969.

Spencer, H., *Social Statics*, New York: D. Appleton & Co., 1892.

Stammler, R., *Wirtschaft und Recht nach der materialistischen Geschichtsauffassung*, Leipzig: Veit, 1896.

Die Lehre von dem richtigen Rechte, Berlin: J. Guttentag, 1902.

Über die Methode der geschichtlichen Rechtstheorie, in: Stammler, Rudolf, *Rechtsphilosophische Abhandlungen und Vorträge*, Bd. I, Charlottenburg: Pan Verlag R. Heise, 1925, S. 1–40.

Stern, J., *Thibaut und Savigny*, Berlin: Franz Vahlen, 1914.

Stevenson, Ch. L., *Ethics and Language*, New Haven: Yale University Press, 1944.

Facts and Values. Studies in Ethical Analysis, New Haven: Yale University Press, 1967.

Stone, J., *The Province and Function of Law: Law as Logic, Justice, and Social Control, a Study in Jurisprudence*, Cambridge/Mass.: Harvard University Press, 1950 (Buffalo/N.Y.: W. S. Hein, 1973).

Social Dimensions of Law and Justice, Sydney: Maitland Publications, 1966.

Stammler, R., Über die Methode der geschichtlichen Rechtsphilosophie (1888), in: Stammler, R., *Philosophische Abhandlungen und Vorträge*, Bd. I, Charlottenburg: Pan Verlag R. Heise, 1926, S. 1–40.

Wirtschaft und Recht nach der materialistischen Geschichtsauffassung, Leipzig: Veit & Co., 1896.

Tönnies, F., *Gemeinschaft und Gesellschaft*, Leipzig: Fues's Verlag, 1887.

On Sociology: Pure, Applied, and Empirical, Chicago: University of Chicago Press, 1971.

Topitsch, E., *Vom Ursprung und Ende der Metaphysik*, Wien: Springer, 1958.

Ward, L., *Social Dynamics*, London: D. Appleton & Co., 1926.

Weber, M., *Die Entwicklung der Gesellschaft im Mittelalter*, 不明.

Die römische Agrargeschichte in ihrer Bedeutung für das Staats- und Privatrecht, Stuttgart: 不明, 1891.

Der Sinn der Wertfreiheit der soziologischen und ökonomischen Wissenchaften, 不明, 1917.

The Methodology of the Social Science, Shils, Edward A. and Finch, Henry A. (trans./eds.), Glencoe (Ill.): Free Press, 1949.

Williams, G. L., Language and Law, in: *Law Quarterly Review 61*, pp. 71–86, 179–195, 293–303, 384–406, *Law Quarterly Review 62*, pp. 387–406.

The Controversies Concerning the Word 'Law', in: *ARSP 38–1* (1949).

Wolf, E., *Entwicklung oder Revolution im Denken G. Radbruchs?* 不明.

Young, K., *Social Psychology*, New York: Appleton-Century-Crofts, 1958.

楊日然教授年表

1933 年　日據昭和八年十二月四日（農曆十月十七日）生於臺灣省雲林縣西螺鎮，父
　　　　　楊連溪先生，母楊廖嬌蓮女士。

1939 年　入學西螺鎮中山國小，就讀一至四年級。

1943 年　太平洋戰爭加劇，學校停課，隨西螺私塾一位老先生學習漢文一年。

1944 年　進入西螺文昌國小，就讀五至六年級。

1945 年　文昌國小畢業，升入雲林縣虎尾中學就讀。

1948 年　往臺南市投考省立臺南師範學校，錄取於普通科。

1952 年　臺南師範畢業。一九五二年八月起任職省立臺南師範附屬小學教師三年。

1955 年　考取國立臺灣大學法律系。

1958 年　全國性公務人員高等考試司法官考試優等及格。

1959 年　臺大法律系畢業，獲法學士學位。
　　　　　全國性專門職業及技術人員高等考試律師考試及格。
　　　　　參加教育部舉辦之留學考試，以全國第一名錄取，獲獎學金壹萬元（次年
　　　　　——一九六〇年，教育部才建立公費制度）。
　　　　　一九五九年八月二十七日與江蘇省如皋縣籍陳勤女士結婚。

1960 年　獲日本文部省獎學金，四月赴日留學，專攻法理學及比較法學。
　　　　　一九六〇年八月，長女健寧誕生。

1962 年　一九六二年三月，東京大學大學院社會科學研究科基礎法學碩士課程畢業，
　　　　　獲法學碩士學位。

1963 年　一九六三年十月，長子健生誕生。

1966 年　一九六六年五月，東京大學大學院法學政治學研究科基礎法學博士課程畢
　　　　　業，獲法學博士學位。
　　　　　一九六六年八月起任國立臺灣大學法律系副教授。擔任課程，包括法理學、
　　　　　法學方法論、法學緒論、民法總則、中國法律思想專題研究、法律哲學基本
　　　　　問題等。

1967 年　一九六七年七月，次子健志誕生。

1970 年　一九七〇年六月至一九七一年八月，獲美國學術團體協會 (ACLS) 獎助赴美留學，就讀美國哈佛大學法學院，專研美國憲法、司法制度及法律思想。

1972 年　一九七二年八月至一九八一年七月，以臺大教授兼任臺灣大學總圖書館長，並推動全國圖書館館際合作。

1975 年　代表我國赴大韓民國，出席亞太地區學術出版會議。

1976 年　一九七六年八月起至一九八一年十二月，以臺大教授兼任臺大法律系主任及法律學研究所所長。講授法理學、法學方法論等課程，培養學生邏輯思考能力，對法學教育貢獻甚大，已是國內知名的法理學專家。

1981 年　一九八一年二月，應聘奧國維也納大學客座教授，講學半年。

　　　　一九八一年十二月起至一九八二年六月，受時任省主席的李登輝先生之聘，任臺灣省政府委員（臺大教授則為留職停薪）、內政部法規會委員，並參加中國憲法學會、中國比較法學會、中國法制史學會、美國研究學會等多種學術研究團體。

1982 年　一九八二年六月，受總統任命為第四屆大法官，臺大教授則改為兼任，講授法理學及法學方法論等。

1984 年　應國立編譯館之邀，主編高中《公民》第三冊〈法律與政治篇〉，一九八五年完成初版，至一九九三年已第九版。

1985 年　一九八五年八月被提名，經監察院通過，受總統任命為第五屆大法官，至一九九四年任期將屆滿。

1989 年　任中國憲法學會理事，並任《憲政時代》主編。

　　　　擔任全國性新聞評議會評議委員、公共電視籌備委員會委員等職，以貢獻法學觀念為要務，曾任「公共電視法」召集人，集法學專家們共同研擬完成「公共電視法」草案。

1992 年　任中國法制史學會理事長。

1993 年　次子健志與陳佩燁小姐結婚。

1994 年　一九九四年七月十四日下午四時三十分，以現職大法官及臺大等校兼任教授，仙逝於臺北市。

（資料來源：國史館）

主要著作目錄

1. 〈オリウア・ウエンデル・ホームズとロスコー・パウンド〉
2. 〈法律学における超経験的思考方法の無意味性について〉
3. 〈現代分析哲學對於法理學之影響〉
4. 〈法哲学における現実主義と理想主義の相克〉
5. 〈為經驗法學進一言〉
6. 〈美國實用主義法學的哲學基礎及其檢討㈠〉
   〈美國實用主義法學的哲學基礎及其檢討㈡〉
7. 〈法學上利益衡量〉
8. 〈中國固有家產制度與傳統社會結構（譯）〉
9. 〈荀子在我國思想史上之地位〉
10. 〈清末民初中國法制現代化之研究〉
11. 〈韓非法思想的特色及其歷史意義〉
12. 〈從先秦禮法思想的變遷看荀子禮法思想的特色及其歷史意義〉
13. "The Dynamic Relations between Law and Morals in Chinese Traditional Legal System"
14. 〈民法第一條之研究〉
15. 〈戰後日本憲法解釋學的諸傾向及其檢討〉
16. 〈憲法解釋之理論與方法〉
17. 〈判決之形式妥當性與實質妥當性〉
18. 〈我國特別權力關係理論之檢討〉
19. 〈判決的合法性與妥當性〉
20. 〈憲政改革程序〉
21. 〈我國憲法上政黨之地位及其禁止〉
22. 〈現代福利國家的概念（譯）〉
23. 〈我國基礎法學之現況與展望〉
24. "The Organization and Function of the Council of the Grand Justices in the Republic of China"

25. 〈法學教育：現代角色的反省與展望〉
26. 〈家庭制度與企業的經營〉
27. 〈中華民國大法官会議の組織と機能〉

　※以上各篇均載於楊日然，《法理學論文集》，元照，民國86年。

索　引

㈠西洋人名

(三)專有名詞

二 劃

人性尊嚴 (*Menschenwürde*, human dignity)
29, 132

人的本性 (human nature)　83

人為的 (nomos)　8, 29, 83, 102, 177, 221,
234, 245, 278

人倫 (*Sittlichkeit*)　48, 76, 274

三 劃

大法官 (grand justice)　65, 66, 81, 115, 123,
170, 171

大眾社會 (mass society)　52, 85

工具主義 (instrumentalism)　190

四 劃

不可知論 (*Agnostizimus*)　297

不確定性 (uncertainty)　86, 87

中國 (China)　4, 11, 24, 26, 43, 45–47, 57, 59,
62, 75, 78, 81, 82, 84, 104, 105, 110, 114,
138, 201, 207, 221

中華民國 (Republic of China)　101, 103, 104,
109, 115

互為主體 (intersubjective)　146, 155

內在性 (*Innerlichkeit*)　37, 56, 58

內在的善 (intrinsic good)　256

內在關聯 (*innerer Zusammenhang*)　196

內涵 (connotation)　40, 101, 102, 104, 105,
128, 129

內涵的包含 (*intensive Implikation*, intensional
implication)　126, 127, 128, 129

公序良俗 (*öffentliche Ordnung undgute Sitten*)
29, 68, 110, 122, 137, 142, 155

公理 (axiom)　5, 22, 28, 213, 263, 268, 287,
292, 307

分析命題 (analytic proposition; *analytisches*

Urteil)　26–28, 30

分析法學 (analytical jurisprudence)　3, 6, 23,
56, 268, 272, 275

分析哲學 (analytical philosophy)　12, 21, 22,
23, 25, 31, 223, 245, 251, 255, 261, 283,
285, 290

分析哲學法學派 (analytical legal theory)　5

分析價值論 (analytical ethics)　246–250,
252, 293

反對解釋 (argumentume contrario)　119,
125–132, 153

反證可能性 (falsifiability)　23, 30, 226, 227

天賦人權 (*angeborene Menschenrechte*)　305

文化科學 (cultural sciences)　214, 215, 275

文義解釋 (*Auslegung des Wortsinns*)　106,
108, 109, 111, 113–115, 118, 122, 163

方法一元論 (methodological monism)　18,
36, 133, 163, 213, 218, 219, 234, 242, 248,
254

方法二元論 (methodological dualism)　18–
20, 35, 50, 194, 201, 213, 259, 260, 267,
307

方法多元主義 (*Methodenpluralismus*, method-
ological pluralism)　224, 225

方法論 (methodology)　7, 12, 15, 16, 20, 40,
60, 106, 117, 133, 194, 205, 208, 215, 229,
235, 236, 263, 273, 277, 297

日常語言學派 (ordinary language philosophy)
22

比較法 (comparative legal sciences)　108,
109, 144

五 劃

主權國家 (sovereign state)　54, 61, 74, 189

主觀價值 (subjective value)　35, 51, 163, 263

功利主義 (utilitarianism)　252, 253, 261, 268,

Civil Law
法學啟蒙 民法系列

保 證
林廷機／著

　　想多了解保證之法律制度，卻因為法律條文太過龐雜，專業之法律教科書又太過艱深，讓您「不得其門而入」嗎？

　　龐雜的法律條文常令剛入門的學習者產生「見樹不見林」、「只知其然，不知其所以然」的困惑。本書以淺顯的用語，引導讀者領略保證契約之「意義」、「成立」、「效力」，並輔以圖示說明當事人間權利義務關係。建立基本觀念架構後，再進一步探究特殊種類保證與實務操作模式，相信您也能成為保證達人！

法律行為
陳榮傳／著

　　本書討論法律行為的基本問題，筆者儘量以接近白話的語法寫作，並降低各種法學理論的爭辯評斷，以方便初學者入門。此外，為使讀者掌握相關司法實務的全貌，筆者在寫作期間蒐集、參考了數百則實務的裁判，並在內文中儘可能納入最高法院的相關判例及較新的裁判，希望藉由不同時期的案例事實介紹，描繪出圍繞著這些條文的社會動態及法律發展，讓讀者在接受真正的法律啟蒙之外，還能有一種身在其中的感覺。

民法上權利之行使
林克敬／著

　　民法主要規範人與人之間的權利與義務，本書專門討論權利之行使與義務之履行。內容不僅介紹民法中之各種權利，也探討了如何行使權利，才不會超過權利應有的界限。司法實務上最容易產生的民法爭議主要集中於權利界限模糊的問題，本書特別論述民法的「誠實信用原則」（民法的帝王條款）與「禁止權利濫用原則」對於處理權利界限模糊所具有的特殊功能，並探討以上兩原則對於人民如何守法、國會如何立法及法院如何進行司法審判所具有之深遠影響。

抵押權　　　　　　　　　　　　　　　　黃鈺慧／著

　　本書是針對民法中之抵押權制度而撰寫。全書共分為六章，第一章為「導論」，第二章為「抵押權之概說」，第三章為「抵押權對抵押人之效力」，第四章為「抵押權對抵押權人之效力」，第五章是「特殊抵押權」，第六章則是「最高限額抵押權」，文末並附有「案例演習」供讀者參考。本書除以淺顯易懂的文字來敘述，並儘可能輔以實例說明，希望能能幫助讀者掌握及運用。

代理關係　　　　　　　　　　　　　　　劉昭辰／著

　　本書企望能透過生動活潑的講解方式及案例試舉，來呈現代理的法學理論。一方面希望可以讓學習者，避免因抽象的學術寫法而怯於學習；二方面也希望避免本書成為僅是抽象文字的堆積，而變成令人難以親近的學術著作。本書盡力對代理理論做最詳盡的解說，除期望可以提供初學者對於代理理論有更多的閱讀資料外，也冀望本書可以讓一般法律實務工作者樂於使用當中資料於實務工作中，以求充分發揮法律理論的學術功能性：將法律正義實踐於生活。

無因管理　　　　　　　　　　　　　　　林易典／著

　　本書之主要內容為解析無因管理規範之內涵，並檢討學說與實務對於相關問題之爭議與解釋。本書共分十三章：第一章為無因管理於民法體系中之地位，第二章為無因管理之體系與類型，第三章為無因管理規範之排除適用與準用，第四章至第六章為無因管理債之關係的成立要件，第七章為無因管理規範下權利義務的特徵，第八章至第十章為管理人之義務，第十一章為管理人之權利，第十二章為管理事務之承認，第十三章為非真正無因管理。期能使讀者在學說討論及實務工作上，能更精確掌握相關條文之規範意旨及適用，以解決實際法律問題。

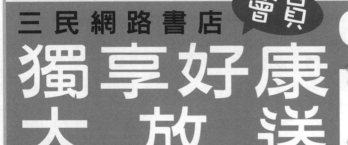